Hanns-Josef Ortheil
Schauprozesse

Band 1180

Zu diesem Buch

Dieser Band vereinigt Ortheils Beiträge zu einer forschenden und fragenden Poetik, welche die Enstehung seiner Prosa-arbeiten laufend begleitete, mit den wichtigsten jener Auf-sätze, in denen er in die kulturellen Debatten der 80er Jahre – Debatten über Postmoderne, neue Literatur, den Standort des Schriftstellers in der Mediengesellschaft – eingriff. »Schaupro-zesse« waren zum einen die visuellen Erfahrungen dieser Jahre; die westliche Kultur verwandelte sich immer mehr zu einer Medienkultur. Dagegen wirkten die politischen Schau-prozesse im Osten am Ende der 80er Jahre wie ein schockieren-der Bruch. Die Aufsätze und Essays dieses Bandes kreisen das Terrain dieser beiden Kulturen ein und versuchen, die Diskus-sion um ganz gegenwärtige Phänomene unserer Kultur neu zu beleben.

Hanns-Josef Ortheil, geboren 1951 in Köln, lebt als freier Schriftsteller in Stuttgart. Zahlreiche literarische Auszeichnun-gen. Bei Piper erschienen seine Romane »Schwerenöter« (1987; SP 1207) und »Agenten« (1989).

Hanns-Josef Ortheil

Schauprozesse

Beiträge zur Kultur
der 80er Jahre

Piper
München Zürich

Von Hanns-Josef Ortheil liegt in der Serie Piper außerdem vor:
Schwerenöter (SP 1207)

ISBN 3-492-11180-7
Originalausgabe
Oktober 1990
© R. Piper GmbH & Co. KG, München 1990
Umschlag: Federico Luci
Gesamtherstellung: Clausen & Bosse, Leck
Printed in Germany

Inhalt

I. Schauprozesse –
Zur Kultur der 80er Jahre

»*Schaun mer mal*...« (Der Teamchef)

Georg und Ansgar habe ich in Göttingen kennengelernt, Anfang der achtziger Jahre, zur Zeit der Großdemonstrationen. Wir haben uns zufällig in einer Kneipe getroffen, und die beiden haben ihre ›Brokdorf-Erfahrungen‹ sortiert. Ansgar hatte für eine Studentenzeitschrift über die Demonstration (Ende Februar 81) berichten wollen, doch nun war er – wenige Tage nach den »Ereignissen« – unsicher, wie er es angehen sollte.

Sicher, er hatte sich alle Mühe gegeben, einen Überblick zu bekommen, doch nun hatte er nichts als einige Notizen in der Hand, seltsam diffus, nicht auf Begriffe zu bringen. Schon einige Tage vor der angekündigten Großdemonstration war er am Bauzaun gewesen, wo etwa hundert Demonstranten gesessen hatten, um die Durchfahrt der Lastwagen zu verhindern. Dann war er nach Hamburg gefahren, um mit Mitgliedern der Bürgerinitiative Umweltschutz Unterelbe zu sprechen; im Auditorium maximum der Hamburger Universität hatte ein »Vorbereitungstreffen« mit über 3000 Teilnehmern stattgefunden, und am nächsten Tag war es Ansgar sogar gelungen, mit Jo Leinen, dem geschäftsführenden Vorstandsmitglied des Bundesverbands dieser Bürgerinitiativen, ein Interview zu führen.

All diese Umtriebe aber hatten Ansgar nicht befriedigt; er hatte einfach kein genaues Bild erhalten, schon deshalb nicht, weil die vielen Bewegungen kein Zentrum hatten. Jo Leinen war nicht *der*, sondern *ein* Sprecher der beteiligten Initiativen, und es war nicht einmal gesichert, ob eine größere Zahl der späteren Demonstrationsteilnehmer sich durch seine Kommentare richtig gedeutet gesehen hätte. Außerdem: was Jo Leinen gesagt hatte, hätte auch irgendein beliebiger Demonstrationsteilnehmer sagen können, es war ganz und gar nichts

Richtungweisendes an diesen Worten zu erkennen gewesen, und niemand hatte von Leinen auch irgendwelche orientierenden Sätze erwartet.

Die Bewegungen, die sich dann wenig später zu einer der größten Demonstrationen in der Geschichte der Bundesrepublik zusammengefunden hatten, waren vielmehr völlig verstreute, schwer einzuordnende, kaum unter strategische Begriffe zu bringende Bewegungen gewesen. Ansgar war es so vorgekommen, als seien ihm die Motivationszentren dieser Bewegungen verborgen geblieben; es waren zu viele gewesen, aus allen Teilen der Republik angereist, Alte und Junge, aus der katholischen Laienbewegung ebenso wie aus den Hausbesetzerbewegungen hier in Göttingen. Über eine solche Vielfalt ließ sich schwer berichten, man bekam immer nur einzelne Momente zu fassen, niemals aber das Ganze, gleichsam den Strang, von dem her alles aufzudröseln gewesen wäre.

Auch Georg hatte vor allem verwirrende Bilder, irritierende Zeitzeichen, im Kopf; was aber fehlte, das war der Text zu diesen Bildern, das waren die schlüssigen Erklärungen oder Erläuterungen. Statt dessen erzählte er nur laufend, von der frühen Abfahrt am Morgen in einem Bus, dessen Fahrer ein eindeutiger Gegner solcher Aufmärsche gewesen sei und sich daher immer wieder auf seine Schichtzeiten berufen habe, von den Polizeikontrollen unterwegs, die die Anfahrt sehr verzögert hätten, von den Absperrungen durch Sand und Container, von der Ankunft in Wilster, wo es so saumäßig kalt gewesen sei, vom langen Trott auf das Baugelände zu, ein stummes Marschieren hintereinander, eigentlich absurd in dieser schlimmen Kälte, dann das Anstehen vor dem Bauzaun, und am frühen Nachmittag zurück, der ganze Trott zurück.

Georg hatte das alles fotografiert, und es waren beeindruckende Aufnahmen, die deutlich machten, daß man solche Aufmärsche und Total-Aktionen nicht mehr mit den Demonstrationen früherer Jahrzehnte vergleichen konnte. Früher, also etwa in den berüchtigten und totgeschilderten späten sechziger Jahren, hatte man bei solchen geschlossenen Demonstrationen, einer Versammlung und Bewegung von Blöcken, immer die Hauptakteure und Stichwortgeber in den ersten Reihen gesehen. Die Aktion war eine Art gebündelter Kraftvorstoß gewesen, mit langen Reden, in denen alles zur Sprache gekommen war, der Stand der Dinge, die Perspektiven für die Zukunft, der Sinn und die Methoden des Vorgehens.

Davon aber war in Brokdorf nichts mehr übrig geblieben. Keine Reden, natürlich nicht, kaum eine Beziehung all dieser losen Gruppen untereinander, der Aufmarsch ließ viele Deutungen zu, und außer dem *einen* Ziel, den Bau des Kernkraftwerks zu verhindern, mochte es zwischen den Teilnehmern kaum Übereinstimmungen gegeben haben. Dazu waren die Lebenswelten, aus denen sich all diese Grüppchen herauslösten und auf den Weg nach Brokdorf machten, zu verschieden.

Wenn man die Fotografien, hatte Georg damals gesagt, so hintereinander betrachtet, dann kommt einem eigentlich nur ein Gedanke, der das Ganze beschreibt: es handelt sich um so etwas wie ein Gesamtkunstwerk, die Sandcontainer und die ziehenden Menschenmassen figurieren in der flachen Ebene wie Gestaltungen eines Land-Art-Artisten, und die Hubschrauberstaffetten der Polizei darüber, natürlich, die erinnern doch genau an so etwas wie »Apocalypse now«. Die Brokdorfer Großdemonstration als Szenerie, als gewaltige Menschenmassendarstellung einer Gefahr, als Beschwörung und rituelles Umkreisen einer gefürchteten Katastrophe – das war das Äußerste, was man noch darüber sagen konnte. Wo aber blieben die Texte, die derartige Auftritte motivierten? Im Grunde hätte es sich, wäre man der Interpretation vom Gesamtkunstwerk Brokdorf gefolgt, ja um ästhetische Texte handeln müssen; Brokdorf aber nur ästhetisch zu beschreiben – das ging dann doch etwas zu weit, das hieß: das ästhetisch-expressive Handeln, von dem etwa ein Interpret wie Jürgen Habermas immer wieder gesprochen hatte (ohne in diesem Zusammenhang einmal so richtig deutlich zu werden), zu hoch zu bewerten. Schließlich hätten sich die Demonstrationsteilnehmer gewiß nicht als ästhetische Aktionskünstler verstanden, soweit reiche der Auslegungsspielraum Beuysscher Gedankengänge noch nicht, obwohl das Ganze eindeutig Züge eines rituellen Vorgehens gezeigt habe.

In Brokdorf, so schloß Georg damals, da sei etwas zur Schau gestellt worden; kurz, für die Dauer eines Tages, hätten sich die unterschiedlichen Bewegungen zu Bildern geformt; dann sei wieder alles auseinandergefallen, und jede der vielen dezentrierten Gruppen habe zu den Ereignissen ihren eigenen Text gesucht. Textangebote, jeweils zugeschnitten auf *ein* Spektrum der zahlreichen Protestbewegungen, gebe es jetzt zahllose, von den pazifistischen über die ökologischen bis hin zu den alternativen Lebensdeutern, den sanften Beschwörern einer »Wendezeit« oder neuer spiritueller Abenteuer; er, Georg, könne mir Leute vorstellen, die ihre Teilnahme an den Großdemonstrationen von Fromms *Kunst des Liebens* herleiteten, andere seien überzeugte Biorhythmiker oder Vertreter eines »grünen Denkens«, das – auf freilich undurchsichtige Weise – Motive der antiken Naturphilosophie mit den Ganzheitseuphorien Goethes verbinde.

Letztlich arbeite jede dieser Gruppen an ihrem Selbstbild und damit natürlich an der Abgrenzung von den anderen; viele verschiedene Kulturen seien dadurch entstanden, jede mit einem eigenen Stil, eigener Sprache, kleine, in sich geschlossene Szenen, deren Verhaltensformen man beschreiben könne wie Stammesriten. Zur Beobachtung dieser Riten bedürfe es eines genauen Blicks, eines Blicks, der das, was da zur Schau gestellt werde, in seiner Folge zu deuten und all diese Verwandlungen als Schauprozesse zu begreifen lerne.

Damals also, Anfang der achtziger Jahre, war der zentrale Terminus zum erstenmal gefallen: »Schauprozesse«. Er hatte dafür einstehen müssen, daß die Erfahrungen sich zunächst vor allem in ihrer visuellen Präsenz aufdrängten, Erfahrungen, wie gesagt, zu denen noch der Text fehlte oder zu denen es ebensoviele Texte wie Gestalter gab. Die Aufmärsche in Brokdorf führten etwas vor, kein Lager der Gemeinsamkeiten, keine geschlossene Masse, keine Bekenntnisse zu Ideologien oder politischen Programmen – sie führten höchstens eine Abwehr vor, die Aufkündigung dessen, was man früher einmal den sozialen Konsens genannt hätte. Dieser Konsens war gestört, und von nun an setzten die zahllosen Versuche ein, diese Störungen zu beschreiben, zu verdichten oder zu beheben.

Für all diese Bewegungen und Aktionen, für diese Szenenbildungen und Stilarrangements hatten Georg und Ansgar damals einen Begriff parat: den des Rhizoms. Die Bedeutung solcher Rhizome hatten die französischen Autoren Gilles Deleuze und Félix Guattari zu erklären versucht; Anfang der achtziger Jahre existierte in deutscher Übersetzung eine schmale Skizze dieser Rhizombildungen, damals fast eine Art Kultbuch des kulturellen Umbruchs (*Rhizom*, Merve Verlag 1977). Ein Rhizom, erklärte Georg mir also damals, das sei eine Art »unterirdischer Sproß«, der sich vielfältig verästele und ausbreite; jeder Punkt des Rhizoms könne sich für kurze Zeit mit einem anderen verbinden, das Heterogenste könne sich berühren; Rhizome arbeiteten eben nicht nach dem Muster des Baums, nicht nach dem einer strengen Organik mit Wurzel, Stamm und Ästen (nicht nach dem Muster von Einheiten also), sondern mit Wandlungen, Ausdehnungen, Eroberungen; das Rhizom bilde eine Karte mit vielen Ein- und Ausgängen, die man produzieren, konstruieren, aber auch demontieren, anschließen, umkehren und verändern könne (vgl. *Rhizom*, S. 34/35).

Deleuze und Guattari hatten damit Vorschläge für Beschreibungen und Beobachtungsformen gemacht; sie hatten keine Theorie, sondern höchstens eine Perspektive angeboten, durch die die verschiedenen Schauprozesse aufeinander bezogen werden konnten. Dabei hatten sie empfohlen, nicht von großen Begriffen, Einheiten und Zentren auszugehen; sie hatten versucht, die Wachsamkeit für Dezentrierungen zu schärfen, einen Blick, der auf Verästelungen, nicht auf Schichtungen und Gliederungen aus war. Dieser Blick, der sich sehr deutlich nicht auf Inhalte (bestimmte ausgewählte Gegenstände) festlegte, mochte nützlich sein, die kulturellen Bewegungen Anfang der achtziger Jahre zu begreifen. Sie entwickelten sich ähnlich wie Rhizome, und das Studium, das diesen Rhizomen angemessen war, war ein Bilder-Studium.

Mir selbst waren diese Bild- und Metaphernbildungen damals, Anfang der achtziger Jahre, noch nicht ganz geheuer. Sie kamen mir, in einer üppigen, launigen, aber auch überraschenden Suada vorgetragen, reichlich amorph vor. Hätte ich die verschiedenen kulturellen Szenen und ihre Strategien erläutern sollen, so hätte ich auf einen umfangreichen Essay Michael Rutschkys über die siebziger Jahre verwiesen. In diesem Essay, der unter dem leitmotivischen Titel *Erfahrungshunger* 1980 erschienen war, hatte Rutschky, einer der kompetentesten zeitdiagnostischen Exegeten, eine Art Hermeneutik verschiedener, miteinander konkurrierender Lebenswelten entworfen.

Rutschky hatte die kulturellen Veränderungen seit 1968 als eine Metamorphose beschrieben, von den großen, allgemeinen Begriffen hin zu den konkreten, individuellen Erfahrungen, von den bestimmten, fest umrissenen gesellschaftlichen Utopien hin zu den Vergegenwärtigungen des Offenen, Unbestimmten. Die »diffusen Suchbewegungen« nach so etwas wie kompakter Erfahrung, nach »Leben« hatten in den siebziger Jahren zu jenen zahllosen, oft melancholisch gefärbten Ausbruchsversuchen geführt, die eine Abkehr von den Allgemeinbegriffen inszenierten und doch oft nur in einer immer mächtiger um sich greifenden Desorientierung endeten.

Die Lebenswelten – Rutschky erzählte und beschrieb sie mit einer besonders wachen Aufmerksamkeit für biographische Abläufe, für jene Alltagsprosa also, die fortlaufend unbewußt eine geheime Struktur strickt, die von deutenden Selbstvergewisserungen eingeholt werden soll. Die Deutungen – das waren dann die Versuche eines ruhigen und sammelnden Blicks, die verschiedenen Bilder zu einer Kette zusammenzusetzen.

Erfahrungshunger lehnte sich an die Idee eines zeitlichen Kontinuums an, an dieses Fließen von Zeit, von Strömungen, dem oben – gleichsam über den Köpfen der sie vorantreibenden Individuen – noch kollektive Zeichen zu entnehmen waren. Der Lebensprozeß setzte Bilder frei, in denen etwas Markantes, Individuiertes sichtbar wurde: es bedurfte freilich der deutenden Enträtselung. Diese Enträtselung aber war die eines spezifischen Blicks, den Rutschky im Schlußkapitel seines Buchs den »Blick des Auswanderers« nannte: »Aber vielleicht kann man den Blick des Auswanderers festhalten: hierbleiben und die vielen disparaten Geschichten, die wir leben, so betrachten, wie sie sich sonst nur darstellen, wenn man von ihnen Abschied nimmt.«

Um die verschiedenen Geschichten zu lesen, die nach allen

Seiten zu zerfliegen drohten, hatte Rutschky sie von einem möglichen Ende her gelesen, von jenen zur Ruhe gebrachten Augenblicken her also, in denen sie als Geschichten formuliert werden konnten. Die Lektüre der Alltagsprosa setzte eine besondere Distanz zur Außenwelt voraus, und diese Distanz konnte sich nur in einer besonderen Form der Wahrnehmung bestätigt finden: in dem Empfinden nämlich, daß es *so* gewesen ist, *so* – und nicht anders.

In dieser emphatischen Form des Beobachtens sollten – Rutschkys Deutungen zufolge – die Lebensstrukturen mit ihren Beschreibungen zusammenkommen, Texte zu Bildern gefunden werden, die Störungen stillgelegt.

Erfahrungshunger sollte also den offenen, unbestimmten Raum, der sich in den siebziger Jahren nach der Abwendung von den Allgemeinbegriffen gebildet hatte, als ein Terrain für neue Gestaltungen freihalten. Anfang der achtziger Jahre waren die Richtungen dieser Gestaltungen natürlich noch kaum zu erkennen; »Schauprozesse«, wie gesagt, zeichneten sich ab, Arbeiten also an Stilen, Ausdrucksformen, mit dem Ziel und in dem Bewußtsein, damit neue Lebensintensitäten herzustellen. Was nun einsetzte, war ein Auseinanderdriften: die rückwärtsgewandten Geschichten waren gelebt, die kulturellen Selbstinszenierungen begannen...

Michael Rutschky hat in den achtziger Jahren dann mehrere Bücher vorgelegt, in denen er diesen Inszenierungen auf der Spur blieb. *Wartezeit*, 1983 erschienen, beginnt bereits mit einer knappen Vorführung der Perspektive: der des schweifenden, immer wieder variierten Blicks, der die »toten Augen« von ihrer Lethargie (der passiven Teilnahme am Zeitfluß) befreien soll. Sehen – das heißt aber zunächst: Bilder entwerfen, konturieren, unverwechselbar machen, auswählen. Rutschky blendete Fotografien in seine Wahrnehmungsprosa ein, und er erzählte zugleich individuell gefärbte Geschichten, an denen der Stilwille bestimmter charakteristischer Protagonisten abgelesen werden sollte.

In diesem Sinn war *Wartezeit* nicht mehr rückwärtsgewandt; das Buch präsentierte seine Beobachtungen gleichsam ›auf der Höhe der Zeit‹, die sachte Ironie, die es teilweise entwickelte, richtete sich gegen jene Gestaltungen des »Ungeschicks«, denen ein zwanghafter Inszenierungswille abzulesen war. »Das Ungeschick« – es wurde zur Rutschkyschen Zentralformel für die Adepten massiven (und dadurch lächerlich, komisch oder betulich werdenden) Stileinsatzes. Was statt dessen gesucht wurde? – Rutschky behielt sich die schnellen Antworten vor, er setzte aufs Warten, auf die gespannte, nicht drängende, sondern gelassene Neugier des Beobachters.

Worum es diesem Beobachter ging, das wurde mit dem Titel des dann folgenden Bandes, *Zur Ethnographie des Inlands* (1984), noch einmal erinnert. Der Klappentext beschrieb es schon richtig: »literarische Sozialforschung«. Diese Forschung aber mußte die meist blassen, oft wenig bedeutsam erscheinenden Stücke der sozialen Umgebungen ausdrücklich zu Fundstücken erklären. Zu Fundstücken wurden die beiläufigen Alltagstexte durch eine besondere Zitatkunst, die die Texte durch den Kontrast zu einem unangestrengten, aber forschenden Ton auf Distanz rückte. Auf diese Weise wurden die zitierten Texte unterlaufen; sie gerieten ins Schwindeln, nahmen Farbe an, wurden charakteristisch; erkennbar wurden dadurch Physiognomien: sozialer, psychologischer, historischer Art, die von den Individuen mißbraucht, mißverstanden oder überstrapaziert worden waren. Das »gelungene Leben« – in Rutschkys Bildinterpretationen wurde es immer mehr zu der Kunst, die Selbstinterpretation von allen Überanstrengungen frei zu halten und laufend an der Übereinstimmung von Bild und Beschreibung zu arbeiten. So konnte es nicht weiter verwundern, daß Ruschtky mit dem Band *Auf Reisen* (1986) dann ein Fotoalbum vorlegte: die Bildbetrachtung, das Empfinden für die überall lauernden Schauprozesse hatte ihren reinsten Ausdruck gefunden...

Ich habe den Weg von Rutschkys Arbeiten hier so ausführlich dargestellt, weil er mir symptomatisch erscheint (Gilles Deleuze übrigens widmete sich dann sehr ausführlichen Studien zur Klassifizierung von Film-Bildern und Film-Zeichen; vgl. *Das Bewegungs-Bild. Kino I*, 1989). Die offenen Terrains, die Orte der Unbestimmbarkeit, die die siebziger Jahre hinterlassen hatten, sie wurden nicht durch neue Texte, Programme und Beschreibungen besetzt, sondern durch Blickweisen und laufende Perspektivenwechsel. Die achtziger Jahre wurden dadurch zur Ära der Inszenierungen, Blicktrainings und Stilüberprüfungen, auf die immer feinere Ästhetiken des Schauens antworteten.

Die Ästhetisierung der Lebenswelten bedeutete nichts anderes als den Willen immer größerer Kreise von Darstellern, sich als Protagonisten von Stilen zu verstehen, manchmal, wie gesagt, gekonnt, manchmal verzweifelt, oft ungeschickt.

Und die Schulen dieses Blicktrainings erweiterten sich: Museen, Galerien, Innenstadtbezirke – all diese Zonen nahmen den Charakter von gigantischen Ausstellungen an, über deren ästhetischen Wert und über deren Zeichensprache ausführlich gestritten wurde.

Wer in den achtziger Jahren in die öffentlichen Dispute eingreifen wollte, der arbeitete zunächst an Bildern, Bildfolgen, Szenen, der versuchte – von Gorbatschow bis zu den Leipziger Demonstranten – Schauprozesse zu gestalten. In diesem exakten Sinn wurde das Jahrzehnt daher zu einem Medienjahrzehnt: es ging um die Komposition und die Interpretation von Bildern, denen gegenüber die traditionellen, kohärenten Textsysteme verblaßten. Texte erhielten Sprünge, Risse, ähnelten Filmbildern oder wurden selbst zu Bildbeschreibungen.

Der Textaustausch in den kulturellen Kontroversen wurde zu einem Austausch von »Szenarios«: die Apokalytiker malten die Bildfolgen des Untergangs, die Wachstumskritiker solche des Schreckens; »Szenarios« entstanden aber auch als Lösungsvorschläge für soziale oder politische Probleme. Schließlich ließ sich der ganze Wiedervereinigungsprozeß der beiden Deutschlands als ein Kampf um solche »Szenarios« verstehen.

Vor allem hier im Westen aber wurde die inszenatorische Kraft solcher Szenarios an den neuen Städtebildern ablesbar. Kein Wunder, daß die Architektur ein besonders ergiebiges Terrain für derartige Kontroversen wurde; hier brach auch in die deutschen Debatten jene Reizvokabel ein, die wie keine andere mit den Schauprozessen der achtziger Jahre verbunden ist: die der Postmoderne. Daß sie so häufig benutzt wurde, daß sie immer wieder heftig umstritten war – das deutete letztlich nur an, daß das Bedürfnis nach spezifischen Kennzeichnungen immens geweckt worden war; die Kontroversen wurden dann leider weniger um Inhalte geführt als vielmehr darum, wie ›neu‹ diese Kennzeichnungen den einzelnen Interpreten erschienen. Ich will diesen Streit hier nicht fortsetzen, mir geht es nur darum, den Anteil dieser Diskussion an der Unterscheidung der Schauprozesse sichtbar zu machen.

Der von Rutschky diagnostizierte Abschied von den Allgemeinbegriffen, das Heraufdämmern der Unbestimmbarkeit – all das konnte Anfang der achtziger Jahre auch aggressiver, deutlicher im Sinn einer Terrainerschließung gelesen werden. Diese Versuche wurden damals von jenen postmodernen Deutungen des kulturellen Umbruchs gestützt, als deren früheste Jean-François Lyotards Skizze *Das postmoderne Wissen* gelten kann.

Lyotards Arbeit kam – ungleich gröber als Rutschkys propädeutische Studie – zu beinahe denselben Ergebnissen, verwendete sie jedoch für eine andere Strategie. Die Allgemeinbegriffe – das waren für Lyotard die großen Metaerzählungen, die unseren Erfahrungen von Geschichte und Zeit in früheren Zeiten Konturen hatten geben sollen. Das Zerfallen dieser Metaerzählungen, das Zerfallen der Geschichtsphilosophien und Ideologien, traf bei Lyotard auf eine postmoderne Skepsis, die ihren neu gefundenen Zugang zum Konkreten, Verschiedenen, zu den vielen sich auftuenden Terrains als »Sensibilität für die Unterschiede« verstanden wissen wollte. Nicht die Experten, sondern die Erfinder sollten diese neuen Terrains beherrschen, und ihr Vorgehen war eine Art Bastelei, ein Experimentieren mit dem Ziel, die verschiedenen Sprachspiele zu erforschen und sie voneinander abzugrenzen.

Der postmoderne Ansatz Lyotards, der sich in der Diagnose sehr deutlich mit dem hermeneutischen Rutschkys trifft, zielte von vornherein eher auf die Ausarbeitung einer ästhetischen Analyse. Daher diente er den verschiedenen Interpreten immer wieder zu Untersuchungen über den postmodernen Umschwung in den einzelnen Künsten. Wie Lyotard fanden auch andere französische Autoren (Foucault, Derrida, Baudrillard, Barthes) besonders deshalb Interesse, weil ihre Arbeiten Bausteine zu einer ästhetisch dominierten Sicht des kulturellen Wandels zur Verfügung stellten; gerade solche Ansätze hatte man in deutschen Diskussionen, die über den Stand von Adornos *Ästhetischer Theorie* nie wesentlich hinausgekommen waren, lange Zeit vermißt. Der große Einfluß der postmodernen Strömungen Frankreichs war daher leicht durch den großen Nachholbedarf zu erklären, den eine stillgelegte Theoriediskussion in Deutschland verursacht hatte.

Hierzulande trafen diese Strömungen denn auch zunächst auf Skepsis. Hinzu kamen Vergröberungen und Mißverständnisse, die zum großen Teil auf die Verschiedenheit der Lager zurückzuführen waren. Die ästhetisch inspirierte französische Postmoderne traf in Deutschland nämlich anfänglich vor allem auf sozialwissenschaftlich oder sozialphilosophisch orientierte Interpreten, deren Empfänglichkeit für ästhetische Debatten sich – gelinde gesagt – in Grenzen hielt. Deutlich wurden die Mißverständnisse vor allem im Fall von Jürgen Habermas, der bereits in seiner Adorno-Preisrede im Jahr 1980 eine angeblich »jungkonservative« Linie von Bataille über Foucault zu Derrida gezogen hatte; damals, Anfang der achtziger Jahre, sollte für Habermas feststehen, daß diese Autoren »die spontanen Kräfte der Imagination, der Selbsterfahrung, der Affektivität ins Ferne und Archaische« verlegten und damit der Vernunft »manichäisch ein nur noch der Evokation zugängliches Prinzip« entgegensetzten.

Derartige Kategorisierungen und Kurzschlüsse verdankten sich damals noch einem Großteil von Unkenntnis. Fruchtbarer wurden die französisch-deutschen Debatten erst, als die französischen, häufig unter dem Leitbegriff des »Neostrukturalismus« zusammengefaßten Arbeiten besser bekannt waren. Diese wichtige Vermittlungsarbeit leistete zunächst Manfred Frank (in seinen 1983 publizierten Vorlesungen *Was ist Neostrukturalismus?*), dann aber auch immer mehr Habermas selbst, der sich 1985 in *Der philosophische Diskurs der Moderne* immerhin ausführlich mit Derrida, Bataille und Foucault auseinandersetzte.

So wurden die achtziger Jahre auch zu einer Ära philosophischer Terrainerschließung, die aber, wie ich glaube, darunter litt, daß die spezifisch ästhetischen Komponenten der französischen Arbeiten noch weitgehend unbeachtet blieben. Was Lyotards Ansätze für die Ästhetik bedeuteten, worin die ästhetischen Motive von Foucaults Diskursanalyse bestanden, welche Erweiterungen die späten Arbeiten Roland Barthes' (vor allem seine Studie über die Fotografie, deutschsprachig 1985 mit dem Titel *Die helle Kammer* publiziert) brachten – das alles fand erst sehr spät und dann nur gering Beachtung.

An diesem Punkt setzen die hier vorgelegten Beiträge zur Kultur der achtziger Jahre ein. Sie greifen die postmodernen Ansätze nicht auf dem sozialwissenschaftlichen oder philosophischen, sondern auf dem ästhetischen Terrain auf. Dabei versuchen sie zum einen die Vermittlung einiger französischer Ansätze zur Erweiterung ästhetischer Fragestellungen für die Diskussion in Deutschland (vgl. die Aufsätze über postmoderne und neue Literatur und den Aufsatz über Michel Foucault).

Zum zweiten fragen sie aber auch nach den Folgen für eine postmodern inspirierte Poetik; die Erörterungen gelten hier ganz konkreten Werkstattproblemen und fragen danach, wie sich die Arbeit an postmodernen Motiven – fern jedes oft herbeigeredeten Irrationalismus derartiger Motive – verständlich machen läßt (vgl. die Beiträge des ersten Teils).

Zum dritten verstehen sie das Aufkommen derartiger Motive generationsspezifisch als ein Interessengebiet jener Generation, die weder von den Ausläufern der Gruppe 47 noch von den Politisierungswellen der späten sechziger Jahre, wohl aber von den Theoriedebatten der Frankfurter Schule entscheidend geprägt wurde. Insgesamt bestand geradezu der entscheidende Impuls der hier zusammengefaßten Beiträge darin, diese Debatten mit denen des neu vermittelten, postmodernen Theoriebestandes zu verkoppeln.

Zwei Fallstudien demonstrieren viertens die Metamorphosen der oben skizzierten Schauprozesse im Bereich unserer großstädtischen Alltagserfahrung und im Bereich der Politik (vgl. den vierten Teil des Bandes).

Schließlich berührt der titelgebende Begriff der »Schauprozesse« aber auch den Umbruch in der DDR. Dort waren derartige Prozesse bis zu den Oktoberdemonstrationen des Jahres 1989 ja unmöglich; sie unterlagen einer bevormundenden Auswahl, einer dauernden Kontrolle. Schauprozesse im infamen Sinn waren nur denjenigen möglich, die Zugang zu diesen Kontrollstellen hatten, den Mitarbeitern der Staatssicherheit. Die Praktiken der »flächendeckenden« Überwachung verwendeten Bilder und Bildbeschreibungen zu denunzierender Auswertung.

Seit Anfang der achtziger Jahre habe ich recht genau beobachten können, wie einige Schriftsteller in der DDR auf diese Praktiken durch sprachliche Regelverstöße, durch ein Aussparen von Bildern, durch ihr Übermalen, Überschreiben und Verbergen antworteten. Die Absage an jede Form der realistischen Wiedergabe ergänzte das Konzept einer »klandestinen« Sprache, das – übrigens im Blick auf französische Theorieansätze – vor allem Gert Neumann entwickelte. Es wundert mich noch heute, daß Neumanns Arbeiten – wegen ihrer Schwerverständlichkeit lange nur wenig beachtet – inzwischen nicht mehr Interesse finden. In diesen Arbeiten könnte man entdecken, was man nun im Falle Christa Wolfs vergeblich einklagt: den Mut, die Verhältnisse zu benennen, ihnen standzuhalten und auf sie mit einer eigenen, sehr differenzierten Sprache zu antworten.

Autoren wie Neumann vor allem haben – in Leipzig und in Ost-Berlin – dazu beigetragen, daß die in der sozialistischen Ära unterdrückten Schauprozesse im Oktober 1989 einen neuen Sinn des Begriffs entfalteten: den der politischen Schauprozesse, des öffentlich gemachten und inszenierten Gerichts über die Täter.

Um auch diesen Zusammenhang sichtbar zu machen, habe ich zwei Beiträge (*Die Sprache des Widerstands*, *Rede über den Bergbau*) aufgenommen, die von den literarischen Vorstufen dieser Entlarvungsvorgänge handeln.

»Schauprozesse« also im Westen und im Osten: die Frage, die sich zu Beginn der neunziger Jahre stellt, ist, welchen Einfluß die verschiedenen Auslegungen des Begriffs aufeinander haben werden. Wird der politische und gesellschaftliche Aufbruch im Osten auch die Perspektiven im Westen entscheidend

verändern? Wird der Westen seinen unbestrittenen historischen Vorsprung in der Herstellung und Deutung von »Szenarios« so nutzen, daß die Menschen in der DDR wirklich zu Mit-
gestaltern, zu Protagonisten der Veränderungen werden? Die
Forschungen gehen weiter...

April 1990

II. Werkstatt-Poetik

Seit meinem Debüt mit dem Roman *Fermer* (1979) habe ich in den achtziger Jahren drei größere Prosaarbeiten veröffentlicht: *Hecke* (1983), *Schwerenöter* (1987) und *Agenten* (1989). Der Zusammenhang dieser Arbeiten ist nicht nur dadurch gegeben, daß alle vier der Gattung des Zeitromans zuzurechnen sind; sie erzählen vielmehr in fortlaufender Weise die innere Geschichte der im Westen aufgewachsenen Nachkriegsgenerationen.

Die poetologischen Erfahrungen, die ich auf diesem Weg machte, habe ich in mehreren Essays dargestellt, deren Gedankengänge einander eng berühren und ergänzen. Den Arbeiten aus den achtziger Jahren habe ich dabei einen frühen Text vorangestellt, der – in noch vager, tastender, manchmal auch jugendlich pathetischer Sprache – viele jener Motive anspricht, die später eine intensivere und sprachmächtigere Behandlung erfuhren. In diesem Sinn war die Gebärde des kurz nach *Fermer* entstandenen Textes *Deserteure in bleierner Zeit* – die Gebärde einer Suche nach Befreiung und offenen Terrains – mehr als ein Versprechen.

Es bleibt dem Leser überlassen, die Brüche und Übergänge der folgenden Gedankengänge zu einer Geschichte zusammenzusetzen, als deren Beginn *Deserteure in bleierner Zeit* (1979) und als deren vorläufiges Ende *Weiterschreiben* (1989/90) gelten können.

1. Deserteure in bleierner Zeit (1979)

Wenn aber wir, mein Freund, in den fünfziger Jahren geboren, in einem Vakuum, das keine Fürsorglichkeit ausstaffieren konnte, jetzt noch immer voller Hoffnung sind, dann deshalb, weil wir nie das Empfinden verloren haben, unsere Zeit, die Zeit unserer Selbstgewißheit also, beginne erst.

Anfangs, als wir uns kennenlernten, waren wir wohl noch ungeduldig. Denn aus der schattenhaften Vergangenheit unserer Eltern war uns ja nichts geblieben als das Beamtengewissen der Väter, die unfreudig aufgenommene Pflicht, für uns zu sorgen. Auch von den anderen, deren Fleiß in der Schulzeit abstach von unserem unguten Gefühl, konnten wir den Mut, erwachsen zu werden, nicht lernen.

In die Jahre unserer Kindheit, in denen die grauen Vorstadthäuser des sozialen Wohnungsbaus in die schon betonierten Inseln der Hochhäuser wuchsen, brach die Angst der Eltern, die schlimme Zeit, deren Echo auch in uns steckte, könne neu beginnen. Gerade wacher werdend, erlebten wir den Bau der Mauer, die Ereignisse in Kuba; was man über unseren Köpfen den »kalten Krieg« nannte, war das Klima einer Bedrückung, deren Spuren uns lange verfolgt haben mögen.

Damals aber, als wir mit Schulranzen und Wundertüten als verwöhnte und doch verlegene Kinder eines gerade souverän gewordenen Staates vor dem Schultor standen, hofften die Eltern noch, uns möge alles erspart bleiben, die Mühen der Zukunft, die Träume von der Vergangenheit. Die im Spandauer Gefängnisgarten vom Häftling Nr. 5 (Speer-Albert) gepflanzten Kastanienbäume waren inzwischen schon drei Meter hoch geworden.

'68 dann, als Studenten vor den Schultoren standen, um

Flugblätter an uns zu verteilen, waren wir, fünfzehn, sechzehn Jahre alt, klug genug, um zu bemerken, daß die um nur wenige Jahre älteren uns jenen Aufstand abnehmen wollten, für den wir noch keine Sprache gefunden hatten. Vor der plötzlich öffentlichen, allmählich auch selbstverständlich werdenden Geste der Revolution hielt uns der Hunger, ein eigenes, noch zu begreifendes Leben zu führen, zurück. Doch hatte unsere Ungeduld Sporen erhalten; wir rechneten die Aufmärsche der Älteren zu dem uns von der Geschichte geschenkten Kapital.

Mutiger also unterderhand waren wir geworden, streiften auch schon herum, vieles erschien uns lächerlich, und wir brauchten die nicht ausgesprochene Gewißheit der Zukunft, um im Sarkasmus gegen die Umwelt der Einkaufswagen nicht viel von uns selbst zu verlieren. Beklagt aber haben wir uns nie lange Zeit, auch dazu fehlte uns die Sprache, die man uns vorenthielt.

War es nur Zufall, daß die Bücher, die wir lesen wollten, um etwas von uns zu erfahren, noch die Hilflosigkeit des Sprechens besprachen? Die Beschimpfungen des Publikums hielten wir für einen Betrug; sie trafen nicht uns, unsere Sehnsucht nach Sprache nahmen sie uns nicht ab.

Das »Verstummen« derer, die sich noch an den Rändern der Sprache bewegten, enthielt uns vor, was wir suchten. Leichthin konnten wir darüber die Achseln zucken, die Hilfestellungen der Gegenwart für erledigt betrachten. Literarisch enttäuscht, lernten wir Gefühle und später auch jene Gedanken, die sie begleiteten, aus der Musik. Sie spielte uns über die Tage hinaus, führte uns in die Nächte. A hard day's night.

Aber auch dann bewohnten wir keine Quartiere, keine Versammlungsorte, an denen wir uns sicher fühlten. Übrig blieben nur die Kneipen der Stadt, in denen wir Inseln für unsere Ansprüche fanden. Dort machten wir Bekanntschaften mit denen, auf die wir gespannt waren, mit den Geschlagenen, die ihre Automatengewinne mit Jägermeister feierten, mit denen, die jede Zeitungsnachricht an bessere Tage erinnerte. Sie waren uns fremd, doch litten sie nicht wie wir unter den Fesseln der Uneindeutigkeit. Verständigungen waren Reden über Vorlieben, langsam gewöhnten wir uns daran, auch gefragt zu werden. Wir gingen in die früher verhaßten Wirtschaften der Neustadt; was wir tranken im Gewirr der angehaltenen Zeit, gewannst Du für uns im Karten- und Billardspiel. An den Theken standen die längst Ermüdeten, die nicht mehr heim wollten, manchmal griffen sie auch uns an den Arm, dann verteidigten wir die Störenfriede der Straße, denen wir uns nicht anschlossen, als gehörten wir zu ihnen. Die Bilder der aus allen Gefangenschaften nie Zurückgekehrten gingen in uns ein, wir wurden schwerer davon, hielten es manchmal nicht aus, fuhren hinaus aus der Stadt, gingen übers Land, sprachen schon von »uns« und unserer Zeit und hatten noch immer keine Heimat.

Wir lebten im Übergang, vor uns die Älteren, die Kinder der letzten Kriegstage und der ersten Jahre des Nachkriegsdeutschlands, hinter uns die Erben des Aufbaus. Mit langen Haaren mochten wir uns verbergen, unausgelebt Wartende.

Auf den Fahndungsplakaten tauchten die mit uns Geborenen als Kinder auf: die »zweite« Terroristengeneration, unberechenbarer, jähzorniger als die Vorläufer, die sich aus Büchern und Kolumnen noch Programme gezimmert hatten. Die »Zweiten«, merkten wir plötzlich – das waren auch wir, das traf auch unsere Sprachlosigkeit, die Unfähigkeit, gültige Ideen zu formen, den mühsam erreichten Glanz der Spieler. Entführungen und Morde, so brutal, daß wir nächtelang erschrocken einhielten, ergaben ein nie rückzahlbares Konto unbefriedigter Wünsche, zu denen alle Erfahrungen fehlten, soziale und politische, auch die lebensnotwendigen. Der Terrorismus der »zweiten« Generation, das Fluchtgebilde derer, die ihre weltlos gewordenen Träume mit nichts mehr vergleichen konnten, schlug uns mit jeder Aktion ins eigene, unkonturierte Gesicht.

Gezwungen waren wir, von innen zu leben, die Hülsen der Außenwelt ließen sich nicht mehr zurechtbiegen. Spieler und Empfindungszauberer waren wir geworden, die es abendelang nur bei den Freunden aushielten, von den Freundinnen reden wir lieber nicht. Setzten sich Gewohnheiten fest, stießen wir sie ab wie eine Last, wir wollten, so stand es doch immer schon fest, das Neue, die nicht betrügerische, ungewohnte Stunde.

Geschlagen schienen wir erst, als auch an den Universitäten die Posen des Aufstandes seltener wurden; wir schauten uns um, als seien wir für Jahre nicht da gewesen, längst war eine neue Generation auf unsere Plätze gerückt. Techniker waren es, stellten wir fest, Wohlstandsjünglinge, die sich vorgenommen hatten, ihre Möglichkeiten zu genießen. Braun kamen sie aus den Skiferien zurück, die Militärzeit hielten sie für die Zeit des körperlichen Trainings, Automotoren wechselten sie selbst aus. Durch Studieneinschränkungen und Notenfeilschereien waren sie ans Realistische gewöhnt; sie nahmen es hin und kalkulierten ihre Wünsche danach. Erstaunt bemerkten wir, daß sie älter zu sein schienen als wir; sie hatten einen Stil gefunden, mochten sie auch nicht bemerken, daß er ein nur nachgeahmter war, der genüßlich zitierte der fünfziger Jahre, in denen wir geboren worden waren, unfreundlich auf die Welt Gekommene, die ihre Last noch nicht abgeworfen hatten.

Denn noch immer standen wir am Rand, ungeschlagen noch, wie wir bald wußten, hatten uns aber nicht wiedergefunden, obwohl die Weltbeschreibungen, die Romane und Erzählungen, inzwischen unsere Hoffnungen eingeholt hatten. Die Wahrnehmungsberichte der Einzelgänger aber hatten wir uns längst erzählt, jetzt handelten sie von den Gealterten und stimmten uns traurig und müde. Die Not unserer Tage wollten wir so eitel nicht gespiegelt sehen.

Dankbar waren wir für Sätze und Gesten, Filme bebilderten unseren Denkvorrat, im Laufe der Zeit gaben sie uns das Mondgefühl zurück, die Unruhe der Schweigsamen, die auch wir kannten von langen Fahrten in der Nacht. Doch in alldem hatten wir nur Spuren von uns gelesen, Spuren von der Angst der Berührungen, von der Flucht vor den Blicken, die etwas an uns hätten entdecken können.

Damals wußten wir, mein Freund, wir waren Deserteure geworden in einem ungeliebten Land, das wir oft tagelang durchzogen, um es uns erträglich zu machen. Überall mußten wir von vorn beginnen, die Erinnerungen horten, auf unsere längst nicht mehr für wichtig gehaltenen Erfahrungen setzen.

Um uns wuchsen die Freunde in Ämter und Stellungen hinein; wir beneideten sie nicht. Die Sicherheit, die ihnen wie uns fehlte, versuchten sie durch Entschlüsse einzuholen, die den Schlußstein der Endgültigkeit auf sich schon seit Jahren hinschleppende Gewohnheiten setzten. Sie heirateten ihre Freundinnen, die sie oft schon seit der Schulzeit kannten, gruben sich ein in Appartements, wurden gute Köche und lernten, die Windeln der Kinder zu wechseln.

Dann trafen wir sie manchmal auch auf einem unserer weiten Gänge aufs Land, wenn sie Ausflugscafés ansteuerten im neuen Wagen und ernster waren als früher. Nichts aber war uns unheimlicher als ihr Hinübergleiten in die Welt der Vorsätze, der sich die Welt der Gewissensbisse anschloß ohne ihr Zutun. Wir ließen sie rechts liegen, mochten wir ihnen auch wie Kuriositäten erscheinen. Dennoch schlug unsere Gereiztheit nie um in Verbitterung; davor bewahrten uns die Gedanken an die guten Stunden, von denen es, gewiß, mein Freund, doch auch einige gab. Da erhielten unsere Träume eine Spannkraft, die ihnen das Wirkliche anpaßte und gelingen ließ. In solchen Nächten deckte unser Übermut die wie ausgelebte und immer bekämpfte Verzweiflung. Von ihr, dem Gewissen der Vorläufigkeit, hatten wir uns zu distanzieren gelernt. Wollte sie uns heimsuchen, gingen wir andere Wege, trafen einander nicht; unseren Instinkt hatten wir geschult, wir wußten von guten Tagen und schlechten.

Hindurchgegangen waren wir auch durch Freundschaften, von denen wir viele gemeinsam erlebten. Unsere Freundinnen hatten unsere Liebe selten erreicht, klagend standen sie oft in der Nähe, um unsere Spielerlaune einzutauschen gegen die Ruhe der Beständigkeit. Wir ließen uns nicht mehr abnehmen, was wir geworden waren; unser Schweigen hüllte die Erlebnisse in unser eigenes Licht, für die uns mit den Jahren auch Worte und Gesten eingefallen waren.

Als wir voll genug waren von ihnen, beschloß ich, sie zu beschreiben. Aus zerbrechlichen Zeichen setzte ich Gestalten zusammen, die uns nahe waren. Ich gab ihnen unsere Sehnsucht hinauszuwollen, dann auch den ihnen gemäßen Raum, den Raum eines Zimmers, den des Flusses oder gar den des Gebirges der Ferne. Langsam trieb mit den niedergeschriebenen Sätzen unser Leben hinein in diese Fluchtgestalten, deren Wege sich kreuzten.

Indem sie ihre Unruhe festhielten, blieben sie gefeit gegen

den Notstand des Alltäglichen; von ihm redete ich nicht, wohl aber wollte ich lernen zu beschreiben, was wir in uns trugen und wie es sich wehrte gegen die Zudringlichkeit der matten Redner des Tages. Achthaben also darauf, wie das Licht zur Ruhe kommt im Glas, wie die Augenblicke sich verkürzen zur Stille, wie wir überhaupt lernten von der Stille, in der die Gestalten herumstehen wie von den Worten bekehrte Kinder.

Bald lösten sich diese Gestalten von uns, nahmen uns unsere Gefühle ab, gingen hinaus, durchzogen das Jahr, lernten die Zeiten unterscheiden und sprechen vom Gefälle der Wolken. Ihre Wege umsäumten unsere Gänge ins Freie, nur Weniges glänzte auch ihnen herunter, eng schloß der Himmel sie ein. Verletzlich blieben sie umeinander geschart, Trotzige in der bleiernen Zeit. Doch wie wir zweifelten auch sie an einer Stunde nicht, und auch ihre guten Tage blieben der Lust geweiht.

Heute, mein Freund, sind Zeiten unserer Geschichte aufgezeichnet. Sie ist uns nicht länger verborgen. Vom Desertieren wissen wir genug, von Freundschaften auch, was die Liebe ist, haben wir besprochen. Jetzt müssen wir lernen noch, auf uns zu setzen in unseren Spielen. Wir müssen weiter, weit, ja weit über das Gestrige hinaus.

2. Das Kalkutta-Programm (1987)

In Grunde genommen beneide ich jetzt Günter Grass. Er hat es richtig gemacht. Zunächst den großen Roman über die atomare »Endzeit« schreiben und dann nach Kalkutta verschwinden. Beides steht mir noch bevor. Und das macht mir zu schaffen. Böte mir ein wohlhabender Mäzen einen stattlichen Betrag an, würde ich sogar auf den Roman verzichten und statt dessen sofort nach Kalkutta gehen. So aber muß ich weiter in der Bundesrepublik nach einem Kalkutta suchen. Es liegt dort, wo nicht laufend über die »Endzeit« geschrieben und gesprochen wird. Kalkutta ist eine Art kurzfristiger Erlösung von den Regeln des intellektuellen Schlagabtauschs in Deutschland. Und die sind eisern.

Wer jetzt nicht sein Scherflein beiträgt, die »Endzeit«-Diskussion in Gang zu halten, den gibt es intellektuell gar nicht mehr. Die Fragen empörter Leser nach den berüchtigten Dichter-Lesungen, warum man eigentlich noch schreibe, sind zunehmend schärfer geworden. Ja, gewiß, was soll das alles noch? Auch ich mache mich inzwischen immer kleiner und erwarte zunächst einmal geduldig die Prügel, die da auf mich herabprasseln. Angeblich haben wir Besseres zu tun, als uns die Arbeiten irgendwelcher Verrückter anzuhören, die noch immer darauf bestehen, Geschichten zu erzählen und Personen im dramatischen Clinch gegeneinander antreten zu lassen. Höchstens Gedichte werden noch entschuldigt, vor allem, wenn sie unsere gegenwärtigen Lieblingsthemen behandeln. Da ich keine Gedichte schreibe, fühle ich mich doppelt schuldig. Wenn mir doch bloß einige scharf zugespitzte, pointiert überhitzte Verse zu... sagen wir... der Rheinverschmutzung, Rheinverseuchung, Rheinausrottung gelingen würden, könnte ich mich glücklich schätzen. Da hört manchmal noch einer zu. Aber ich schreibe eben keine Gedichte (ein weites Feld), und vorläufig hänge ich noch an diesen lächerlichen Prinzipien.

Es gibt also kein Entrinnen mehr. Die ganze »Endzeit« scheint sich mit all ihren Katastrophen zusammengeballt zu haben, um gerade mich vom Schreiben abzuhalten. Die Redaktion des »Literaturmagazins« hat mir in ihrem Einladungsschreiben zu dieser Umfrage soeben wieder unmißverständlich klargemacht, daß die Folgen von . . . ich wage das Wort kaum zu schreiben . . . von Tschernobyl noch längst nicht eingeholt seien. Auch der »anthropologische Schock« sei noch nicht vollständig zu Bewußtsein gekommen, heißt es weiter. Ich bestreite das nicht. Auch ich habe diese Folgen noch nicht eingeholt; und wenn ich ehrlich bin, sitzt der »anthropologische Schock« nicht tief genug. Jedenfalls hat er bisher noch nicht dazu geführt, daß ich mit dem Schreiben aufgehört habe. Im Gegenteil. Während des bewußten Ereignisses arbeitete ich an einem sehr umfangreichen Roman. Ich gebe zu, daß ich keine Sekunde daran dachte, die Arbeit zu unterbrechen oder gar einzustellen. Ohne mich beirren zu lassen, habe ich weitergeschrieben. Es gab keine Alternative, denke ich heute. Schon dem Roman zuliebe mußte ich weiterschreiben. Romane sind eigene und sehr stolze Wesen. Sie leben – trotz vielerlei anderslautender Aussagen – nicht außerhalb, sondern innerhalb des Autors. Sie haben sich mit ihren Figuren, Motiven und Zeichen in ihm festgesetzt. Sie sind bösen Geschwüren vergleichbar. Täglich rufen sie ihre Stoffmassen ab, manchmal nur einige Zeilen, manchmal zwei, drei Seiten. Wenn man ihnen nicht gehorcht, geht man als Autor zugrunde. Man stirbt langsam, aber schrecklich. Man wird stumm, verweigert die menschenwürdige Kommunikation, lebt sich in eine seltene Apathie hinein. Der Roman läßt einen ausdorren. Offensichtlich hänge ich noch am Leben. Deshalb bin ich den Weisungen des Romans gefolgt, ich habe ihn nicht einmal *gegen* Tschernobyl an- oder gar umschreiben müssen. Er hat sich in mir zu Ende geschrieben. Jetzt liegt dieses Monstrum von Manuskript auf meinem Schreibtisch. Gut, ja, ich schäme mich dafür, vielleicht verhindert irgend jemand, der es gut mit mir meint, noch, daß es gedruckt wird. Leser sollten mit so etwas nicht mehr belästigt werden. Sie sind sowieso mit anderen Dingen beschäftigt.

Auch das bestätigen mir die Redakteure des »Literaturmagazins«. In ihrem Brief wird die Drohung formuliert, daß die Unterhaltungsindustrie unaufhaltsam auf dem Vormarsch sei. Die Unterhaltungsindustrie – das ist klar – kennt keine Skrupel. Sie kümmert sich nicht weiter um Tschernobyl, sie unterhält einfach weiter. Die Bäcker backen, die Wirtschaftsbosse machen weiter ihre Geschäfte, die Politiker stellen Kandidaten auf und stellen die Weichen für die nächsten Jahre. Von den Schriftstellern aber verlangen wir, daß sie sich jetzt zusammennehmen. Irgend etwas muß sich ändern. Ich sehe das ein. Freilich ist mir bisher noch keine Lösung eingefallen. Dies mag vor allem daran liegen, daß die Schriftsteller immerzu auf alles reagieren und am besten auch noch eine Antwort finden sollen. Althergebrachten Gesetzen zufolge ist die Kunst eine Art Seismograph des gesellschaftlichen Gewissens. Die Rügen, die den Schriftstellern jetzt erteilt werden (und die sie sich selbst mit aller Inbrunst erteilen), sind vor allem durch diesen Glaubenssatz begründet. Die Kunst ist da, wo die Wahrheit ist – und umgekehrt. Weiter seine Brötchen zu backen, das deutet auf ein falsches Bewußtsein hin. Die Kunst ist die Totalaskese der Lebenden. Nur hier geht es ums Ganze. Wo alle noch weiterfummeln, muß sie gnadenlos werden. Sich verweigern. Verdorren.

Doch – wie gesagt – ich hänge noch immer am Leben. Wie ein Bäcker arbeite ich weiter. Dies hat damit zu tun, daß ich den Glaubenssatz unserer eintrainierten Ästhetik offenbar nicht mehr voll unterschreiben kann. Zumindest ist er mir verdächtig geworden. Ich habe die Vermutung, daß ein Ereignis wie ein Schock von ›Tschernobyl‹ gerade diese Umwertung verstärkt hat. Also hätte ›Tschernobyl‹ doch eine Wirkung gezeigt und also bestünde sie gerade darin, daß ich weiterschreibe? Das kann nicht wahr sein. Gehen wir das Problem einmal gründlicher an.

Die Katastrophen unserer achtziger Jahre fallen nämlich – und auch hier gebe ich den Redakteuren des »Literaturmagazins« recht – mit einer nicht unbedeutenden Neuorientierung innerhalb unseres literarischen Lebens zusammen. Man hat den Eindruck, daß die Autoren, die viele Jahre lang die Diskussion prägten, langsam abtreten. Schriftsteller wie Grass, Hochhuth, Walser haben dazu beigetragen, das Bild der Bundesrepublik zu formen. Mit ihren literarischen Arbeiten, mit ihren Reden und Diskussionsbeiträgen formulierten sie schon in einer relativ unpolitischen Zeit so etwas wie ein politisch-literarisches Gewissen. Wenn man nicht ganz blind ist, kann man heute leicht nachvollziehen, daß die ›Alternativen‹, die sie beschrieben (und das schon in den frühen sechziger Jahren), später in das gesamtgesellschaftliche Gewissen eingegangen sind. Sie haben Platz darin gefunden, nicht nur Teile der Sozialdemokratie, sondern auch die Studenten Ende der sechziger Jahre konnten sich darauf beziehen (wenn sie sich auch weigerten, diese Linien auszuziehen).

Freilich bezeichnete die bekannte Rede vom »Ende«, vom »Tod« der Literatur einen entscheidenden Sachverhalt. Den Schriftstellern wurde nämlich die Gesamtkompetenz für ein kritisches Gewissen genommen. Die Diagnose signalisierte: die Literatur braucht nicht länger darunter zu leiden, daß sie für alle einstehen soll. Jetzt nämlich stehen die bürgerlichen Subjekte für sich selbst ein. Sie haben das jedenfalls zu erkennen gegeben. Sie haben es in ihren Biographien ausgelebt und Zeichen für diese markante Veränderung gesetzt. Die deutsche Öffentlichkeit wurde politisiert, sie war es Anfang der siebziger Jahre so stark, daß die gutgemeinten ›Alternativen‹ deutscher Schriftsteller kaum noch ein nennenswertes Echo fanden. Ich sehe darin einen Erfolg. Jedenfalls läßt es mich keineswegs resignieren. Im Gegenteil. Statt der Schriftsteller haben sich Experten des ›Alternativen‹ der kritischen Gegenströmungen angenommen.

Gerade in den siebziger Jahren kulminierte der Erfolg dieser Experten. Sie waren gründlich informiert, sie hatten sich mit den schwierigen, global ausufernden Themen beschäftigt. Vielen konnte man vertrauen. Jedenfalls brachten sie es fertig, einen rationalen Dialog über all die Themen zu entwerfen, die uns heute noch in ihren Folgen beschäftigen. Die Schriftsteller sind in den Hintergrund getreten. Sicher, die deutsch-deutschen Treffen Anfang der achtziger Jahre markierten noch einmal deutlich ihren Willen, diese Themen in die Hand zu nehmen. Aber ich glaube, jeder Gutwillige hat bemerkt, daß diese Diskussionen und Treffen nur noch ein Begleitkonzert waren. Sie brachten nichts Neues. Plötzlich waren auch die Schriftsteller enttarnt. Sie standen da als die sorgenvollen, kummerbeladenen Bürger, zu denen sie in diesen Zeiten, da es mit der Selbstherrlichkeit der Literatur ein für allemal vorbei war, geworden sind. Beinahe sprachlos, denke ich. Sprachgewaltige oder besonders zupackend formulierte Thesen zu den uns beschäftigenden Themen habe ich jedenfalls von ihrer Seite nicht gelesen. Wenn man auf den alten Positionen beharrt, könnte man das gerade von ihnen erwarten. Ich erwarte es nicht mehr.

Daher nenne ich die Zeiten Anfang der achtziger Jahre die Zeiten eines großen *Erwartungsverlusts*. Die Literatur verlor – gleichsam unabsichtlich, aber sicher gezwungenermaßen – *die* große Kompetenz in der Formulierung gesellschaftlicher ›Alternativen‹. Sie mußte bescheiden werden. Die meisten Autoren haben denn auch vorsichtiger weitergeschrieben. Eigentlich müßten sie dies mit entlastetem Gewissen getan haben. Es lebt sich freier, wenn man nicht – wie der beneidenswert entschlossene Jean-Paul Sartre – jeden Monat zu einer neuen Weltsäule des kollektiven Gewissens erstarren muß. Freilich bedeutet jeder Verlust auch einen *Verzicht*. Und ich vermute, daß die Folgen dieses Verzichts noch längst nicht eingeholt wurden. Auch hier sitzt ein »anthropologischer Schock«, schmerzhaft und tief.

Auf ihn zu reagieren, hieße zunächst einmal: einzugestehen, daß die Stimme des Schriftstellers nur noch *eine* unter den vielen des gesellschaftlichen Dialoges ist. Ein großer Teil der Arbeit, ›Alternativen‹ zu differenzieren und den Dialog in Gang zu halten, ist so zum Beispiel auf Philosophen, Soziologen, Friedensforscher usw. übergegangen. Ich nenne die Arbeiten von Ernst Tugendhat. Ich kenne kein besseres Buch, das geeignet wäre, einen für die Diskussion über die Nachrüstung zu wappnen und vorzubereiten, als sein »Nachdenken über die Atomkriegsgefahr und warum man sie nicht sieht« (Rotbuch Verlag). Ich empfehle es hier und muß gleich erkennen, daß diese Empfehlung, auf das ›Thema‹ zu reagieren, nicht besonders originell sein mag. Gerade deshalb empfehle ich es. Denn nach meinem – zugegebenen beschränkten – Überblick haben nur wenige Schriftsteller mit entsprechendem Niveau, entsprechend informiert, entsprechend ›versorgt‹, auf die uns beschäftigenden Themen reagiert. Auch hier empfehle ich eine Ausnahme. György Konrád hat in seinem Buch »Antipolitik« (Suhrkamp Verlag) Strategien einer nicht an die gängige Politik anknüpfenden Diskussion beschrieben. »Antipolitik ist das Politisieren von Menschen, die keine Politiker werden und keinen Anteil an der Macht übernehmen wollen. Antipolitik betreibt das Zustandekommen von unabhängigen Instanzen gegenüber der politischen Macht...«– heißt es da. An solchen Strategien, denke ich, sollten die Schriftsteller mitarbeiten. Vielleicht nicht mehr in der vordersten Linie, aber doch mit ihren Mitteln. Die Mittel des Schriftstellers sind die Mittel der Kunst. Sie brauchen einem aber nicht mehr zu Kopfe zu steigen. Die Podeste sind gestürzt, neue Ländereien der Eroberung tun sich auf...

Ich vermute nun freilich, daß die meisten Autoren diese Ländereien kaum wahrnehmen. Gerade deshalb hat die gegenwärtige Diskussion in Deutschland, die jetzt das literarische Leben durchzieht, etwas Erstickendes. Sie wird mit allen Mitteln deutscher Selbstbeschränkung geführt. Der Blick geht kaum noch über die Grenzen. Deutschland ist das Maß aller Dinge. Die Folge dieser Begrenzung ist – neben dem mangelnden, die Gemüter gründlich durchlüftenden Geistesdurchzug – eine gewisse Sterilität, der der gegenwärtig herrschende konservative Trend mit Fleiß zuarbeitet. Die Konservativen rechnen damit, daß die Schriftsteller weiter verbittern, sich in die Ecke der Schwarzseher und Träumer stellen lassen und sich wie begossene Pudel gerieren, die um jede Leserteilnahme buhlen müssen. Das Stichwort hieße auch hier: *Antipolitik!*

So habe ich den Eindruck gewonnen, daß die Schlange der Katastrophenstimmung viele Autoren von dem Blick auf die inneren Verhältnisse dieses Landes abgehalten hat. Nichts ist vielen erwünschter. Der oft mundtot machende Druck auf das lastende Gewissen müßte jedoch geradezu den Blick auf die

Kompetenz und Argumentationsgewalt derjenigen herausfordern, die für unsere Republik Verantwortung tragen. ›Antipolitik‹ zu betreiben: das müßte doch bedeuten, eine Politisierung zu fördern, die sich nicht mehr innerhalb der Macht oder auch innerhalb des bloßen Machtanspruchs artikuliert, eine Politisierung, die nicht von vornherein mit der Macht rechnet, auf sie hin bezogen ist und durch ihr Modell bestimmt und verhunzt wird. Wo bleiben die Modelle dieser ›Antipolitik‹, literarisch, ja, warum entstehen nicht Romane, die diese Modelle genauer konturieren?

Womit ich bei meinen Projekten wäre, angekommen beim Roman. Hier sehe ich zwei Gefahren. Der gegenwärtige Überlastungsdruck durch gesellschaftliche Themen globalen Ausmaßes hat nach meiner Einschätzung auch Auswirkungen auf das *Programm des Romans* gehabt. Zum einen hat er Romane gefördert, die sich – trotzig und mit der gebieterischen Phase subjektiver Selbsterhebung – gegen das *Übel des Ganzen* dadurch zur Wehr setzen, daß sie am bloß Biographischen, am oft noch so Detaillierten hängenbleiben. Kunstvoll (!) werden die Außenwelten hier auf die Innenwelten der immer freier herumstolzierenden Helden zugehäkelt. Gerade diese Attitüden (sie sind recht alt und haben in Deutschland eine lange Tradition) stehen hoch im Kurs. Ich gebe zu, daß ich immer weniger begreife, warum. Meinen Kritiker und Literaten es wahrhaftig so wenig ernst mit sich selbst? Gerade die, die sonst zu jeder Gelegenheit mit oft beeindruckender Schärfe die Zeichen der Katastrophen unseres Zeitalters zu entwerfen verstehen, geben sich, sobald sie in die Sphären der Kunstprosa schlüpfen dürfen, mit Arbeiten zufrieden, denen man am wenigsten anmerkt, daß sie – im Sinne der ›Antipolitik‹ – »von heute« sind. Da wird entwickelt gelebt. Da werden Zusammenhänge so widerstandslos geknüpft, wie sie nicht einmal Fontane zu knüpfen gewagt hätte. Da gibt man – einiger zugegeben bestechender, blendender Formulierungen wegen – jeden Eifer auf, Literatur wahrhaftig zu einer wichtigen Stimme neben anderen zu machen. Der Eifer, der vielmehr hier am Werk ist, ist der alte *Eifer des Respekts*. Die Kunst soll bleiben, was sie war. Wir wünschen uns ihre hehre Fülle zurück, mögen wir auch noch so verzweifelt in den Redaktionsstuben sitzen und mag uns die »Langsame Heimkehr«, wenn wir es bloß zugeben könnten, am wenigsten einleuchten. Dafür aber heben wir ab. Wir schließen den Pakt mit dem alten Teufel unserer hohen Ansprüche, die Kunst wird gerettet, nachmittags diskutieren wir mit unseren Freunden wieder über das Waldsterben, am Abend – bei Kerzenlicht – sind unsere Magier dran.

Eine zweite Bedrohung des *Programms des Romans* ist, wie mir scheint, die *Verlockung der mythischen Perspektive*. Globale Einschüchterung führt dann zu globalen Antworten und Entwürfen. Nichts ist noch deutlich zu erkennen. Die Kriegstreiber hocken neben den Friedensfürsten auf den Mauern der ignorierten Halbwelt. Oben kreisen die mythischen Adler, sie haben eine beneidenswerte Perspektive, solange sie sich in der Luft halten. In solcher Perspektive wirkt das Mythische abstrahierend; es erledigt das Dargestellte und gibt es dem Rausch einer blassen, ›höheren‹ Meinung hin. Es untergräbt die ›Antipolitik‹, indem es das Reich einer selbstgewählten Isolation skizziert, die nicht einmal mehr den Versuch unternimmt, sich zu rechtfertigen.

Diesen hier nur angedeuteten Extremen einer *Erschöpfung* gegenüber erscheint mir das *Programm des Romans* offener denn je. Wenn er, wie Kundera betont, die letzte dem Menschen gebliebene Möglichkeit ist, über das Leben in seiner Gesamtheit nachzudenken, so scheinen die deutschen Schriftsteller das noch kaum bemerkt zu haben. Die Techniken, das *Programm des Romans* zu erweitern, haben sich in den letzten Jahrzehnten verfeinert. Neben Kundera sind die italienischen Autoren (wie Calvino u. a.) zu nennen, vor allem aber die lateinamerikanischen, die aus der Spannung zwischen Europa und ihrer Heimat für den Roman jene Universalität zurückerobert haben, die mit seinem Programm einmal eng verbunden war. Der Roman ist in diesem Sinne der *Gestus verschiedener Sprachen*, seine Anstrengung zielt auf Totalität, auf Weite, darauf, einen ganzen Kosmos von Welten einzuholen und zu umkreisen. In Deutschland ist dieses Programm weitgehend in Vergessenheit geraten. Der Roman ist – trotz einiger Ausnahmen – zu einem buchhandelsdienlichen Uniformpaket von zweihundertfünfzig Seiten zusammengeschrumpft, in dem ein matter, oft sogar biederer Ernst sich an der provinziellen Enge festhält. Die Darstellungsmittel scheinen erschöpft. Dabei bedurften sie – gerade im Blick auf die gegenwärtige Situation – noch nie einer größeren *Öffnung*.

Geöffnet werden sie durch Methoden der Distanzierung. Ironie, Satire, Komik können mehrere, vielleicht sogar miteinander konkurrierende Welten aufbauen. Warum statt eines Erzählers nicht mehrere? Warum nicht das In- und Nebeneinander von Bericht, Chronik, Reportage? Warum nicht die Universalität einer *Phantasie* zur Geltung bringen, der gegenüber die traditionellen Mittel der Beschreibung und Deutung sich als ohnmächtig erweisen? Das *Programm des Romans* ist die vehemente Konkurrenz zum Programm der Unterhaltungsindustrie wie zum einseitig einsprachigen Programm des Kulturgeschwätzes.

Freilich verlangt es vom Schriftsteller, sich zu einem Standort durchzuschaufeln, dem die Gegenwart dieser Republik ebenso zum Stoff wird, wie sie ihn andererseits nicht in ihrer selbstbezogenen Enge erdrücken darf. Phantasie nimmt sich des Gegebenen an, um es in neue Zeichen, Motive und Erkenntnisse zu verwandeln. Daher ist der Roman die Sprachform des Extrems, der Schärfe, der Bedingungslosigkeit. Er durchleutet die gegenwärtige Welt auf das hin, was ihr zugrunde liegt.

Daran halte ich fest. Und deshalb beneide ich Günter Grass. Ich säße auch gern in Kalkutta. Dort ist man weit genug von Deutschland entfernt, um große Romane über Deutschland schreiben zu können. Notgedrungen muß ich mich damit abfinden, Kalkutta in Deutschland zu suchen. Und das ist schließlich eine Aufgabe.

3. *Schwerenöter*
Eine Nachbemerkung (1988)

Meine Damen und Herren,
Sie haben mich gebeten, Ihnen bei Gelegenheit dieser Lesung einiges zu meinem Roman *Schwerenöter* zu sagen; die meisten von Ihnen kennen den Roman ja bereits, und wie ich in den letzten Tagen hörte, kursierten die unterschiedlichsten Gerüchte darüber, was der Autor wohl mit diesen fast siebenhundert Seiten versucht haben möge. Das Stichwort »Siebenhundert Seiten« weckt anscheinend sofort die Lebensgeister; wer sich so ausführlich äußert, muß sich besonders vielen hartnäckigen Fragen stellen, als müßte er sich gleichsam dafür entschuldigen, daß er sich derart hat gehenlassen.

Ich will Sie gleich damit erschrecken, daß dieses Sich-Gehen-Lassen eine Art geheimes Grundmotiv des Erzählens in meinem Roman bildet; ja, der Erzähler läßt sich auf dreiste, ungebremste und manchmal vorlaute Weise gehen, er ist einer, der in das Erzählen, ins Anekdotische, ins Parlierende, ins Imitieren, selbst ins Schwadronieren verliebt ist. Einer seiner Antriebe besteht darin, daß er sich keine Hemmungen auferlegt; er fängt einfach an, und es sieht fast so aus, als wollte er seine bisherigen Lebensjahre in Grund und Boden erzählen, als wollte er ein für allemal aufräumen, in einem einzigen Anlauf.

Dieser Anstrengung, so vital und ungebremst sie sich auch geben mag, haftet etwas von Besessenheit an, und ich denke, man versteht den Roman erst so recht, wenn man ihn als die Erzählung eines Besessenen versteht.

Einmal, an einer entscheidenden und für den Roman zentralen Stelle, bricht diese Besessenheit ganz deutlich hervor; ich meine das Kapitel »Furor«, das Kapitel, das 1977, zu jener Zeit also spielt, die man den »deutschen Herbst« genannt hat.

Der schizophrene Schub, den der Erzähler da – in Folge einer bedrohlichen Verwechslung – erleidet, läßt seine Sprache umkippen in eine schwer verständliche, aber doch unverkennbar raffende, sein Leben in Bildern auflösende Suada. In diesen Momenten brechen die inneren Welten, die er so manisch versucht hat, aneinander zu binden, plötzlich auseinander, sie zerfallen, die Einheit dieses Menschen ist in Gefahr, und es hilft nichts, er muß sich einer langen Behandlung unterziehen.

Vergegenwärtigen Sie sich bitte weiter, daß er sich nach dieser langen psychiatrischen Behandlung erst langsam wieder an seine Umwelt gewöhnt. Er versteht zunächst nicht, was draußen, außerhalb der Anstalt, vor sich geht, er hat allen Kontakt dazu verloren, und er sucht erst allmählich die Spuren, die ihn wieder ins Leben zurückführen. Eine dieser Spuren führt ihn zu seinem Zwillingsbruder, mit dem er sich ein Leben lang beschäftigt hat, und auf dieser Spur macht er – um zu genesen, ist er für einige ruhige Wochen nach Venedig aufgebrochen – eine irritierende Entdeckung. Sie wissen, wovon ich spreche: er erlebt (aus der Ferne, durch Fernsehbilder), daß sein Bruder als Abgeordneter der »Grünen« ins Parlament einzieht. Damit ist ein Datum bezeichnet: 1983, das Frühjahr.

Diese Entdeckung wirkt wie ein Blitz: plötzlich brechen die Erinnerungen wie Plagegeister über den Erzähler herein, er weiß kaum, wie er sich dagegen wehren soll, und wie er da so beginnt, vor sich hinzumurmeln, bekommt seine Rede wieder etwas von jener schizophrenen Suada, die er glaubte, hinter sich gelassen zu haben. Aber halt: er versucht, mit aller Macht, sich zu fangen, er will gegen dieses Verschwimmende der Erinnerungsflut ankämpfen. Papier her! Papier! – das ist sein Rettungsruf, denn er nimmt sich vor, diese Erinnerungen aufzuzeichnen, um durch das Schreiben zu genesen.

Womit wir bei den ersten und den letzten Sätzen des Romans zugleich wären: »Adenauer erwartete mich«. Wenn Sie nun diesen Zusammenhang bedenken, werden Sie gleich eine Ahnung davon haben, was das Erzählen hier so voran- und umtreibt: der Erzähler schreibt rasend gegen seine Angst an, er könne seinen Lebensfaden für immer verlieren, ihm bleibt keine andere Wahl, als gleich zu beginnen, ununterbrochen fortzufahren, jede Unterbrechung hätte etwas Bedrohliches. Schreibend also will er sich gleichsam wieder als Person zusammensetzen, um vor dem Bruder, diesem Eben- und gefährlichen Spiegelbild seines Selbst, zu bestehen. Die beiden Bruderhälften sollen wieder zusammengeführt werden, das ist der Antrieb seiner sprachlichen Raserei, und Sie werden verstehen, daß fast siebenhundert Seiten dafür noch ein recht bescheidenes Quantum sind.

Hemmungen also darf es auf diesem Erzählweg nicht geben, nur ein einziges Voran, *accelerando, immer schneller bewegt*, wie der Erzähler, der ja von Beruf Musiker, Pianist ist, vielleicht sagen würde. Auf einem solchen Weg über Stock und Stein ist keine Zeit für langes Innehalten, für Beschaulichkeit, für ein Sich-Vertiefen in Atmosphären und Stimmungen. Die Lebensszenen rauschen wie Szenen eines Films vorüber, und den vielen Gestalten, die auftauchen, wird wenig Raum gegeben, sich zu entfalten. Brauche ich noch zu erklären, warum der Roman seine Handlung chronologisch vorantreibt? Nein, wer so wie der Erzähler nach Beute rafft, wer so um sein Leben schreibt, der schaut nicht nach rechts und links, der kennt nur einen, den direkten Weg.

Also: vierundzwanzig Kapitel (Sie mögen sich bei der Zahl denken, was Sie wollen), chronologisch erzählt, beginnend mit der Geburt in Köln 1948, mit dem verzweifelten Erzählerblick darauf, ob alles Weitere sich wirklich noch einmal »fügen« werde, Gestalt annehmen, eine Gerade bilden, so daß am Ende die »Wiedergeburt«, das Ende der schizophrenen Ängste erreicht wäre.

Diese Konzeption, Sie werden es sofort begreifen, macht das Erzählen zu einem Drahtseilakt, bei dem der Erzähler jederzeit ins Bodenlose abstürzen kann. Und wahrhaftig lauern diese bodenlosen Sümpfe immer wieder: es sind die Stellen des Romans, wo der sich so panisch gebärende Erzähler seine schweren Krisen erlebt. Das fängt schon kurz nach der Geburt an, als er sich in einen lange beharrlich durchgehaltenen Autismus flüchtet, und das setzt sich in vielen Stationen fort: Melancholie, Zusammenbrüche, gefährliche Erkrankungen, innere Störungen.

Die »Geburt des Romans« also ist auf zweiter Ebene eine Geburt aus dem Geiste der Melancholie, deren Überwindung, deren Gestaltung, und der sprachbesessene Erzähler hat dafür ein altes, schon recht verbrauchtes Wort gefunden: »Schwerenötertum«. »Schwerenöterisch« sind – nach dem alten Verständnis dieses Wortes – die zahlreichen inneren Abstürze, die Stunden der schwarzen Galle, der Verzweiflung, wo nichts noch Gestalt annehmen will. »Schwerenöterisch« – das kann aber auch meinen: leicht dahin, spielerisch. Die Niederschrift des Romans macht also gleichsam die Probe darauf, daß diese beiden Seiten, das Schwere und das Leichte, die Melancholie (der Wahn) und die Ironie (das Spiel) zueinanderfinden. Und er gibt diese Probe weiter an den Leser, der ja eigentlich die Frage, ob dieses Zusammenstimmen der beiden Tonlagen gelungen ist, erst beantworten kann.

Und wie wäre dieses Gelingen dann zu erfahren? Vorläufig weiß ich auf diese Frage eine einfache Antwort: indem der Leser zum Spiegelbild des Erzählers wird, indem er diese Raserei miterlebt, immer voran, indem auch er nicht müde wird, diesen vierundzwanzig großen Episoden zu folgen, indem er sich satt liest, indem er nicht von diesem Buch läßt, bis er am Ende, und das heißt ja wieder am Anfang angekommen ist.

Immer wieder habe ich bemerkt, daß nur *die* Leser den Roman zu goutieren und von ihm zu sprechen wußten, die dem Erzähler ganz unbedingt, aus voller Neigung, mit aller Sympathie, ohne Blick nach rechts und links zu folgen wußten. Der Roman verlangt vom Leser genau das, was der Erzähler von sich verlangt: das Ablegen von Hemmungen, den Willen, ein sich beschleunigendes Tempo mitzumachen, die Lust, sich in diesem Erzählstrom zu verlieren, um am Ende – als Gestalt – wieder aus ihm aufzutauchen, neu geboren gleichsam.

Ich habe mit vielen Lesern gesprochen, die eine solche Erfahrung gemacht haben; sie begannen sofort zu erzählen, Bruchstücke aus ihrer eigenen Biographie, die sie mit der des Erzählers verglichen. Der Roman löste in diesem Sinn geradezu einen »Scheherezade-Effekt« aus: ein Sich-Verlieren in immer neue Erzählstränge, aber entlang des Fadens, den der Erzähler ausgesponnen hat.

So ganz wird man den Roman aber erst verstehen, wenn man bereit ist, ihn zweimal zu lesen, denn, wie ich sagte, er handelt und exerziert seine Spiele auf zwei Ebenen: denen des Gelebten und denen der Deutung, die dieses Gelebte zu fassen und zu formen bekommen will. Erst der Schock des Endes setzt die Schreibbewegung des Anfangs frei, erst wer durch den Furor ging, wird die Wiedergeburt ganz erfahren. Wo also spielt der Roman eigentlich, wo ist der Ort, wo all diese Linien zusammenkommen? Es ist der Kopf des Erzählers. Die einzelnen Kapitel des Romans sind Gehirnstationen, und der ganze Ablauf eine Wanderung durch diesen großen Schädel, vor dem die Verwandten schon kurz nach der Geburt erschrocken stillstanden. Alles muß durch diesen Kopf hindurch, und in ihm tobt dieses Abenteuer von Schilderung und Deutung.

In diesem Sinn erzählt Johannes, der Paniker, die Stationen seines Lebens, die zahllosen enthusiastischen Aufbrüche, und in diesem Sinn überlagern seine Erzählungen die später hinzukomponierten Deutungsmuster, seine Phantasien und Imaginationen. Denn der Erzähler ist, wie schon das erste Kapitel phantasierend ausführt, einer, der »in mehreren Welten« zugleich lebt.

Dieses In-mehreren-Welten-Leben macht ihm aufs Äußerste zu schaffen. Da ist zunächst der orphisch-musikalische Rausch, da ist das philosophische Grübeln, da ist die politische Bildlichkeit – all das soll zusammenkommen, soll sich in eins finden, soll eine Gestalt bilden. Mit diesem Vorhaben tritt der Erzähler an, und – natürlich – es ist, wie er ja selbst bald gesteht und bemerkt, ein größenwahnsinniges Projekt.

Die Dimensionen dieses Größenwahns aber sind sofort verständlich, wenn Sie seine Geschichte psychologisch verstehen. Denn, und das ist das große Trauma des Erzählers: er ist einmal in seinem Leben, zu einem entscheidenden Zeitpunkt, zu spät gekommen, er hat sich versäumt, er war der Zweitgeborene, kurz nach seinem Zwillingsbruder Josef zur Welt gekommen. Dieser Geburtsschmerz sitzt tief, und ihn aufzuheben, ihn zu lindern, dagegen arbeitet und wütet der Erzähler an.

Deshalb also steigert er sich immer wieder in die unmöglichsten Phantasien hinein, Phantasien über seinen (ihm nie zu Gesicht kommenden) Vater, Phantasien über die Lebens-Verwandtschaft bestimmter politischer Größen mit den nahen familiären Gestalten. Der Erzähler erkennt die üblichen Trennungen zwischen den verschiedenen Sphären nicht an, er toleriert nicht das Gefälle von Oben und Unten, er schwingt sich laufend auf, dieses Gefälle zu vernichten oder einzuholen.

Das Ganze ist im Hintergrund, so, wie ich es Ihnen hier vorstelle, auch eine Bildungsgeschichte, eine Travestie auf den traditionellen Bildungsroman, jedoch in der Absicht, die Fermente dieser Bildung für den Leser erlebbar zu machen. Denn wie der Erzähler in mehreren Welten zugleich denkt und empfindet, so durchläuft er in seinen Stationen auch die verschiedensten Welten. All diese Welten (der Katholizismus, das russische Denken, die ästhetischen Lehren Italiens usw.) sind relativ in sich geschlossen; er taucht tief in sie ein, jede will er ganz ausleben und ihre Stoffe in sich einsaugen, solange, bis sie sich in seiner Existenz verbraucht haben; dann streift er ihre Hüllen ab, er häutet sich, zieht die früher vertrauten Materialien ins Ironische oder Befremdende – und wendet sich einer neuen Welterfahrung zu.

Schon als Kind beginnt er daher mit den unglaublichsten Phantasien, will er über das Sichtbare hinaus, bringt er seine Kopfabenteuer ins Spiel. Immer mehr beginnen diese Phantasien zu wuchern, und erst die vielen Katastrophen schwerenöterischer Art, von denen ich bereits sprach, bringen ihn auf den Boden, ins naive Leben zurück.

Wie lange hält dieses Phantasieren an? Solange, bis er seine Protagonisten und die Figuren um sich herum nicht mehr erhöhen, erniedrigen, solange, bis er nichts mehr dazuerfinden muß, solange, bis er selbst zu einer Figur der Geschichte geworden ist. Dies ist im Roman an der Stelle der Fall, als er in den späten sechziger Jahren aus Rom wieder nach Deutschland zurückkehrt. Plötzlich reiht er sich ein, erlebt er die Umwälzungen der Studentenbewegung mit, und das Hirnkapitel »Hauptstrom«, ein einziger Sog von Ereignissen, zeigt, wie er mitgerissen wird, nur noch Mitteilungen gebend, allerdings in einer Suada, die seine Bewegtheit ebenso zeigt wie sie die des historischen Augenblicks vermittelt, der nichts kennt als pure Präsenz. Hier spielen die Phantasien und Deutungen für einen Moment keine Rolle mehr, der Erzähler und sein Bruder sind zu geschichtlichen Figuren geworden, erst später zerfallen diese Emphasen wieder und enden in Melancholien.

Sie bemerken, ich spreche auch von Rhythmen, von Phasen, von Abläufen, von Tempi, von Leit- und Nebenmotiven: eigentlich spreche ich die ganze Zeit auch in musikalischen Termini. Und so verstehe ich den Roman schließlich auch: als eine zu Worten gewordene musikalische Phantasie, deren Folgen sich dem Leser auch leidlich einprägen sollen. Der Roman selbst hat dafür ein häufig wiederkehrendes Motiv gefunden: das geöffnete Klavier, den bereitstehenden Flügel, an dem der Erzähler beweisen muß, was er kann.

Die schwarz-weißen Tasten, noch unberührt, sie sind die geheime Herausforderung des Erzählers, vergleichbar den leeren Seiten zu Beginn seines Erzählens, und so, wie er das Instrument zu beherrschen lernt, soll auch die Sprache ihm – in musikalischer Weise – zur Gestalt werden. Kombinieren also, verknüpfen, Haupt- und Nebenmotive sichtbar machen, Anspielungen verwenden, Kontrapunkte herstellen, Imitationen einfügen – in diesen Dimensionen begreift der Erzähler die Welt und in dieser Rhythmik löst er sie in seiner Sprache ein.

Um dieses Einlösen zu ermöglichen, hat er sich – von Kindheit an – eine besondere Form des Verhaltens geschaffen, eine Art Mimesis, die darin besteht, sich in die rasch wechselnden Welten einzufühlen und ihre oft strengen Gesetze noch zu überbieten. Der Erzähler verwandelt sich, er spielt, er schauspielert, er wird zum pathetischen, zum lyrischen, aber auch zum tragischen Deklamator; die Überbietung der erstarrten Welten gelingt nur um den Preis der Dekouvrierung, und dieses Dekouvrieren ist ihm denn auch zu seiner eigenen Sache geworden.

Warum aber, wohin zielt diese rasende Suche? Zunächst darauf, das Unwahre, Falsche, das Reglementierte und Betonierte zu durchbrechen. Dann auf den Reigen der Verwandlungen selbst: das Ich ist kein fester Pol, der Erzähler ist sich stets bewußt, aus wievielen Formen, Elementen, Seelen er besteht, und der Lebensgenuß, die Nähe zum vitalistischen Erleben, besteht ja gerade darin, all diese Formen zu entwickeln und sie nebeneinander bestehen zu lassen. Und weiter?! Wohin?

Erinnern Sie sich bitte: es gibt im Roman mehrere Projekte der Lebensverwandlung, die nicht aufgekündigt werden, die Bestand haben und denen der Erzähler nachhängt. Darunter ist das Fluxus-Projekt des Onkel Joseph, das Beuyssche Projekt der »Sozialen Plastik« also, die ja durchaus kindliche Zugänge erlaubt und daher schon von den ersten Lebensjahren an Anwendung findet.

Dann, zum zweiten, das Projekt der »schönen Gesellikeit«, das dem Erzähler – in seiner ästhetischen Schärfe – durch den Lehrer Adorno vermittelt wird. Die ästhetisch-erotische Geselligkeit – das Zusammenkommen nicht nur der individuellen Anlagen, Formen und Typisierungen mit denen einer wandelbaren, neugierigen, sich selbst dem Strom der Metamorphosen unterziehenden Gemeinschaft – das ist die eigentliche Utopie, auf die es dem Erzähler ankommt.

Ein idealistisches Projekt! ...werden Sie sagen, und mich vielleicht an die Vorhaben Schillers erinnern, dessen Briefe über die ästhetische Erziehung doch nicht weit entfernt von dieser Utopie scheinen. Ich antworte Ihnen: ja und nein. Das Schillersche Schwärmen vom ästhetischen Staat ist nichts als eine historische Folie, auf die sich der Roman – wie auf viele andere – bezieht. Aber dieses Schwärmen kann ja auf andere Voraussetzungen bauen: auf den Glauben an die Perfektibilität des Menschen, an seine Vervollkommnung also, auf den Glauben, die Welten der Subjekte und die der Objekte seien wesensverwandt und bildeten letztlich ein Ganzes, auf die Idee von der in großen Bildungsstufen fortschreitenden Geschichte, die den Menschen zu einem sich stetig entwickelnden Weltbürger formt.

Diesen Glauben aber, dieses Vertrauen auf die Einheit von Geist und Welt, hat der Erzähler nicht mehr, obwohl er ihn im Verlauf seines Erzählens suggeriert. Der Erzähler tut ja so *als ob*, als ob die Geschichte stetig fortschritte, als ob sich Bildung erreichen ließe wie zu Zeiten Schillers, als ob es ein Weltvertrauen noch geben könne. Dieses Als ob aber travestiert den alten Glauben, er führt ihn vor, er unterläuft ihn und arbeitet so die modernen Dimensionen unserer Geschichtsverlorenheit heraus.

Dauernd von der Geschichte erzählen, dauernd ihren Geschichten nachjagen – um dadurch ihren Verlust zu markieren, das ereignet sich in diesem Roman, und daher habe ich ihn auch als eine ernst-ironische Absage an das Epos verstanden, an jene epischen Einheiten, an die die 24 Kapitel, jetzt sage ich es doch, in Anspielung auf die 24 Erzähleinheiten der Homerischen Odyssee erinnern. Um aber die Erinnerung an die Tradition, an Homer, eher noch an den alten Idealismus wach zu halten, verwendet der Erzähler manchmal seine durchaus etwas altertümlichen Idiome, Sprachen so gepflegt, als plauderte da ein über den Dingen stehender, allwissender Erzähler. Aber diese Allwissenheit – ist nichts anderes als ein Teil seines Größenwahns, der ja – wie er selbst in der ausführlichen Disputation mit einem ihn prüfenden Direktor einer recht konservativen Bonner Stiftung aufführt – ein Teil des Schwerenötertums selbst ist.

Eine sehr deutsche Geschichte also, ein moderner Parzival-Auszug, pseudo-naiv, in Welten, die sehr eng, sehr straff und sehr geschlossen erscheinen. Um so stärker der aufbegehrende Elan des Erzählers, um so kräftiger sein Wille, alles aufzulösen, bis die Elemente neu zusammengesetzt werden können!

Dieser Elan – er scheint mir im positiven Sinn das Erbe einer Generation zu sein, deren Werden der Roman ja letztlich schildert. Ich meine jene Nachkriegsgeneration, die die fünfziger Jahre als eine sehr engstirnige Kinderzeit erlebte und die sich später ihren Vorläufern, den Protagonisten der Studentenbewegung, anschloß. Der Roman also ist nicht aus dem Denken der sogenannten Achtundsechziger entstanden, davon war der Verfasser allein schon wegen seines Geburtsdatums (1951) zu weit entfernt. Die Mentalität von '68 ist ihm in vielen Zügen fremd, und er eignet sie sich auch eigentlich nie richtig an. Er schlüpft in dieses Denken hinein, es ist eine der Sphären, die er durchlebt (gewiß die prägendste, wichtigste) – den Helden, den Sprecher, den Gestalter aber will er nun doch nicht spielen.

So geht es in diesem Roman nur vordergründig um die große Geschichte. Der Erzähler, dieser Deutungssüchtige, zerrt sie ja vielmehr nur gewaltsam in seinen Phantasienrausch hinein; er will seine Perspektive, den Anteil der großen Geschichte an seiner eigenen, inneren Geschichte sichtbar machen. Daher werden all die großen Figuren, Adenauer, Brandt, Kennedy, herbeibefohlen, herbeibeordert, sie sollen diesen Reigen mittanzen, das Fest eines, wie es in Anspielung auf die Erzählhaltung einmal heißt, »phantastischen Realismus«.

Eigentlich aber bleiben diese großen Gestalten denn doch am Rande, es sind Sternenbilder, Zeitzeichen am Firmament, nicht mehr. Denn der Roman ist ja ganz und gar kein Geschichtstext, keine stocktrockene ›Aufarbeitung‹ der Geschichte seit 1945, kein BRD-Roman, er ist von einer ganz anderen Monströsität, von der nämlich, die die Zwitterfigur des Erzählers Johannes vorgibt. Seine Jagd nach dem Bruder-Ego, nach dem satten Lebensrealismus, nach Dichte, nach einem Ankommen – das ist die Jagd einer verwundeten, tief beschädigten, sich aber immer wieder aufrichtenden, einer letztlich an etwas Triumphales glaubenden Seele nach ihrem Selbst.

Dieses Selbst scheint dem Erzähler überall versteckt und verborgen: in den Riten der Orphiker wie denen der Indianer, in denen Beuysscher Kunstprojekte wie in den Texten Adornos, in den musikalischen Künsten wie in den politischen der deutschen oder portugiesischen Revolution. In allem einen quasi-revolutionären Impetus zu spüren: weiterzumachen: weiterzuleben: sich zu verlieren: darin ist die manische Suche des Erzählers begründet.

Und so ist diese Suche, in Köln 1948 anhebend und nach fast siebenhundert Seiten 1983 in Venedig endend, eine Abenteuerreise auch im jugendlichen Sinn, ein Dithyrambus auf das Flagellantentum und – Sie können es mir, dem Autor glauben – auch ein Bild seiner eigenen Freude und Not.

Ich danke Ihnen!

4. Roman-Werkstatt (1989)

Aus den Arbeitsprotokollen zum Roman *Agenten*

Den Anfang macht die absolut erscheinende Gewißheit, einen ›Stoff‹ zu erkennen. Dieser ›Stoff‹ ist ganz materiell: er besteht aus lauter Atmosphären, Details, einer als unendlich ergiebig vermuteten Reihe von Anschauungen und Bildern. Er hat nichts von einem ›Thema‹ (also einer Zurichtung von bestimmten Abläufen). ›Stoff‹ ist lediglich die füllige Erscheinung von Attributen, keine Ahnung von Komposition, Handlung, Symbiose von Gestalten. In mir ist dieser Besitz von lockenden Zeichen, und sie stellen mir eine Aufgabe: sie so zu verbinden, daß ihre Erscheinung ›rein‹ bleibt von meinen Zutaten.

Viele Schriftsteller versuchen sich eines Beginns zu vergewissern, indem sie die Sprache auf einen, *ihren* Ton vereidigen. Nun haben sie es ›gepackt‹, mit aller Gewalt. Die Maschine setzt sich in Bewegung und schnurrt, und die Lektüre ist das Wiederfinden dessen, was die sprachlichen Neigungen eines Autors dem Gesagten angetan haben.

Ich will nichts *zelebrieren*; der Ekel vor jeder Art von Wichtigtuerei sitzt in mir am tiefsten. Daher mein Glaube an die ›Arbeit‹, an das ruhige, vollkommen besonnene Schaffen. Abscheu gegenüber allem Nervösen, ich will das klare, kraftvolle Sprechen.

Einen Roman zu eröffnen! ... Die höchste Lust überhaupt. Jeder gute Beginn ähnelt einer Ur-Szene, der erste Satz oft einer lyrischen Zeile. Was geschieht? Die Lockungen werden verstreut, alles ist noch im Stadium der Andeutung, alles *verharrt*. Nicht die geringste Routine darf sich breitgemacht haben, und die Hoffnung ist immer: diese Singularität des kaum Bestehenden zu erhalten.

Es war ... – die Hohlform eines Sprachrohrs. Sie bedarf, um in Schwingungen zu geraten, präziser Details. Vorsichtige, aber zupackende Benennungen: ein ... Sommer, ... Tage.

Ich beobachte genau, wie ich, gerade bei Beginn der Romanarbeit, die Flucht zu zahlreichen Adjektiven antrete. Die Vorsicht ist noch zu groß, jeder Satz ein behutsamer Schritt. Die Adjektiva wirken wie beruhigende Floskeln, sie legen sich den Substantiven massiv um den Leib, als könnten diese nicht aus eigener Kraft geradestehen. Schongebärden – ich höre noch nicht deutlich genug, welches Feld von Substantiven der Textkörper versammeln wird.

Oft Stunden für eine einzige Verschiebung im Satzrhythmus. Die innere Stimme horcht diesen Rhythmus immer von neuem ab und konfrontiert ihn mit allen nur denkbaren Wendungen. Durch einen guten Satz geht ein unscheinbarer Sprung, mehrere solcher Sätze in Folge aber lenken die Aufmerksamkeit zu sehr auf die Sprache.

Roland Barthes hat das Vergnügen am überraschenden, in den Satz dreinfahrenden Wort mit einer Art Worterotik in Zusammenhang gebracht: wenn das Wort »unerwartet, durch seine Neuheit saftig ist ...«

Charakteristisch: auf den ersten anderthalb Seiten, für die ich über eine Woche gebraucht habe und die ich daher längst auswendig (mitsamt allen Varianten) kenne, erscheint kein einziger Name. Nur eine ›Szene‹, kaum Bewegung, die ganze Arbeit vor allem für die Verben verwendet. Die Scheu, die so sichtbar wird, ist die vor allzu starker Konkretheit. Die sprachliche Bewegung will sich noch nicht mit deutlichen Bestimmungen verbinden. Solch ein erstes Sprechen ist aber der Sud des Folgenden, ein fast lexikalisches Terrain.

Der große Anteil des Spielerischen, der im Text völlig getilgt sein muß: ich stelle mir unablässig die Aufgabe, bestimmte Wörter und Wendungen auszutauschen, ich stammle wie ein Kind einen Wortbrei vor mich hin und lalle die Worte so lange, bis sie lächerlich werden. Ein *früher* Sommer? Ein *langer* Sommer?... Nein, niemals! Beide Adjektive sind zu nah an der Erwartung, die das Substantiv provoziert. In mir tönt wie bei einem, der die Sprache erst lernt, laufend die Frage: *wie sagt man denn?* Wie *sagt man* es?...: das zielt darauf, der Sprache etwas Korrektes abzugewinnen, das man jedoch mit umgangssprachlicher Korrektheit nicht vermengen darf. Ich muß versuchen, den Anschein dieser Korrektheit zu erwecken und sie gleichzeitig zu unterlaufen.

Der anfängliche ›Urzustand‹ der neuen Sprache, die ich für den Roman finden muß, entsteht aus dem Widerstreit der beiden Lager des gesetzmäßigen und des impulsiven Sprechens. Mein Interesse für die Humanisten der frühen Neuzeit (Petrarca, Luther) hat damit zu tun, daß an ihrer Arbeit das Ideal dieses Widerstreits zu verfolgen ist. Sie dachten darüber nach, wie die muttersprachlichen Wendungen kanonisch zu behandeln wären. Der historische Moment war der denkbar günstigste: die Volkssprache der Zeit markierte die impulsive Richtung, das klassische Latein (die Gelehrtensprache) aber das abstrakte Gebäude des Gesetzes. Von diesem Kontrast (zwischen der alt-ehrwürdigen Richtung und der modisch-punktuellen Kraft) wird jede neue Prosa bestimmt. Sie wird in dem Maß zur Tafel der umgeschriebenen Gesetze, in dem sie die Balance des Streits austrägt.

Das ›Unpersönliche‹ und das ›Individuelle‹: Verfolgungsjagd zweier Stilgangster.

Die größte Gefahr des Anfangs ist Überinstrumentierung. In einem solchen Fall haben die Sätze etwas Belastetes, oft auch etwas Rhetorisches. Die Sprache sollte jedoch knapp und zugleich ›flüssig‹ erscheinen, wie ›nie gehört‹ und doch wie lange gerade so herbeigewünscht.

In der Nacht träume ich Fortsetzungen, Seite auf Seite, wie von einer magischen Stimme diktiert. Aber ich verstehe diese Sätze kaum, denn ich träume in englischer Sprache. Am Morgen ist nichts davon geblieben als: ›Punkt, Komma, Komma, Semikolon; Punkt. Punkt.‹

Die scheinbar so außerordentliche Ruhe der ersten Sätze antwortet auf eine abgrundtiefe Angst: *nie mehr* sprechen zu können, der völlige Verlust.

Noch einmal: die Folie, gegen die sich die eigene Sprache abhebt, müßte eine namenlose, konturarme, disziplinierte, wie ›ausgelöscht‹ erscheinende Sprache sein, die fahle Sprache des Gesetzes ohne Inhalt, oder auch: die Sprache der *Schulen*. Für mich existieren mehrere solcher Nachkriegsschulen: die Sprache Becketts und die der Autoren des *nouveau roman*. In der deutschen Nachkriegsliteratur erkenne ich nur zwei Autoren, die eine derartige Wirkung ausüben könnten: Peter Weiss und Uwe Johnson.

Die ›Arbeit‹ müßte sein: die Erinnerung an die Schulen zu tilgen, ohne die Erfahrung ganz verschwinden zu lassen.

Partizipien: nicht selten täuschende Figuren, die einen Satz unnötig verlängern (wobei sie mit dem Falschgeld bezahlen, daß sie seinen Gestus anscheinend ›steigern‹) ...

Streusalz: Adjektiva wie *prekär* oder *offensichtlich*, die vermummten schweren Substantiva (wie *Dasein* oder *Genugtuung*) etaws von Zersetzung verleihen.

Anfänglich verläuft durch jeden Satz eine Grenze. Ich spüre die Unruhe, die es kostet, sie zu überschreiten. Mit den fremden Wortwachposten kluge Verhandlungen; dann selbstverständlich, Schritt für Schritt, nach dem Austausch der kleinen Geschenke und Gaben.

Ich habe es mit einem etwa fünfundzwanzigjährigen Ich-Erzähler zu tun, das ideale Alter für eine knappe, aber fordernde, freche Sprache. Was darf ich ihm erlauben? Die lebendigen, forcierenden Sprachelemente sind die eines leichten Slang. Wendungen wie *Druck machen* oder *scharf sein auf...* sind subkulturelle Errungenschaften. Ich arbeite daran, diesen subkulturellen Klang einzubauen in eine präzise, federnde Sprachgestik. Psychologisch muß der Leser spüren, was es diesen ›jungen Mann‹ kostet, sich so zurückzuhalten. Er birst vor Drang nach vorn, aber die Sprache schraubt ihn zurück.

Der Erzähler: die Balancefigur eines ›mittleren‹ Sprachtons, gleich weit entfernt vom Enthusiasmus wie vom totalen Abscheu, aber von beiden Extremen berührt.

Erzähler drängen immer danach, alles an sich zu reißen. Besondere Vorsicht da, wo sie zum Urteilen neigen. Die einzige Ausstattung, die solches Urteilen erlaubt, wäre eine gute Optik, ein Sinn für Bilder.

Ich führe, auch um dem Erzählfluß des Ich-Erzählers gleich Einhalt und einen Widerstand anzubieten, die erste Gegenfigur ein. Der Erzähler darf sie ›präsentieren‹, ausschließlich von außen, sehend, anhand einiger markanter Details. Die Auswahl dieser Details ist von höchster Wichtigkeit, sie dürfen allesamt nur den Charakter von Andeutungen haben. Diese *Andeutungen* gelten wem...? Dem eingeweihten Leser. Diese Komplizenschaft setzt der Roman nun voraus. Er wendet sich an ein Publikum, das diese optischen Details voyeurhaft zu lesen versteht. Für den Leser, der ihre geheime (suggestive) Verbindung nicht wahrnähme, bliebe nur ein einziges Rauschen *(was soll das?)*.

Ich erhoffe mir ein durch die Sprache des Films geprägtes Publikum; auf diese Hoffnung setzend, kann ich die Details einfach *belassen*. Ich brauche sie nicht mehr zu erklären. Das Schreibverfahren, das so allmählich entsteht, kann sich daher jedes Psychologisieren ersparen; auch die traditionellen Beschreibungspartikel *(er trug, er ging, er liebte es)* haben nun eine andere Bedeutung: sie stimulieren den Blick des Lesers.

Nach einigen Wochen Arbeit spüre ich genau die Begrenzung, die der Text mir zumutet. Indiz: es ist nicht mehr alles möglich (die Sprache hat eine ausschließende Struktur angenommen). Es gilt nur noch eine Regel: auf alle Übergänge verzichten! *Schnitte!* (So häufig wie möglich.)

Ich habe begriffen, wie ich den subkulturellen Wendungen des Ich-Erzählers manchmal begegnen kann: mit sehr entschieden wirkenden Verben, die bereits eine leicht altmodische Patina angesetzt haben (*beherrschen, haushalten* usw.). Sie verleihen der Erzählersprache zugleich etwas Distanziertes, als mühte er sich, die Sprache der Väter nicht völlig zu ignorieren.

Die Weise, wie eine Gestalt das erste Mal im Roman auftritt, ist bestimmend für ihr ganzes weiteres Dasein. Wie also? Im Hintergrund, als flüchtiger, aber provozierender Schemen? Dann kann die Kunst darin bestehen, die Provokation dieses Schemens immer mehr zu verdeutlichen (ihm Farben zu verleihen). Oder als Akteur, gleich auf bestimmte Tätigkeiten festgelegt? Dann ist das Zentrum dieser Tätigkeiten zu suchen, ihre Mündung. Oder als Sprecher (etwa in einem Monolog)? Dann muß ich mit den sprachlichen Riten dieser Figur so lange umgehen, bis sie schal geworden sind (ich muß sie zersetzen).

Was heißt: etwas schildern...? (Zum Beispiel: eine Stadt.) Es heißt: einen Charakter physiognomisch erfassen, mit wenigen Strichen, von denen jeder einzelne einen bestimmten Zug beisteuern muß. Es heißt nicht: sich mit Beschreibungen aufhalten.

Beschreibungen können nur noch eine Aufgabe haben: eine ganz präzis zu benennende Atmosphäre langsam, zeitlupenhaft so zu zerlegen, daß der Leser die Zerlegung für ein Anwachsen des Atmosphärischen hält.

Der traditionelle Roman (Fontane, Raabe) hatte seinen wichtigsten Baustein im Dialog. Der Dialog war die große Verheißung: des Kolorits, des Gesellschaftlichen! Man prüfe einmal, aus wievielen Dialogpartien *Effi Briest* besteht. Nun aber: die große Vorsicht unserer Gegenwartserzähler vor dem Dialogischen. Oft läßt die narzißtische Scheu die fremden Stimmen nicht mehr zu (sie sind ins dramatische Genre abgewandert). Der Zugriff des Autors soll überall triumphieren, erst recht über die windigen Wortfetzen seiner Gestalten. Also: die dialogische Form erneuern!

Soll der Dialog Glaubwürdigkeit besitzen, wird die Stimme des Autors leicht zugunsten eines ›common sense‹-Gewäschs verdrängt, in dem es kaum noch einen Halt gibt. Jedem Dialog haftet etwas flegelhaft Ausführliches, Aufdringliches an. Die Gefahr: Preisgabe des Gesamttons, Absturz ins Beliebige. Im Dialog herrscht oft die Willkür gegenseitigen Aufzählens, etwas von schalem Überbieten oder von nicht Abgeführtem. Ja, ich verfluche den Dialog.

Welche Mittel gibt es, diesem schalen Überbieten zu entgehen? Einzige Regel: ich muß die redenden Gestalten anstarren, mit dem festen Willen, ihnen nichts zu gestatten, sondern sie zum Verhör zu zwingen. Das ist es. In Dialogen verhört der Autor seine Gestalten. Und: jederzeit für den Moment gewappnet sein, wo man seinen Gestalten den Laufpaß geben muß. *Klappe zu!*

Weiter, weiter! Gibt es noch weitere Möglichkeiten, dem Dialog notwendige Funktionen abzugewinnen? Die wichtigste ist die Selbstdarstellung (der lange Monolog, im Keim eine knappe Erzählung). Dies nur bei Gestalten, denen ich eine überdimensionale Wirkung gestatte. Der Monolog hat dann etwas von einer Litanei und muß sehr deutlich die Muster des sprachlichen Gefängnisses offenbaren, in denen sich die Gestalt bewegt. Ihr Reden: ein einziger Fluß, Potenz, Trieb, Sattheit, Sprachvöllerei. Die anderen Gestalten in solchen Situationen: Statisten! Die Szene: ein Auftritt!

Gegenwärtig existiert ein großer Reichtum an subkulturellen Abgrenzungsidiomen: das alternative, das der Schickeria, das der Aufsteiger, das kulturelle, das des Sports usw. Die Erkenntniszeichen dieser Idiome für Dialoge fruchtbar machen! Niemals diesen Idiomen verfallen (sie niemals *nachahmen*)! Wenn man ihnen verfällt, geht man wie ein Zerstäuber mit ihnen um; wenn ich sie jedoch benutze, werden sie erkennbar. Ich kann sie (als Zeichen) integrieren, ja!

Nach einer längeren Arbeitsphase ist die eigene Überempfindlichkeit so gewachsen, daß ich manchmal (in Gedanken) strikt darauf bestehe, alles (alles!) könne nur noch *so* und nicht anders gesagt werden. Ein fast mittelalterlicher Wortpurismus, als malte ich wie ein Mönch auf meine Pergamente und als wäre dieses Malen doch nur das Vollziehen und Vollenden des göttlichen, sich auch in der Sprache durchsetzenden Willens. Törichte Anmaßungen, sprachlicher Größenwahn!

Schon bei Lektüre eines beliebigen anderen Textes (Zeitung, irgendeine Meldung, erst recht ein Kommentar) zucke ich laufend zusammen und schreibe im stillen den Text um. Wie ein Paranoiker rede ich die überaus fremden Texte an: *ihr völlig falschen! Alles Verräter! Sprachintrigen!* Das sprachliche Gewebe des Romans (mitsamt seinen immanenten Gesetzen und Regeln) hat sich so in mir verdichtet, daß ich alle Abweichungen als Täuschungen oder als einen Ausdruck niederster Schlamperei empfinde. Ja, ich denke sogar: wenn die Welt so redete (wie der Roman ›redet‹), wenn es gelänge, sie zur Einhaltung dieses Konzisen zu bringen, ja, dann wäre sie erlöst! (Ein typischer Herrschaftsirrtum!)

Noch einmal: wie beschneide ich die Großkotzigkeit der Dialoge? Indem ich ruhige, weitausholende Passagen auf sie folgen lasse. In diesen Passagen mächtige Zeitadverbien! Sie markieren Erfahrung, Überblick, Weite..., und sofort schnurrt die Dialogsprache zum Tönen lediglich singulärer Stimmen zusammen.

Eine weitere Aufgabe besteht darin, die jeweilige Funktion eines Dialogs genau im Auge zu behalten. So kann er zum Beispiel dazu dienen, Handlungsbestandteile nachzuliefern (etwas wurde verheimlicht, etwas tritt ans Licht usw.). In einem andern Fall soll er die Redeweisen zweier Figuren kontrastieren. Nie jedoch darf ich zulassen, daß eine Gestalt der anderen etwas in den Mund legt; die Dialogpartner dürfen sich nicht von Satz zu Satz weiterhangeln. Immer: scharfes Gegeneinander, unruhige Motorik der Widerworte, Ablauschen der Valenzen! (Wortspiele müssen Ausnahmen bleiben.)

Jedesmal, wenn sich der Ich-Erzähler nach langen Dialogpartien zurückmeldet, bin ich ein wenig mehr mit ihm versöhnt. Je länger er sich für mich bereithält, desto mehr nimmt er mich für sich ein. Solche Gestalten haben einen Hang zur Unterwürfigkeit, sie gieren nach dem Moment, in dem man ihnen die Zügel überläßt. Dann würden sie sich als Helden präsentieren.

Romangestalten auch dadurch individualisieren, daß man ihre Vorlieben deutlich macht! Diese Vorlieben als wiederkehrende Details des Lebensflusses.

Der Sprachspeicher, den der Roman inzwischen geschaffen hat, ist so groß, daß ich keine Straße mehr betreten kann, ohne den Versuch zu machen, die Einzelheiten des Gesehenen in einem Satzgeschehen zu stabilisieren. Ich fordere: die Beobachtungen müssen immer feiner werden, das Miteinander-Sprechen eine große Übung, die Menschen als Horcher, Sprachschöpfer!

Manchmal Gelegenheit zu ›großen Augenblicken‹. Dann denke ich mir eine Szene so verschwenderisch wie möglich. Den ganzen noch möglichen Sprachprunk aufbieten, gezielt den Höhepunkt verheimlichen! Bevor ich die Arbeit an solchen Augenblicken angehe, macht sich oft Erschöpfung breit. Die Phantasie hat das zu Schildernde bereits derart gesteigert, daß jeder erste Satz nur ein matter Nachklang sein würde. In solchen Momenten muß ich mit mir wie ein Lehrer mit seinem

Schüler umgehen: setz dich, nimm den Stift in die Hand, und jetzt langsam, Satz für Satz!

Die Phantasie arbeitet völlig exakt. Ich muß die Gestalten nur genau im Auge behalten, und das heißt: ich muß ihre Geschichten laufend fortspinnen. Was die Details betrifft, muß ich alles über sie wisen (rauchen sie, welche Filme mögen sie usw.), auch wenn diese Details im Roman nirgends in Erscheinung treten. Die Phantasie arbeitet also fetischistisch.

Jede einzelne Romangestalt muß als Held eines eigenen Romans gedacht werden könnnen. Vor jeder Gestalt den größten Respekt.

Gibt es Unterschiede in der Behandlung von männlichen und weiblichen Figuren? Unbedingt!... Und die wären? Männliche Figuren sind leichter integrierbar, sie neigen oft dazu, sich funktional zur Verfügung zu stellen. Sie sorgen gern dafür, daß Geschichten am Laufen gehalten werden, sie warten selten mit retardierenden Momenten auf. Weibliche Figuren dagegen beanspruchen von vornherein mehr Raum. Sie tun sich um, ohne daß der Sinn dieser Umtriebe gleich feststünde. Außerdem tauchen sie mit unberechenbarer Energie gerade an den Wendemarken von Geschichten auf. Weibliche Figuren haben immer etwas von Göttinnen (sie sind zunächst *für sich*, mit ihrem jeweils eigenen Ambiente), männliche etwas von Handlangern.

Meine Neigung zu Appositionen: Präzisierungen aus dem Hinterhalt!

Woraus ergibt sich der Fortgang des Geschehens? Niemals aus einer festgelegten Handlung! Vielmehr müssen die Facetten der Gestalten ausgeschöpft werden. Jede Gestalt in all ihren Möglichkeiten zeigen, sie drehen und wenden, und dafür die Gelegenheiten schaffen! Ihr die Gespenster austreiben, sie läutern, sie Attacken aussetzen, ihr die Sprache nehmen, sie bewußtlos machen...

Ein bestimmter Gestus mimetischen Beschreibens macht mich geradezu glücklich. Das Gefühl, als erwecke die Benennung wahrhaftig zu einer Art Leben. Manchmal kreisen diese mimetischen Partien lediglich um ein einziges Wort (Zentrum). In seltenen Fällen ist die Färbung von Fremdworten erlaubt, die im Leser eine vage Ahnung, etwas geheimnisvoll Unabgeschlossenes evozieren sollen. Zum Beispiel: *Ruptur!*

Jetzt, genau jetzt, ist der geschichtliche Augenblick, die Poesien neu zu schaffen (die Poesie der Stadt, der Landschaft, der Liebe usw.)! Noch immer orientieren sich viele an den Poesien der Moderne, aber auch diese sind längst zu Trugbildern geworden. Schöne, reiche und neue Kompliziertheit!

Mit dem Fortgang der Arbeit wird der Zwang immer stärker, an das Vergangene anzuknüpfen. Wenn die Details stimmig sind, wollen sie laufend wieder geweckt und erweitert werden. Untergründig arbeitet der Roman in Rondo-Form.

Der Beischlaf, der Koitus, der... wie auch immer. Für sich, als Szene, ist er nicht zu beschreiben, höchstens als Ergebnis einer unendlich verzögerten ›Annäherung‹. Erotische Aufladung des Geschehens, und doch, beiläufig, von ganz anderen Dingen sprechen. Zusammenführung, aber beide Gestalten als einzelne im Auge behalten. Nicht die Empfindungen einer Figur auf die andere übertragen! Äußerste Distanz!

Manchmal die herrische Lust, alle Stricke zu zertrennen. Ausstieg! Zerstörung! In solchen Momenten triumphiert das Wissen des Autors über die Arbeit.

Ich habe es fast ausschließlich mit jungen Gestalten (etwa im Alter zwischen fünfundzwanzig und dreißig) zu tun. Sie sind laufend in Aktion, sie werben um Szenen. Jede einzelne will den großen Auftritt, wo sie ihre Umgebung in den Schatten stellt, jede einzelne erinnert an ihre ›Vorgeschichte‹. Die Integration dieser (bedeutsamen) Vorgeschichten ist schwierig. Sie müssen auf eine bestimmte Situation, in der man um ihre Erzählung nicht mehr herumkommt, zugeschnitten sein. Dann werden die Gestalten zu kleinen Erzählern. Leicht gerät so etwas zur Deklamation, leicht stellt sich ein Jargon ein, mit dem die Gestalten beweisen wollen, wie sehr sie ihr Leben im Griff haben. In solche Jargonpartien müssen Partikel des Gesamterzähltons gemischt werden, unauffällig. So nehme ich ihnen das Kreisende, Auftrumpfende.

Letztlich sind die Gestalten miteinander ›verwandt‹. Ihre geheime Verwandtschaft konstituiert die ›Welt‹ des Romans. Sie verhalten sich nicht ähnlich, aber sie werden von denselben Antrieben regiert. Die ›Welt‹ des Romans setzt sich aus allen nur denkbaren Momenten zusammen: daraus, wie Figuren eine Strecke zurücklegen, daraus, wie sie einander behandeln, daraus, wieviel Nähe sie sich zugestehen... Der Leser müßte diese Totale miterfinden.

Die große Bedeutung der Alltagspartikel. Was treiben bestimmte Figuren *gewöhnlich?* Solche Partikel setzen auf das Wiedererkennen des Lesers, der sein eigenes Verhalten mit dem der Figuren vergleicht. Meist betreffen diese Partikel die leibliche Sphäre. Hier: einen Faible für Namen, Begriffe, Daten, zeittypische Fermente!

Dieser Roman gehört ins Genre des Zeitromans. Die wirksamsten Kräfte, die in ihm wirksam werden, sind also soziale. Der Roman erhält dadurch eine fast analytische Funktion, ähnlich einer genauen Studie. Ich erkenne es daran, daß die Romangestalten gut zu porträtieren wären, auch daran, daß ich laufend nach sehr deutlich fixierbaren Hintergründen suche. *Gesellschaft!* Gerade jetzt beginnt dieses verbrauchte Mode-Wort früherer Tage wieder zu glänzen, als läse ich noch einmal in den dichten soziologischen Beschreibungen Max Webers.

Der Roman soll die Figuren gewähren lassen, als kenne er keine Psychologie. Nie also ein deutlicherer Hinweis darauf, wie die Gestalten etwas aufnehmen (er schaute *entsetzt*, er

blickte *erleichtert* usw.)! Meine alte, tiefe Abneigung gegenüber allem Psychologischen: jedes Wort dieses Reservoirs
wirkt erleichternd, beschwichtigend, in einem üblen Sinn.

Wenn ein längerer Abschnitt sprachlich aus den Fugen gerät:
mich anhalten, Satz für Satz einfach herzusagen, was ich ›mit-
teilen‹ will. Meist ist diese einfache Folge im Kopf nicht klar
genug bedacht. Und dann: Hauptsätze, gute, schlanke Hauptsätze (Vorsicht bei jedem *und*...)!

Die Selbständigkeit des Erzählers beweist sich darin, daß er
dem erzählten Stoff gerne eins auswischen will. Dann entstehen Sätze, die wie ›nachtragend‹ wirken.

Schärfe, Boshaftigkeit, Wut! (Sie gelten meist den Mythen der
Moderne.)

Es gibt keine Zentren (der Stadt, der Gefühle, der Bewegungen usw.) mehr, die man im alten Sinne aufsuchen müßte, um
den letzten Erklärungen nahe zu sein. Welche Chancen für das
Erzählen, welche Räume öffnen sich plötzlich!

Es gibt keine ›unergiebigen‹ Stoffe, es gibt nur lustlose Erzähler!

Auf einem großen Skizzenblatt habe ich sämtliche Figuren des
Romans willkürlich angeordnet. Ich ziehe alle nur möglichen
Verbindungen zwischen ihnen. Welche sind sich nahe (und ich
habe es noch nicht bemerkt)? Welche gehören ›schon immer‹
zusammen, und wie wirkt diese duale Macht auf andere? Was
steht welcher Verbindung im Wege? Zieht die Gruppierung
mehrerer Gestalten eine andere, ferne an (perverser Fall)? Immer wieder umschichten! Keiner Konstellation vertrauen!

Ja, während dieser langen Arbeit wächst natürlich eine einzige
Sehnsucht: Transzendenz (etwas aus dem materiellen Raum
herauslösen und Stufe für Stufe steigern)!

Eine Frage: Kann man, rein durch die Art und Weise, wie die Gestalten agieren, die Zeit charakterisieren, in der die Geschichten spielen? Ja? Ja, wirklich?

In der Phase der Schreibarbeit verliere ich das kritische Vermögen. An seine Stelle tritt eine determinierte Besessenheit, die alles nur *so* und *nicht anders* haben will. Plötzlich glaube ich an einzigartige Lösungen. Ich habe einen Kontrakt geschlossen.

Von hier aus der Blick auf gute Kritik: von den Möglichkeiten her zu denken, Wege abzuwägen, Umwege klar zu bezeichnen!

Die berühmten ›Knoten der Handlung‹. Sie bieten die Chance eines Neubeginnns. Sie sollen alles ›vernichten‹, was war.

Wovon ist am meisten zu lernen? Von Musik mit erzählendem Gestus (Schumanns *C-Dur-Fantasie*).

Das letzte Drittel: jede Gestalt bedarf ihrer eigenen Katastrophe. Jede Gestalt muß nun ihre Grenzen markieren. Keinerlei Wortgewalt mehr! Nur noch die Gewichte halten! Aller Ausführlichkeit entgegenarbeiten! Nicht mit (scheinbaren) Überraschungen kokettieren, die für dich keine sind, wohl aber solche für den Leser! Dem Leser die letzten Erläuterungen aufgeben! Daran festhalten, daß er eine gute Geschichte nun aus eigenen Kräften weitererzählen können muß! Nicht aufräumen! Nur die Bestände klären, als habe man eine Aufgabe zu lösen!

Der Einsatz amerikanischer Wendungen *(youngster, champ, winner)*: sie ironisieren, mit leichtem Nachdruck, immer auch ein wenig ernst.

Ironie: die große Erzählstimmung des Zauberns! Wie reich ist die ironische Redeweise, um ein Vielfaches an den Situationen zu entdecken! Aber: sie setzt einen gemeinsamen Boden zwischen Erzähler und Leser voraus. Völliges Verstehen – sonst geht es nicht auf!

Die Haltung, die ich (im stillen) zu meinen Gestalten ein-
nehme, ist vielleicht insgesamt eine ironische. Das meint: ich
habe eine völlig unmißverständliche Zuneigung für jede von
ihnen übrig. Ich kann mir kaum eine andere Art des Umgangs
denken als diese so ehrwürdige. Wieviel Verständnis, wieviel
genauen Blick (auf Schwächen, Vorlieben etc.) setzt sie voraus.
In diesem Sinne hat Ironie etwas Liebendes.

Ironie ist auch eine Form des Werbens. Ich denk mir aus, wer
du bist, aber ich mute dir nicht zu, dich mit meinen Bildern zur
Deckung zu bringen. Ironie ist immer ›voraus‹: voraus der Ge-
mächlichkeit, der sturen Betrachtung, dem Einmaleins! Aber
sie setzt einen großen Reichtum der Blicke voraus.

Manchmal rufen fremde Wortkünstler ihre klangvollen Leitvo-
kabeln in mein Schreiben hinein. *In menschenwürdigem Sinne*
(Adorno), *jenes..., das* (Adorno), *der süße Abend kommt,
der's mit den Schächern hält* (Benjamin) usw. Und sofort regt
sich diese Utopie: der unendliche Roman, ein einziges lautes
Gespräch zwischen zwei beiden, die sich in fast blinder Vertrautheit entlang solcher sprachlicher Finessen bewegen, be-
tört von der Sprache, eins das andere gebend...

Eine Ur-Form des Romans: alles ist geschehen, zwei in einem
kaum beleuchteten Raum, nur mit sich selbst, einander erzäh-
lend. Die Welt nur noch in Worten, die platonische Höhle und
Scheherezade in einem! Dies wäre ein Roman der Liebe, und
sie bezeugte sich in der Liebe zur Sprache.

Ich weiß keine reichere Form der Liebe als diese: eine gemein-
same Sprache zu erwerben!

Siehst du, so schält sich die Utopie (du hast einen Begriff von
einem Roman der Liebe, aber noch nicht das geringste Vertrauen darauf, ihn schreiben zu können) aus dem heraus, was
das gegenwärtige Arbeiten dir versagt. Es gibt nämlich in dem,
was du gerade tust, für ›Konversationen‹ nur Beschneidungen.
Gestalten verbieten sich das Wort, klagen einander an, führen

den anderen hinters Licht, reizen usw. Ich erkenne keine Möglichkeit, eine ›Konversation‹ gelingen zu lassen. Und das meint: ich muß den Gestalten ›Liebe‹ versagen ...

Coda: alles angetreten? Zu Befehl! ... Dann macht Euch davon!

5. Schaulust (1990)

Zur Ästhetik der Beschreibung

1

Neulich las ich noch einmal in den Aufzeichnungen, die Peter Handke nach der Tagung der Gruppe 47 in Princeton (1966) veröffentlicht hat. Auf dieser Tagung hatte er einigen anwesenden Schriftstellern »Beschreibungsimpotenz« vorgeworfen. In seinen Aufzeichnungen wurde Handke genauer: er sei, so schrieb er, nicht gegen die Beschreibung an sich, sondern gegen eine Beschreibung, die die Dinge bloß reportiere, nicht aber *bewege*; eine reportierende Sprache lasse die *heißen Dinge* erkalten und erscheine harmlos, die Kunst der Beschreibung jedoch bestehe darin, die Welt nicht abzuschreiben, sondern sie *näher anzuschauen und also detaillierter zu erfassen*. Mit diesen Unterscheidungen läßt sich beginnen.

2

Als Kind lebte ich in einer Großstadt, nicht weit von Köln. Wir wohnten auf halber Höhe, etwa eine halbe Stunde Fußweg vom Zentrum entfernt. Es war eine Gegend der Peripherie, schon bewaldet, mit schmalen, unübersichtlich verlaufenden Straßen, die oft in Sackgassen mündeten. Dieses Terrain erschien mir geschlossen, ein vertrauter, in allen Materien naher Bezirk. Ihn zu verlassen, bedeutete einen physischen Schock. So war der Schulweg, der mich hinab ins Zentrum führte, voller Hindernisse. Eine breite, belebte Straße, eine Kreuzung mit vielen Ampeln, an denen man viel zu lange warten mußte, eine Fußgängerbrücke über einen Schnellweg – überall wäre ich am liebsten umgekehrt.

Die Umkehr hätte zurückgeführt in die sinnlich besetzte Zone der Ruhe; diese Zone war eine der vertrauten Bilder. Außerhalb der Zone ließen sich solche Bilder nicht schaffen; das Gesehene erschien völlig verdorben, widerständig, eine Attrappenlandschaft mit lauter Kram. Sie mußte eilig durchlaufen werden, ohne daß man lange zur Seite schaute. Manchmal glaubte ich den Kopf einziehen oder den Atem anhalten zu müssen, um das Ziel zu erreichen. Erst auf dem Rückweg atmete ich freier; jeder Schritt brachte mich weiter weg von diesen verhaßten Schlünden, den zugebauten und scheinlebendigen Talstraßen, die ausgestorben um so bedrohlicher wirkten. Manchmal drehte ich mich um, und der Blick zurück war meist ein siegesgewisser; ich hatte es wieder geschafft, bald würde das Tal weit unter mir liegen, schmalspurverkleinert, harmlos geworden durch die Entfernung...

Doch dieser siegesgewisse Blick genügte nicht. Er ähnelte einer plötzlichen Euphorie, wie sie jene überfallen mochte, die einer Gefangenschaft entkommen waren. Wenn diese Euphorie abklang, setzte ich mich oft irgendwohin, durchströmt von einer seltsamen Wärme, die sich verstärkte, je länger ich schaute. Was sah ich denn? Zunächst noch das Tal, die Hochhausverbände, die Reihenhaussiedlungen, die schmutzig erscheinenden Farbflächen... Mit der Zeit aber nahmen diese aus der Nähe nur häßlich erscheinenden Partikel Gestalt an; ihre Konturen wurden weicher, ein abstrahierendes Erschlaffen zersetzte sie langsam, und aus all diesen Fermenten entstand langsam ein Bild, von der Art, wie ich es durch die Betrachtung der dichteren, ruhigen Zonen gewohnt war.

So ähnelte ich die verhaßte Stadtlandschaft den Landschaften der inneren Eindrücke an; allmählich wurden auch sie imaginär, Gebilde der Vorstellung, die ich mir jederzeit wieder in Erinnerung rufen konnte.

3

Was geschah in solchen Augenblicken? Ich lernte, Bilder aufeinander zu beziehen und sie miteinander zu vergleichen. Ohne
daß ich darum wußte, besaß ich doch schon einen kleinen Vorrat von Eindrücken, an denen ich mich laufend neu orientierte.
Gerade die Wiederholung des Blickkontakts, den ich mit Ge-
genden aufnahm, bestätigte, daß ich das Vertraute unermüd-
lich gegen das Neue, Unbekannte hielt. Meine Blicke suchten
ja meist denselben Ausschnitt, als müßte ich mich immer wieder überzeugen lassen, daß die gesehenen Dinge noch zu mir
gehörten. Die Zone des Vertrauten konkurrierte unablässig
mit der des Brüchigen und des Wandelbaren. Ohne den Besitz
dieser Zone jedoch hätte ich neue Bilder erst gar nicht aufzunehmen vermocht.

Das Bildersehen – schwach, dunkel mochte ich es vielleicht
damals schon ahnen – gelang nur, wenn sich ein Raum phy-
sisch, körperlich erschloß. Mein Körper nahm die fremde Kör-
perlichkeit an, wie bei einer Verbindung, die getrennte Stoffe
zusammenführte.

Heute ist mir klar, daß die kindliche Wahrnehmung in ihrer
scharfen Selektivität etwas Unbestechliches hatte. Sie ließ sich
nichts vormachen; sie ›tolerierte‹ Bilder nicht schon deshalb,
weil sie nun einmal unablässig erschienen, sie arbeitete anzie-
hend, abstoßend, umwandelnd, ein dauerndes Zeichnen und
Malen, das Wahrnehmungen zueinanderfügte, einander an-
glich, strikt auf die Erfindung eines Imaginären bedacht, das
sich zu einem eigenen, klar identifizierbaren Kosmos ergänzen
sollte.

4

Später erlebte ich diese Schaulust in noch stärkerem Maße auf
dem Land. Sie entzündete sich an weiten Ausblicken, auf langen Spaziergängen ohne bestimmtes Ziel, schweifend, immer
wieder unterbrochen von Augenblicken der Orientierung. Was
riefen diese Blicke hervor? Sie sammelten die Details zu Land-

schaftsbildern, sie ließen einen zur Ruhe kommen, und in dieser ruhigen Beobachtung bildete sich so etwas wie geronnene Erfahrung. Was ich in Bewegung, immer weiter vordringend, nur gleichsam am Rand wahrgenommen hatte – Temperaturen, Atmosphären, den Wechsel von hell und dunkel, Gefälle, charakteristische Formationen –, das erschien in diesen Bildern auf prägende Weise formiert. Sie hatten nichts Zufälliges mehr und bewahrten die flüchtigen Blicke wie ein Konzentrat auf. Die Einzelheiten – Bäume, Wälder, Abhänge, Schluchten, Felder – tendierten zu einem geschlossenen, festen Dasein, für sich und doch erst durch meinen Blick glücklich zusammengehalten. Der Blick machte aus ihnen ein Produkt der inneren Anspannung, etwas klar Begrenztes, dessen Teile aus lauter Vorstellungen zusammengesetzt waren.

So sah ich nicht mehr nur *einen* Wald, nicht diesen bestimmten, sondern *den* Wald, *die* Straßenbiegung, *das* Feld. Die Imagination ließ die bloß momentane Beweglichkeit der Dinge erstarren und lud sie gleichsam von innen her mit einem anderen Leben auf.

Später verstand ich, daß dies ein Effekt der Irrealisierung war. Als einzelne waren die Gegenstände nur vorhanden, die Irrealisierung machte sie aber zu mehr: zu Gegenständen einer freien Verfügung, zu Bildern der Kontemplation, deren reale Daten sich zugunsten eines abrundenden, größere Zusammenhänge einblendenden Erfahrens gelichtet hatten.

Solche Bilder gelangen nur, wenn man sich völlig passiv stellte. Erst die Auslöschung einer willentlichen Betrachtung, erst die Vermeidung des Suchens, des Wissens, des Einfügens in Bedeutungen, gab den Bildern Konsistenz. Sie hatten durch diese Konsistenz eine Art sphärischen Raum. Zur Lust wurde das Schauen ja gerade dadurch, daß es dieses Sphärische erlebte: die Ausweitung des sonst nur beengten Blickes auf ein nicht mehr ermeßliches Terrain, die angedeutete Erfahrung eines Unendlichen.

Das Unendliche ließ sich verstehen wie eine geheime Kette von nicht mehr zu zählenden Einzelgliedern, wie ein unaufhörliches Rieseln dieser Glieder, wie eine sich laufend neu reproduzierende kombinatorische Chemie.

5

Das Imaginäre wird gleichsam in mehreren Phasen geschaffen. Die erste ist offensichtlich eine beinahe völlig unbewußte: die Phase der Aufladung, des Durchlaufens der einzelnen Glieder der Kette, die – als einzelne – kaum zur Präsenz gelangen. Aufladung ist ein motorischer Vorgang, ein fließendes Kontinuum, das durch jede Geringfügigkeit ins Stocken geraten kann. Der motorische Impetus ist kein Sammeln, kein Häufen, sondern lediglich ein Besetzen. Besetzt, eingenommen wird gerade jene Umgebung, nach der die Wahrnehmung ihre Fühler ausgestreckt hat. Dieses Leuchten, diese Vertiefung, diese Biegung – es sind winzige Unebenheiten, die – im dauernden Kontrast mit dem vollständig Ebenmäßigen (der grauen Einheitlichkeit der Materie) – Besetzungen anreizen und herausfordern. Diese Besetzungen können sich unendlich speichern – dann handelt es sich um diese *eine* Bewegung, der ich folge...

Besetzungen können andererseits aber auch der Entladung bedürfen: dann halte ich ein, die zweite Phase der Produktion des Imaginären ist erreicht.

In dieser zweiten Phase stirbt die Aufladung langsam ab, und zwar exakt in dem Maß, in dem die einzelnen Glieder, die Eindrücke und Wahrnehmungen, sich irrealisieren. Irrealisierung gelingt nur, wenn die Glieder zu Bildern gerinnen und Formationen einnehmen. Die Qualität dieser Formationen ist nicht beliebig. Zwar wäre es prinzipiell möglich, unendlich viele dieser Formationen zu bilden; in Wahrheit aber halten wir uns nur an eine sehr begrenzte Zahl. Ihre Auswahl, ihre Verbindung sind Bestandteile des ästhetischen Spektrums, über das wir verfügen. Dieses Spektrum besteht aus den prototypischen Formen der Bilder, die wir immer neu erzeugen. Offensichtlich generiert nur eine bestimmte Zahl prototypischer Formen so etwas wie Erfahrung. Diese Formen sind in einem fortlaufenden Prozeß des Bildermachens erprobt und eingeübt worden.

Dabei verfügen wir über ein bestimmtes Reservoir, die Prototypik der Formen zu unterscheiden und voneinander abzugrenzen. Es ist jenes Reservoir von Motiven, Ausschnitten und Kompositionen, das uns die Malerei, seit sie sich auf die Darstellung von Natur, Landschaft und Umwelt eingelassen hat, zur Verfügung stellte. Unser Blick bereichert sich durch dieses Reservoir, um zum Bild zu werden; er plündert es gewissermaßen, ohne Rücksicht auf die historische Prägung der einzelnen Stücke. So sind wir imstande, Landschaft ›so zu sehen‹, wie Caspar David Friedrich sie sah; die Bildlichkeit Friedrichs ist jene prototypische Variante, die uns hilft, ein bestimmtes Bild zu formen, uns selbst die Aneignung des Imaginären zu erleichtern.

6

Skizzieren, Zeichnen, Malen tun wir bei der Bildung des Imaginären von ganz allein. All diese Tätigkeiten sind stumm, rein körperliche Akte der Aneignung, durch die die sinnlichen, vor allem die gesehenen Dinge integriert werden in weitere Bedeutungsbezüge. Zeichnung und Malerei sind die Künste des Körperlichen, des Sensuellen, das auf seine Materialität hin abgefragt und abgetastet wird. Daher spielen die Valenzen der Dinge, ihre Atmosphären, Farben, Gewichte, hier die dominante Rolle. Der Gesichtssinn erfaßt, formt, reiht aneinander, aber nur, um das Gesehene auf prototypische Formationen zu befragen. Diese Formationen sind in großer Zahl erworben, die Malerei war in ihrer Geschichte mit der Kunst ihrer Entdeckung beschäftigt. Nach und nach hat sie dem Auge die unterschiedlichsten Gegenstände erfahrbar gemacht: von der einfachen Naturlandschaft der italienischen Frührenaissance über die idyllisierenden Ausblicke der Romantik und die verschwommen trüben des Impressionismus bis hin zu den ekstatisch typisierenden des Expressionismus. Die abstrakte Malerei war nichts als die äußerste Erfahrung von Materialität, der Materialität der Formen, Farben und Bewegungen; durch sie ist die Palette der Formationen noch einmal unendlich bereichert worden. Nun können wir dem Blick alles abverlangen: er soll in den kleinsten, vor Jahrhunderten noch völlig unzugänglichen Details des Amorphen *etwas* erkennen. Der imaginäre Impuls hat sich daraufhin verdichtet, selbst noch die scheinbar

beliebigsten Fermente unserer Umgebung – diese Häuser-
wand, diesen Straßenbelag, diese kleine Verdichtung einer
Baumrinde – zu topographieren. Dadurch ist die Malerei zur
Kunst unserer sensuellen Bezüge geworden; in dem Maß, in
dem sie darin Fortschritte machte, sind auch wir in unseren Anschauungen und Erfahrungen selbst zu Malern geworden.

7

›Malerei‹ ist also gleichsam die primäre Kunst der sensuellen
Beschreibung und Erfassung: Sie irrealisiert die wahrgenommenen Dinge, indem sie ihre materienreiche Fülle mit ab-
strahierenden Formationen konfrontiert, die, immer wieder
benutzt, erprobt und erfaßbar gemacht, etwas Prototypisches
erhalten und für uns bald zu einem naturähnlichen, selbstver-
ständlichen Ausdruck werden.

Man hat die historisch jüngeren Künste des Sensuellen – die
Fotografie, den Film – oft in Verbindung zu dieser Form des
›Malens‹ gebracht. In Wahrheit betreffen ihre Wirkungen jedoch ganz andere Bereiche unserer Erfahrung. Ich sprach davon, daß die Malerei die primär erlebten und wahrgenommenen
Dinge aus dem Strom, dem Fluß des Erlebten herauszieht, um
sie – in den Fällen des Betrachtens, der passiv erlebten Anschauung – zu Dingen des Imaginären zu machen. Der fotografische
Augenblick ist dagegen kein Augenblick der Transposition (wie
die Malerei), sondern ein charakteristischer *Moment*.

Das Bild unterbricht den Wahrnehmungsfluß für einen knappen Bruchteil, für *diesen* Sekundenbruchteil, um ihm eine Art
Zeugnis zu entnehmen. Auf der Fotografie erkennen wir nicht
die Gestaltung des Imaginären (keinen Zusammenhang, der
durch eine Art Spannung zwischen den Einzelelementen und
den Formationen entstanden wäre), sondern einen Ausdruck
von Flüchtigkeit: die kleine, in sich geschlossene Szene. Diese
Szene erweckt gleichsam die Illusion eines Imaginären, und oft
ist sie dessen charakteristischer Vielstimmigkeit ›nachempfun-
den‹. Dann erkennen wir auch auf Fotografien Anzeichen einer
bevorzugten Ordnung, jene kleinen Strukturen des Erkennens

(aufeinander bezogene Horizontalen usw.), an denen die Malerei sich entlädt. Doch das Foto ist etwas fundamental anderes als das gemalte Bild. Es läßt sich nicht körperlich erschließen, es entwickelt keine Physik des Raums, sondern eben nur seine flach bleibende Illusion; es konfrontiert uns nicht mit einer anderen Materialität, nicht mit jenen schwachen Unterschichten zwischen Festem und Porösem, wie sie die Oberfläche jedes gemalten Bildes bereithält. Das Foto sucht gleichsam das Illusionäre, als ließe sich der Raum unserer unendlich vielfältigen Wahrnehmungen immer wieder zerschneiden, als ließe der Erlebnisfluß sich laufend anhalten. Auch dieses Illusionäre hat unsere Wahrnehmungen bereichert und die Deskription unserer Erfahrungen vergrößert.

Der Film ist dem Illusionären dieses Augenblickssehens am nächsten. Aber er behandelt einen anderen Aspekt dieses Illusionären: den der Vergegenwärtigung des Erlebnisflusses selbst. Die Folge der Bilder, ihre Komposition, die durch sie erzeugten Bewegungen – all das läßt uns scheinbar an einer fluktuierenden Wahrnehmungsschicht teilnehmen, die – seltsam abgelagert, ein feiner Flor vor den Dingen – die Transparenz der Dinge weniger erkundet (wie die Malerei) als ausmißt. Die Bilder des Films folgen einer rasch zurückgelegten Strecke, sie werden *diese Strecke entlang* gewälzt, und unser Kontakt mit dieser Wahrnehmungsfolge ist der einer fremden Führung durch einen nicht unvertrauten Bereich. Das Körperliche, Atmende, Sensuelle ist bei der Wahrnehmung des Films *tangiert*; das meint: es wird nicht vollständig erfaßt, nicht bis ins Letzte beansprucht, sondern auf jene leichte, flüchtige und doch zeitlich hartnäckige Folge berührt, die uns eine eigentliche Oberfläche eben nur illusionär vorhält, um sie uns immer wieder zu entziehen.

Der Film ist daher die stärkste Illusion einer Physis, er ähnelt am ehesten der laufenden Verbindung des einzelnen, so wie wir es bei der Wahrnehmung unserer Umwelt zu erleben scheinen. Auch im Film begegnet uns ja dieses markante Rieseln der Glieder, jene vage, immer zufällig erscheinende Verbindung zwischen den einzelnen Elementen, die ihre Dichte von Einstellung zu Einstellung beweisen muß. Daher ist der Film überkomponiert; er muß über die Flüchtigkeit seiner einzelnen Bilder eine große Konstruktion spannen, wie ein breites Band, unter dem alle Akteure in den Hafen des Schauplatzes einfahren. Die Errettung der äußeren Wirklichkeit, von der Kracauer sprach, als er das Medium des Films so genial charakterisierte, verdankt sich diesen überkompakten Strukturen: Brennweite, Bildausschnitt und all die anderen Formen der Bildbehandlung ordnen die Einzelmomente einander zu, versuchen, ihre innere Leere durch Verähnlichung und Komplexität zu bereichern.

8

Die Moderne hat die hier in ihren Wirkungen unterschiedenen sensuellen Medien in Konkurrenz zueinander gebracht. Seit Lessings bekannten Unterscheidungen zwischen Literatur und Malerei, seit der Verwerfung des Mimesis-Gedankens steht alle der Beschreibung nahe Literatur unter dem Verdacht des platten Realismus. Die Malerei wurde als die bevorzugte Gattung der sinnlichen Anschauung etabliert, Literatur galt als ästhetisch gerechtfertigt gerade in dem Maße, in dem sie fähig war, das Programm der Nachahmung zu umgehen. Nichts kultivierte die literarische Moderne mit großem Fleiß mehr als den Innenblick, den phantastischen Blick, die Euphorie des Subjekts, darin zu sich selbst zu kommen. Je stärker die Literatur in Konkurrenz zu den anderen Medien geriet, um so mehr zog sie sich auf diese Binnenebenen dargestellter Erfahrung zurück. Rimbauds bekanntes Credo in den für die Moderne der Avantgarden unseres Jahrhunderts wegweisenden *Lettres du voyant* sucht die universale Sprache längst nicht mehr durch Anschauung zu beglaubigen; im Gegenteil: Sprache ist nur der Ausbruch, die visionäre Gestaltung des Unsichtbaren, Ungehörten. Die Poetik, die an die Stelle einer Wahrnehmungsprosa tritt, ist eine Poetik des Anorganischen, der Brüche, der Diskontinuität. Sie will die Konfrontation mit der Vielfalt des durch die Prozesse der Modernisierung katastrophisch gewordenen Erlebnisstroms wie einen Krieg betreiben: um diesem

Erlebnisstrom jene unsichtbaren Grundformen abzugewinnen, die ihn erst generieren.

Seit Baudelaires und Rimbauds triumphalen Texten einer Kriegs-Strategie gegen die Welt der Erfahrung haben unzählige Dichterschulen das Staccato dieser Poetiken des Bruchs nachgebetet. Die Antinomie von Außen und Innen wurde immer weiter auf die Antinomien der verschiedenen sensuellen Medien ausgedehnt. Fotografie und Film sollten die Darstellungen dieser sensuellen Motorik übernehmen, die Literatur hatte ein anderes Terrain: das Terrain der phantasmagorischen Tiefenschichten. Mit der Zeit verbrauchten sich freilich auch deren Bilder oder wurden zu prätentiösen Markenzeichen erfolgreicher Feldherren, die versuchten, den literarischen Markt mit grellen Auftritten zu erobern. Der Dichter als Seher, als Prophet – die Auferstehung dieses archaischen Typus gelang um so mehr, als die Verfahren der Anschauung, der Kontemplation in den Hintergrund traten. Die Legitimierung der Innenwelten konnte nur an der Gestalt des Dichters selbst ihren Halt finden: durch seinen prophetischen, heftigen, strategischen Habitus sollte die Gegenwehr gegen die empirischen Weltzeichen beglaubigt sein.

9

Die Ausdifferenzierung der Lebenswelten in der Moderne schien den Gegnern des Realismus recht zu geben. Wahrhaftig zeigte sich der rapide Verfall realistischer Techniken auch darin, daß es nicht mehr zu gelingen schien, eine Ästhetik der Beschreibung im Blick auf das Wort zu erhalten. Fotografie, Film, die Medien der anämischen Illustration (Fernsehen, Video usw.) wurden statt dessen in ihrer ästhetischen Eigentümlichkeit immer ausführlicher behandelt: die Welten des Sichtbaren, der Abbildung schienen ihnen vorbehalten, die Literatur festgelegt auf die Rolle, die Brisanz des Außergewöhnlichen zu umkleiden. Auch die traditionellen realistischen Techniken der Beschreibung waren nun in anderen Mitteilungsformen aufgehoben; die Reisebeschreibung wurde zur Reportage, das Porträt zum Feature, in dem der eingestreute Originalton die Präsenz der Dinge reklamierte.

Vor allem aber schien der Realismus, der an den Randbezirken der Moderne zu überleben suchte, da kompromittiert, wo er den Wettstreit mit den Medien der sinnlichen Repräsentation nicht mehr aufnahm, sondern sich reflexionslos auf Schilderung, Abkupferung, Nachstellung des Illusionären verließ. Der unterhaltende Roman hatte an diesen Momenten die ihm eigentümliche Nähe zu den Dingen gefunden; sie wurden abgehandelt, gerieten in ein chronologisches Abbildungsverhältnis und wurden dadurch immer mehr einer selbständigen Ästhetik des Imaginären geopfert. Die banale realistische Literatur schaute den anderen Medien ihre Techniken ab und vergröberte sie; statt sie sich anzueignen und sie in eine neue Sprache zu übersetzen, wurden sie zu Mustern der Reproduktion trivialisiert.

10

Handkes Verdikt von Princeton kann vor diesem Hintergrund neu gelesen werden. Seine Kritik gilt dem platten Realismus, jenem Realismus, der die Dinge als Aussageobjekte mißbraucht, ohne sie *als sprachliche* zu verstehen. Dennoch hat Handke, wie gesagt, nicht die Beschreibung an sich verwerfen wollen. Anschauung, detaillierte Erfassung der Dinge sollte – jenseits des Abschreibens einer Nomenklatura von bloßen Namen und faktischen Formen – eine neue Wertigkeit erhalten. Diese Wertigkeit kann nur in einer genauer gefaßten Ästhetik der sprachlichen Beschreibung gründen.

Offensichtlich kann es nicht der Sinn der sprachlichen Beschreibung sein, mit den illusionären Mitteln der visuellen Medien zu wetteifern. Zwar können deren Techniken die sprachliche Beschreibung erweitern, aber sie können sie nicht als selbständige ästhetische Formen ausweisen. Die sprachliche Beschreibung zielt denn auch nicht auf das einzelne als Glied einer flüchtigen Kette, nicht auf dessen Repräsentation im Erlebnisstrom, nicht auf jene ästhetischen Momente, die gleichsam der Erweiterung der partiellen Wahrnehmung dienen, sondern auf deren Ausweitung.

Die Ästhetik dieser Beschreibungsformen ist daher an dem interessiert, was ich hier *die Phänomene* nenne. Eine phänomenologische Literatur der Beschreibung bezieht sich auf jene Fermente des Imaginären, die einem *erkennenden* Bewußtsein zur Verfügung gestellt werden sollen. Es sind eben jene Fermente, die ich oben als prototypische Formationen benannt habe, die in der sehenden oder nachschaffenden ›Malerei‹ auftreten.

Ist die ›Malerei‹ mit der imaginären Vertiefung dieser Dinglichkeit beschäftigt, so versucht die phänomenologische Literatur die Selbstwahrnehmung des Erkennenden – angesichts des Imaginären – zu verschärfen. Sie will die prototypischen Formen gleichsam dadurch ins Bewußtsein heben, daß sie sie benennt. Nicht das schweifende, bloß dem chronologischen Strom folgende Benennen (der Details, des einzelnen) ist ihr Ziel, sondern das strukturelle Benennen: eine wache Aufmerksamkeit dafür, wie das Spezifische sich in seiner eigenen Gesetzlichkeit (Form, Typus, Struktur) darstellt.

Ohne diese phänomenologische Benennung bliebe aber das visuelle Erfassen blind. Sosehr die Techniken des sensuellen Begreifens notwendig sind, um Wahrnehmungen zu differenzieren, sosehr bedürfen die differenzierten Wahrnehmungen der phänotypischen Benennung, um zur umfassenden Weltaneignung zu taugen. Bloßes Sehen, sei es noch so entwickelt, begegnet den Dingen immer nur stumm, seine Schaulust ist gleichsam stumpf, ohne das vergewissernde Wort.

Die Worte aber bilden in der phänomenologischen Beschreibung nicht eigentlich ab; sie benennen vielmehr die im Imaginären angelegten Strukturen und kehren deren Formen gegen die illusionäre Dinglichkeit heraus. Das ist ihr besonderer ästhetischer Sinn; nicht der bloße Wetteifer mit dem Illusionären sichert ihr Gewicht, sondern ihr *überprüfender* Charakter. Im Blick auf dieses Überprüfen müssen sie gewählt und gesetzt werden.

In den Außenbezirken der Moderne, abseits vom Getöse der prophetisierenden Avantgarden, hat die Ästhetik der Beschreibung ihre Maßstäbe geschärft. Die kontemplative Anschauung war ihr erstes, noch geringfügiges Mittel; sie suchte zunächst nach jenen Momenten, die in der drastischen Flüchtigkeit der Modernisierungsschübe stillgelegt waren: Stilleben der Beobachtung, der Städtebilder, des *Zugleich* von Angeschautem und Imaginärem, wie sie etwa der junge Bloch, Kracauer, Jünger und besonders Benjamin in ihren kurzen Prosatexten festhielten.

Es war eine phänomenologische Literatur, die durch die Thematisierung der Bildlichkeit (Porträt, Allegorie, Symbol) angeregt worden war. Ihre Entstehungsstunde in Deutschland war historisch exakt genau jene Phase, in der die Mündungsströme des Expressionismus nach dem Ersten Weltkrieg an der neuen Sachlichkeit der Großstadtentwicklungen erkalteten. Die phänomenologische Literatur beerbte den Expressionismus da, wo er selbst sich dem Anspruch der Konstitution des Typischen gestellt hatte, sie entkleidete ihn jedoch seiner antideskriptiven Emphasen von blaß bleibendem Rausch und billiger Innenweltverneblung.

Der junge Bloch überführte die letzten Reste der pathetischen Gebärden einer bloßen Ausdruckskunst, ohne auf ihre vitalistischen Impulse zu verzichten, in eine Prosa der Formen, Spuren und des anschauenden erkennenden Benennens. Jünger widmete sich dem Terrain des Phänomenologischen, dem Detail, der Linie, der Grenze, der Schaulust an den Dingen in dem Maß, in dem er die abschreckenden Zeichen der katastrophischen Moderne des Krieges als solche der Überwältigung zu lesen lernte. Kracauer entwickelte eine feuilletonistische Zeichensprache, die die neuen Großstadtphänomene ins Leuchten zu versetzen suchte, und Benjamin schließlich bereicherte diese Phänomenologie der Betrachtung um ein philosophisches Vokabular, das – mit Reminiszenzen an die kontemplativen Eroberungen Goethes – sich an die strukturelle Dinglichkeit anlehnte, ohne sie begrifflich zu erpressen.

Ich kehre zu den Einfachheiten des Biographischen zurück. Die durch literarische Beschreibung genährte Schaulust begegnete mir selbst zum erstenmal in den frühen Prosaerzählungen Hemingways. Dies mochte vor allem damit zu tun haben, daß diese Erzählungen sich an Landschaftsbildern von der Art orientierten, die ich in der Kindheit entwickelt hatte. Die Geschichten um Nick waren Geschichten einer dinglichen Repräsentanz: *Nick blickte den abgesengten Teil des Berghanges hinauf, wo er erwartet hatte, die verstreut liegenden Häuser der Stadt zu finden, und ging dann die Bahngeleise entlang zu der Brücke, die über den Fluß führte. Der Fluß war da. Er wirbelte gegen die Holzpfeiler der Brücke. Nick sah hinunter in das klare, durch den kieselsteinernen Grund braunfarbige Wasser und beobachtete die Forellen, die sich mit fächelnden Flossen in der Strömung hielten. Während er sie beobachtete, änderten sie durch schnelle Wendungen ihre Stellung, nur um sich in dem reißenden Wasser an ihrem Platz zu halten. Nick beobachtete sie eine lange Zeit...*

Solche Passagen transportierten die Anschauung, die ans Imaginäre geriet. Unablässig die kaum merklichen Übergänge zwischen dem Beobachten und seiner Erstarrung, ein dauerndes Stehen, Sehen, Gewahrwerden, Festwerden, bis ein geringfügiger Appell *(und beobachtete..., er beobachtete..., beobachtete)* den Fortschritt markiert. Die Verben einer solchen Prosa halten nur den schmalen Raum eines Stabilen, sie sind unscheinbar, fügen sich nur dazu, Markierungen des Raumes zu setzen. Ganz anders die Adjektiva: sie lassen die Präsenz des einzelnen aufleuchten. Ein Teil des Berghanges ist *abgesengt...*, scharf betont das die Eigentümlichkeit; der Berghang ist nicht einfach *steil*, nicht *flach* oder dergleichen; *abgesengt* wahrt genau die Präsenz eines leicht Besonderen: dorthin schaut man. *Der Fluß war da:* stimmige Form der letzten Lakonie, die gegenüber dem Geschauten noch möglich ist, eine geheime Ausdauer hängt an solchen Sätzen, *man* weiß, wie das ist, in solchen Momenten dem Erwarteten genau an der richtigen Stelle, in der richtigen Atmosphäre zu begegnen.

Und weiter: *Er beobachtete, wie sie (die Forellen) sich mit den Mäulern gegen die Strömung hielten, viele Forellen im tiefen, schnellströmenden Wasser leicht verzerrt, als er sie tief unten durch die gläserne, konvexe Oberfläche betrachtete, die Oberfläche, die glatt gegen den Widerstand der eingerammten Holzpfeiler der Brücke drängte und anschwoll...*

Beobachten, beobachten: dreimal nimmt der Satz die Wendung des Hinsehens an, imitiert (in der Struktur, nicht in der Abbildung) die *Gestik* des Hinschauens, dreimal setzt er an, hält sich saugend an den partikulären Gegebenheiten fest. *Gläsern, konvex:* etwas unmerklich Fachsprachliches sorgt in solchen Wendungen für Distanz; die Holzpfeiler – wie? –: *eingerammt!* Ja, als ob das nicht selbstverständlich wäre, und doch ist der fast redundante Hinweis von größter Bedeutung. Denn beim Blick in das strömende Wasser wird der Widerstand der Pfeiler erst deutlich; er kommt erst so zu Bewußtsein, und die Überpointierung verstärkt nicht das Gesehene, sondern die sich auf den Leser übertragende Empfindung, *daß* die Zusammenhänge so und nicht anders gesehen wurden.

An einem solchen Beispiel mag klarwerden, was ich mit der benennenden, das Imaginäre hervorhebenden Sprache der phänomenologischen Reduktion meinte. Der Text hält die Bildlichkeit *als Illusion* in der Ferne, er gleicht sich ihr nur insofern an, als er sie ausschöpft, *beobachtend* behandelt, um sie dadurch genauer einzukreisen. Das visuelle Empfinden nimmt die Dinge nicht in einer flüchtigen Bewegung, sondern im Zustand ihres *Gewahrwerdens* zur Kenntnis. Es mimt nicht die Übereinstimmung mit den Dingen, sondern es mimt jenen Ruck, den das Imaginäre (als prototypische Formation) durch die Benennung erhält.

13

Später, viel später fand ich Elemente dieser die Dinge belassenden Rede in Handkes Texten wieder: *Die Jefferson Street ist eine stille Straße in Providence...* – so beginnt einer dieser Texte (Frage: Warum kann es keinesfalls etwa heißen: *Die Beethovenstraße ist eine stille Straße in Heidelberg?*).

Die phänomenologische Prosa ist nicht selten eine Prosa des Gehens, der alten, archaisch erscheinenden Bewegungen. Als Erfahrungsprosa bricht sie mit den längst zu selbstverständlich gewordenen Regeln der Moderne, die besagen, daß das Ich vor den Dingen verschwinden soll. Andererseits würde es zuviel bedeuten, dem Ich eine konstitutive Rolle zuzusprechen. Die Erfahrungsprosa ist weder eine Innenwelt- noch eine vage Subjektsprosa, sie ist die Prosa der Terrains. *Ich ging durch einige Seitenstraßen. Die Straßenbeleuchtung war schon eingeschaltet, und der Himmel erschien sehr blau. Das Gras unter den Bäumen strahlte von einem Abglanz der untergegangenen Sonne. In den Büschen der Vorgärten rieselten die Blüten zu Boden. In einer anderen Straße fiel die Tür eines großen amerikanischen Wagens zu.*

Wieder sind es die kleinen, zu Chiffren erstarrten Winke der Beobachtung, die den Leser zum Aufbau des Imaginären zwingen. Die Straßenbeleuchtung war... *und* der Himmel erschien...! In dieser unmerklichen Folge wird das eine ans andere geknüpft, eine schwache Bewegung, gerade so schwach, daß *nicht* gesagt werden muß, der Himmel erscheine deshalb so sehr blau, weil die Straßenbeleuchtung eingeschaltet war. Statt dessen: gleich die Bewegung zum Boden *(das Gras...)*! Und sofort kommt einem das Rieseln der zu Boden fallenden Blüten wie eine korrespondierende Bewegung der Natur vor, die jenen Blick zu Boden begleitet oder ihm nachforscht. Schon scheint sich das Abwesende ins Imaginäre eingedrängt zu haben, und so ist es kein Zufall, daß man den großen amerikanischen Wagen zu sehen scheint, von dem doch nur das Zufallen einer Tür zu hören ist...

14

Der Meister einer Ästhetik der Beschreibung ist Francis Ponge, *Le Partie Pris des Choses* ist zugleich sein Programm. Darin eine Passage über das Innere einer Auster: *Drinnen findet man eine ganze Welt, zu essen und zu trinken: unter einem Firmament (im eigentlichen Wortsinn) aus Perlmutt senken sich die Oberhimmel auf die Unterhimmel und bilden mit ihnen eine einzige Lache, einen grünlichen, klebrig-zähen Beutel, der für Geruchssinn und Auge schwillt und sinkt, am Ufersaum mit schwärzlichen Spitzen besetzt...*

Struktur des Schwankens, der Ambiguität! Fasziniert von den zwei erbrochenen Hälften des verschalten Gegenstandes schlendert die Sprache hin und her, als müsse sie die Meeresbewegung einholen! *Zu essen* und *zu trinken...* so hebt das doppelt an, um lauter Reihen von Zuordnungen zu gebären. Die Oberhimmel und die Unterhimmel, das Senken und Bilden, das Schwillen und Sinken: die ganze Gezeitlichkeit des Meeres erscheint anhand des stillen Gegenstandes, und seine Öffnung scheint all diese nachspürenden Wortgeschmäcker hervorzulocken, ein Fest des Schauens.

Nichts anderes meinte ich, als ich die Ästhetik der Beschreibung auf ein Benennen des Imaginären verwies. Das Imaginäre ist der größere Raum, das *Terrain* einer unendlichen Kette, die am Beispiel der Dinge so indirekt sichtbar wird, daß sie die Dinge in Bewegung versetzt.

Abzulehnen, hatte Handke geschrieben, sei eine Sprache, die die Dinge bloß reportiere, nicht aber *bewege*.

15

Als ich zu schreiben begann, habe ich nur in den Strukturen dieses Imaginären gedacht. *Fermer* ist ein Roman, der die Kleinstrukturen dieses Imaginären zu größeren Bedeutungsfeldern zu verknüpfen versucht. Das erste war immer die Szene, geschlossen, ein Bild, das in der Entwicklung langsam so zerlegt wurde, daß die Erfahrung sich Schritt für Schritt übertrug. Ich dachte beinahe ausschließlich in Räumen, deren offensive Belebung durch die Hauptfigur angeregt werden sollte. *Um den Vollmond flogen eilend Wolkenfetzen, die sich sofort wieder zerstreuten; die sonst fahle Himmelsdecke war an einigen Stellen weit aufgerissen, und Fermer konnte die leuchtenden Sterne erkennen. Auch die Lastschiffe, die den Fluß hinauffuhren, schienen schneller zu fahren. Auf einem Schiff flatterten Wäsche-*

stücke an einer Leine, und eine Tür war so weit geöffnet, daß der Lichtschein auf ein neben der Wäsche stehendes Fahrrad fiel...

Die kleinen deskriptiven Markierungen sind solche winziger Abweichungen, eines unmerklichen Beschleunigens, das durch die Szenerie geht. *Sofort wieder..., sonst fahl..., schneller zu fahren..., so weit geöffnet:* als seien die Dinge plötzlich in eine andere Zeitlichkeit getaucht. *Zerstreut, aufgerissen, fahren, fahren, flattern:* als gehöre diese aufgerissene Außenwelt wahrhaftig zu der eines bewegten Innern, das sie doch keineswegs hervorgebracht haben kann.

Die Benennungen bilden ein anderes ab, das Terrain entwikkelt die Überzeichen des Imaginären gleichsam aus dem Hinterhalt. Das Explosive der Szene soll in Erscheinung treten, ohne Anlehnung an Explosivität vortäuschende Metaphern. Die Sprache bleibt in ihrer Tönung zurück, sie drängt sich nicht vor, macht nicht auf sich aufmerksam, beschreit nichts, gibt sich weder dramatisierend noch expressiv.

Es ist möglich, das Imaginäre zu erfassen, ohne dem Wahn zu verfallen, das Imaginäre sei nur über das Phantastische zu beziehen.

16

Fermer komponierte einen Schauraum. In ihm waren die Personen Gestaltungsträger des Sehens. Der Umsturz der Verhältnisse, dem der Roman sich zu nähern suchte, entstand aus dem Zusammensturz und dem immer erneuten Aufbau der Bildlichkeit. Nichts als eine einzige Bewegung durchzieht den Roman, ein Fließen, ein Abbauen, Zusammenbrechen, Umschichten. Es gibt keine begrifflichen Pole, an die sich die fliehenden Massen anlehnten. Daher sucht der Text nichts so sehr wie die Gegenwart, die leibliche.

Anders in *Hecke.* Hier ist der Zusammensturz der Bilder ein Ereignis der Vergangenheit (des Faschismus) und dem Erzähler, als dem (scheinbar) bloß Berichtenden, zur Rekonstruktion aufgegeben. Das meint: er soll die Vergangenheit in der Zukunft wiederherstellen, neu verfugt, von der Imagination durchlaufen. Das Buch ist der Versuch, die vergangenen Bilder für die Zukunft zu retten. Daher die langen Partien des Stillstands, in denen die Zeitlichkeit sich regenerieren muß. *Das Haus lag im Schatten der Bäume. Ich umrundete es zur Hälfte; der große Steingarten bedeckte die ansteigenden Flächen, bevor auf dem ersten Plateau Frühblüher und Stauden anzutreffen waren. Eine schmale Bruchsteintreppe führte hinauf zu einem sonnigen, windgeschützten Platz, der von einer Birkengruppe eingerahmt wurde. Hier hatten wir an den Sommerabenden oft gesessen. Meine Mutter liebte den Garten.*

Nichts als ein einziger, unendlich verzögert erscheinender Anlauf, diesen letzten Satz zu sagen: *Meine Mutter liebte den Garten.* Die Umrundung des Hauses setzt die innere Bewegung in Gang, die zu diesem Schlußsatz hinleitet. Die einzelnen Momente der Gartenperspektive: Blicke auf den, der sie anlegte. Am Ende die Summe: Subjekt, Prädikat, Objekt – eine zusammengeschweißte Gemeinschaft. Noch das unbedeutendste Adverb würde stören.

17

Die Kunst der Beschreibung hat noch keine ausführliche Ästhetik gefunden. Der rigide Anspruch der Avantgarde-Moderne hat auch sie unter das Verdikt gestellt, nichts als banale Reprise des neunzehnten Jahrhunderts zu sein. Es gibt viele Formen des ›Realismus‹, einem, der für meine eigenen Arbeiten wichtig war, bin ich hier nachgegangen. Damit will ich vorläufig schließen.

6. Frische Fische! (1990)

Zur Tradition des deutschen Zeitromans

In den letzten Wochen bin ich immer wieder gefragt worden, ob die politischen Veränderungen in Deutschland sich auch in der Literatur niederschlagen werden. Was die literarischen Themen und Formen betrifft, ist nicht schwer vorauszusagen, daß es zu einer Renaissance des Zeitromans kommen wird. Die Literatur kann sich nicht länger unbeteiligt geben, die Jahre, in denen sie sich in dem faden Terrain von Selbsterfahrungsbeichten und Minimalexperimenten aufhielt, sind endgültig vorbei. Dabei braucht die Rückkehr zum Zeitroman keine Rückkehr zu vordergründiger Aktualität zu bedeuten. Die Geschichte bedarf nicht der Illustration (das erledigen die visuellen Medien), sondern der benennenden Deutung und Durchdringung. Nicht wie es gewesen ist, soll der Zeitroman dokumentieren, sondern was das Geschehene für Menschen in einer konkreten Situation, an einem konkreten Ort bedeutet. Was die meisten von uns nach den rasanten Ereignissen der letzten Monate im Kopf haben, sind lediglich visuelle Fetzen, Schablonen, Teilansichten, Bruchstücke eines Films; es wird für die Romanciers darauf ankommen, aus diesen Elementen Erfahrung zu gestalten, sie zu Symbolen zu verdichten, ihnen eine individuelle, unverwechselbare Prägung zu geben. Im Zeitroman soll eine Epoche ein Gesicht erhalten, im Augenblick sehen wir nichts anderes als Konturen, Larven, Fermente. Erfahrung aber meint: reflektierte Aneignung des Sinnlichen, Wahrnehmbaren, die Entfaltung von Ideen und Programmen in Hinsicht auf die Lebenshaltungen, die sie dem Einzelnen abverlangen.

In den Anfangsjahren der Gruppe 47 hatte Literatur vor allem die *eine* Aufgabe, die durch den Faschismus geprägten Erfahrungen aufzugreifen und sie für ein Zukunftsbild fruchtbar zu machen. Die Nachkriegsliteratur in Ost wie West war vor allem eine an den realistischen Techniken geschulte Literatur der Zeitdiagnose. Sie porträtierte den leidenden, verzweifelnden und auf sich selbst verwiesenen Menschen, der nach dem Zusammenbruch vor allem auch geistiger Orientierung bedurfte. Autoren wie Böll, Siegfried Lenz, Peter Weiss, Günter Grass, Hans Werner Richter – sie alle haben sich ihren singulären Ruf dadurch erworben, daß sie literarische Antworten auf Zeitprozesse zu geben versuchten. Der Roman war dafür die geeignete Gattung; er tendiert zum Überblick, zur gesellschaftlichen Skizze, dadurch ist er der Vielfalt des Lebendigen am nächsten.

Zugleich bedeutete die Besinnung auf den Zeitroman jedoch noch etwas anderes. Es kam den genannten Autoren nicht nur auf den Kunstcharakter von Literatur an. Im Gegenteil, viele von ihnen waren sich bewußt, daß sie nur etwas Vorläufiges, Unfertiges, Fragmentarisches zu liefern imstande waren. Wichtiger als alle Bedenken gegenüber dem literarischen Rang der Werke war das Wagnis, aufs Ganze zu gehen und der Wille, durch die Bearbeitung von zeitgeschichtlichen Stoffen so etwas wie eine literarische Öffentlichkeit zu formieren. Gerade darum ging es den Autoren des Zeitromans: der jungen Republik eine kulturelle Identität zu verschaffen, ihr geistiges Profil zu prägen. Die Leser sollten nicht in ferne Fluchtwelten und Phantasiegebilde der literarischen Imagination entlassen werden; der Zeitroman konfrontierte sie vielmehr mit ihren eigenen Lebensverhältnissen und forderte sie zu Deutung und Wertung auf.

Es ist kein Wunder, daß die Autoren der Gruppe 47 sich dabei vor allem an amerikanischen Vorbildern orientierten. Hemingway, Faulkner – das waren die großen Leitfiguren, denen Gegenwartsdiagnosen von großer Plastizität und lakonischer Genauigkeit gelungen waren. Außerdem waren gerade diese Vorbilder relativ immun gegenüber politischen Weltbildern. Die Traditionen des deutschen Zeitromans waren dagegen verblaßt, denn in der deutschen Literatur überwog noch immer eine andere Auffassung vom Roman, eine ideelle, philosophische, die zur Zeit der Französischen Revolution ihren nie mehr erreichten Höhepunkt gefunden hatte.

Damals, in den Jahren von 1789 bis etwa 1806, entdeckten die deutschen Literaten den Roman als zentrale literarische Form der Gegenwartsanalyse. Goethes *Wilhelm Meister*, Hölderlins *Hyperion*, Friedrich Schlegels *Lucinde*, die Romane von Tieck und Novalis – all das waren groß angelegte Versuche, die Prophetie des Zeitgeistes zu entwerfen. Liest man diese Texte heute, so macht man bereits auf den ersten Blick eine merkwürdige Entdeckung: Bis auf die Ausnahme der Romane Jean Pauls bleibt das Gegenwartsbild blaß, undeutlich, seltsam verkümmert. Nicht lebendige, exakt porträtierte Personen treten auf, sondern ideell überhöhte Typen, die den Kampf mit der Wirklichkeit schon deshalb nie bestehen würden, weil sie kaum eine Vorstellung von ihr haben.

Gerade darauf, auf Realismus, Detailtreue, Exaktheit, kam es den genannten Autoren auch nicht an. Für sie war der Roman zunächst eine freie, enzyklopädische Form des Philosophierens, seine Figuren sollten nicht Menschen aus Fleisch und Blut sein, sondern Ideenträger, wandelnde Systemapostel. Die Revolution in Frankreich hatte soziale und politische Veränderungen größten Ausmaßes gebracht; die deutsche ›Revolution‹ sollte dagegen eine durch die Literatur gebändigte, kulturelle sein. Dafür, für die ›neue Beseelung‹ des Einzelnen, war der Roman die geeignete Gattung. Er erweckte die Illusion von Totalität, Fülle, Gegenwart – bei gleichzeitigem Ausblenden des zeitgeschichtlichen Kolorits.

So geben diese Werke uns denn auch heute kaum eine Vorstellung davon, wie man am Ende des 18. Jahrhunderts in Deutschland miteinander diskutierte, wie man lebte, unter welchen materiellen und geistigen Entbehrungen man besonders zu leiden hatte. Dies änderte sich erst, als eine junge Generation vor allem politisch orientierter Literaten den Roman der Goethezeit als überholt verabschiedete. In Ludwig Börne hatte diese Generation ihren intelligentesten und vor allem schärfsten Protagonisten, Börne gab die wegweisende Losung aus, daß die Aufgabe des Schriftstellers darin bestehe, ein »Zeit-Schriftsteller« zu sein; er wollte die Geschichte nicht beschreiben, nein, viel mehr, er wollte, wie er emphatisch sagte, zugleich auch ein »Geschichtstreiber« sein.

Dieser Hang zum Strategischen, Zukünftigen, dieser unbedingte Wille zur Veränderung, zur Einflußnahme auf Gesellschaft und Zeit ist denn auch immer ein wesentlicher Impuls jener Autoren geblieben, die sich von nun an dem Zeitroman verschrieben. Ludolf Wienbarg, Vertreter der ›jungdeutschen‹ Autorenschule, forderte wenige Jahre nach Goethes Tod den neuen Romantyp: »Mein Held müßte ein Zeitgenosse sein, mein Roman ein zeitgeschichtlicher. Romane, welche dieses nicht sind, halte ich für faule Fische.« (1835)

Frische Fische! Gegenwartsromane! – dieser Schlachtruf gegen die Phantasten, Vernebler und innerlich gestimmten Poeten alter Schule hallt denn auch durch das ganze neunzehnte Jahrhundert nach. Immer wieder ist aber auch gerade bei den deutschen Autoren, die sich ihm anschlossen, eine leichte Anhänglichkeit an die andere Tradition, die philosophische der Goethezeit, festzustellen. Autoren wie Immermann, Raabe und Fontane liebäugelten in essayistischen Abschweifungen und langen, auf der Stelle tretenden Dialogen mit dem disputierenden Gestus, und diese Traditionsvermengung mag einer der entscheidenden Gründe dafür sein, daß der Zeitroman als Gesellschaftsroman in der deutschen Literatur nie so erfolgreich war wie in der Literatur des Auslands (Stendhal, Balzac, Zola). Noch Thomas Manns »Zauberberg« oder Musils »Mann ohne Eigenschaften« – beides Zeitromane auf höchstem Niveau – versuchen, die Traditionsstränge zu verknüpfen: zum einen das Porträt der Gegenwart in charakteristisch gezeichneten, überpointierten Figuren, zum anderen die Darstellung der »Welt der Ideen und Projekte«, das attische Salz der Philosophie.

Gerade davon versuchten die Romanautoren der Nachkriegszeit sich zu befreien. Sie wollten so etwas wie ›Leben pur‹, das nicht mehr überzeichnete und vor allem nicht durch ein Übermaß an Deutung überlagerte Bild der Gegenwart. Dadurch erhielt der Zeitroman etwas Dokumentarisches, und es ist bezeichnend, daß etwa Peter Weiss' »Die Besiegten« aus einer Reportage über das Nachkriegsdeutschland hervorging.

Die große Zeit für den Zeitroman waren die fünfziger und die frühen sechziger Jahre, die Jahre, in denen sich das politische Innenleben der jungen Republik allmählich konsolidierte. ›Gesellschaft‹ wurde in diesen Jahren ›formiert‹, und der Zeitroman lieferte das Bild eines Wirtschaftswunderlandes in seinen grotesken und abschreckenden Zügen. Mißlungene Vergangenheitsbewältigung, neue Hybris, banale Alltäglichkeit, politisches Versagen – das beschrieben Autoren wie Koeppen, Walser und Böll als Wundmale der Restauration. Sie wollten einem sich behäbig einrichtenden Bürgertum den Spiegel vorhalten, und dies gelang der Literatur solange, bis die politischen Debatten die Straße erreicht hatten.

Zeitromane waren in jenen ersten Jahrzehnten der Republik daher immer auch Anlaß zur Diskussion, um sie herum lagerten sich die ausformulierten Widersprüche einer mit sich selbst zerstrittenen Gesellschaft ab. Angriffe auf den literarischen Rang der Werke galten nicht selten ihrem ideologischen Hintergrund. Die Autoren gingen mit dieser literarischen Form ein hohes Risiko ein. Sie begnügten sich nicht mit beschaulicher Darstellung, sie vermieden alle autobiographischen Launen – statt dessen stellten sie das Bild, das sie von ihrer Zeit entworfen hatten, bereit zum Vergleich. Vergleichen, Unterscheiden, Konfrontieren: zu solch entschiedenen Haltungen sahen sich die Leser herausgefordert. Der Zeitroman läßt sie nicht entkommen, er setzt auf ihre Entgegnungen, darauf, wie es ›in Wahrheit ist‹, wie es ›anders ist‹, wie es ›sein könnte‹. Einen Zeitroman zu lesen, heißt daher immer: die eigene Lebenserfahrung auf direkte Weise mit der der Romanfiguren abzustimmen.

Kaum ein Autor der Nachkriegsjahre hat dieses Programm energischer verwirklicht als Uwe Johnson. Ich erinnere mich noch genau an eine Lesung im Jahr 1973, als er der versammelten Zuhörerschaft seine vierzehnseitigen, hektographierten »Unterhaltungen über den Roman« (ich bin nicht sicher, ob sie inzwischen veröffentlicht sind) vorlegte. Johnson konstatierte, es gebe »unter den Menschen . . . ein nicht ausrottbares Bedürfnis, ihre Trennungen aufzubrechen, seien sie einander fremd durch Grenzen, durch Zeitalter oder gesellschaftliche Markierungen«; dieses Bedürfnis nach Verständigung – es werde »einzigartig bedient durch jene Form der Geschichte, die da heißt Roman«.

Kritik, Gesellschaftskritik – das ist gewiß die eine, markante Zielsetzung des Zeitromans; die andere, verborgenere jedoch ist die, auf die Johnson hinweist: eine im geheimen optimistische Anstrengung, den Menschen eine Zukunft zu eröffnen, gewissermaßen ›Menschenfreundlichkeit‹ herzustellen. Dieser latente Optimismus ist gleichsam das radikal aufklärerische Moment, das in unserer Gegenwart immer wieder melancholische Abstürze erlebt; Günter Grass hat dafür im »Tagebuch einer Schnecke« das Bild gefunden.

Mit dem Versiegen beider Motivströme – des gesellschaftskritischen wie des utopischen – versiegten nach der Studentenrevolte Ende der sechziger Jahre auch die Impulse des Zeitromans. Elisabeth Plessens »Mitteilungen an den Adel« oder Bernward Vespers »Die Reise« (1976/77) waren typische Produkte seiner Umstrukturierung. Im Vordergrund standen nun einzelne Figuren, die sich von einer Gesellschaft als übermächtig empfundenem Ganzen abzugrenzen und ihr gegenüber zu behaupten versuchten. Nicht das gesellschaftliche Tableau, nicht das Panorama, sondern der Blick auf die jeweils besondere Existenz, auf ihre Krisen und Verstörungen wurde nun bedeutsam. Auch Plessen und Vesper fanden ein großes Publikum. Die autobiographisch gefärbten Recherchen ihrer Hauptfiguren waren so angelegt, daß sie nicht nur Subjektives zu erkennen gaben, sondern auf objektivierbare Befunde stießen. Eine ganze Generation suchte die Formulierung ihrer Ängste, Depressionen und Widersprüche in solchen Texten, denen man ihre Frische, ihr zielsicheres Treffen ins Schwarze sofort anmerkte.

Frische Fische!... Ich schrieb anfangs, die Renaissance des Zeitromans stehe bevor, sollen die nicht recht behalten, die den deutschen Literaten der Gegenwart einen fatalen Hang zur Abdankung von der Geschichte vorwerfen. Diese Thesen vom Ende ihrer erfahrbaren Impulse, die gängige These vom Posthistoire, ist durch die Veränderungen im Osten deutlich genug widerlegt worden. Was man sich bei uns in den langen Jahren einer spannungslos verbrachten »Wartezeit« (Michael Rutschky) nicht mehr vorstellen konnte, ist eingetreten: daß Menschen, daß Völker fähig sind, mit der Diktatur staatlicher

Systeme radikal zu brechen. Politik, Geschichte stehen nicht im banalen Sinn von Agenturmeldungen auf der Tagesordnung, sie nähren vielmehr wieder jenen melancholisch gebrochenen, aufklärerischen Optimismus, von dem der Zeitroman seinen großen Hunger stillt.

Frische Fische!... Der Autor des Zeitromans setzt sich Angriffen und Schmähungen aus, er geht das hohe Risiko ein, *jetzt*, ohne distanzierten Blick zu sagen, »was der Fall« ist. Vornehme Distanz, Rücksicht aufs Publikum, Ausflüge in die Welten der innerliterarischen Unterhaltung überläßt er jenen, die weder Mut noch Kraft genug haben, sich ihrer Zeit zu stellen.

7. Weiterschreiben (1989)

Immer, wenn ich versuche, an den Anfang meines Schreibens zurückzukehren, treffe ich auf das Schweigen, die pure Absenz, als sei vor meiner Zeit in anderem Sinn gesprochen worden und als sei der Sinn, den ich der Sprache zu geben versuche, unvermeidlich provisorischer Natur. Der Schritt zurück an den Anfang des Schreibens ist provozierend, nicht nur in biographischer Hinsicht, weil er an die subjektive Not rührt, die das Schreiben vorantreibt, sondern weitaus mehr (und begründeter) in geschichtlicher, weil er einer objektiven Konstellation begegnet, die mir – anders als Autoren früherer Epochen – nicht mehr die Macht läßt, sie zu ignorieren. Das Schreiben selbst, dieser in meiner Zeit so häufig beschworene, ja unablässig herbeigebetete Akt der Überwindung, ist bis aufs äußerste zu einer verlegen machenden Geste geschrumpft, einem Zittern vor dem endgültigen Verlust des Selbst, einem Skizzieren, dem gegenüber die wankelmütigen Posen der Großschriftsteller früherer Tage nur noch wie lächerliche Auswüchse von Eitelkeit erscheinen. Denn natürlich spreche ich nicht von »der Krise des Schreibens«, nicht vom »Problem des Romans«, nicht von jenen innerästhetischen Debatten, die Milan Kundera als Debatten eines verbeamteten Modernismus bezeichnet hat, sondern – über dergleichen Schattenspiele hinweg – vom Schreiben als der Aufhebung oder Zersetzung des Schweigens. Soweit meine eigene Erinnerung reicht, ist das Schreiben die höchstens geflüsterte Stimme, vollständig abseitig und eben dieser Abseitigkeit wegen von meinen anderen Stimmen gleichzeitig verspottet, verlacht. Das Schreiben erscheint mir in dieser Hinsicht als Akt einer verderblichen Schizophrenie, bei dem das eines Körpers entledigte Gehirn seine letzten, entwürdigenden Turbulenzen begeht. Der doppelte Schrecken, der diese Schizophrenie einerseits als Schrecken des Existierens hervorrief und sie andererseits als Schrecken verfehlter Selbstoffenbarung begleitet, ist, wie Danilo Kiš kurz vor seinem Tod in einem Gespräch resümierte, nur durch Ironie zu ertragen. Es ist die Ironie, mit der einer der Ahnherren unserer heutigen Schrift, Franz Kafka, das Schreiben begleitete, wir kennen sie gut, diese unermüdlichen Sprünge und Veitstänze um die opaken Stelen der Wörter, diesen Ekel vor dem ausgespuckten Nachtschleim der ihrer Herkunft entkleideten Bilder, diesen dann doch immer wieder zurückgenommenen Wunsch, das Schreiben dürfe um keinen Preis geschehen und erst recht nicht öffentlich werden. Ironie ist die stete Entschuldigung Kafkas vor seinen Texten, dies Beiseitelegen in dunkle Fächer, sie ist die letzte müde gewordene Weisheit, die auf den Zusammenbruch des Schreibens zu antworten glaubt, jenen Zusammenbruch, der unseren letzten noch möglichen Unglauben in Szene setzte, den Unglauben, sich sprechend und schreibend wiederzufinden, den noch Nietzsche an die letzten Instinkte glaubte ketten zu können, ich schreibe mit meinem Blut, ich schreibe mit meinem Leib. Kafka war einer der Ahnherren unserer Schrift, weil er diesen Trug noch preisgab, er ist einer der ersten entmündigten Schreiber, dem die Schrift sich nur fortsetzen ließ unter der einen Bedingung, daß sie keine Antwort mehr sei. »Wieder antworte ich auf nichts, aber Antworten ist eben Sache der mündlichen Rede, durch Schreiben kann man nicht klug werden«, heißt es einmal, und ich könnte laufend weiter zitieren, diese Abkehr vom Glauben, die Schrift reiche auf noch so ohnmächtige Weise an ihren fernen Antipoden, das Flagellantentum des Lebens. Mit Kafkas Exerzitien, mit seinen verzweifelt-komischen Steptänzen vor den windschiefen Lettern seiner Briefe und Aufzeichnungen, mit seinem Zurücknehmen, Verwerfen, Beseitigen, Tilgen offenbart sich in unserem Sprachkreis die Schrift als monströs, als aussichtslos peinliches Verlangen, dieses Leben hinüberzuretten in Zeichen, die die Schande des Existierens nicht mehr zu tilgen oder gar zu rechtfertigen imstande sind.

Dieser Blick auf die Schrift, auf den zerstreuten, verstörten, einer fremden Unheimlichkeit ausgesetzten Schreiber, ist der Blick auf das Ende einer Moderne, die sich anschickte, die Sprache der Evangelien zu entkleiden und sie als Werkzeug der gegenseitigen Selbstbestimmung zu handhaben, es ist der Blick auf die katastrophische Moderne, der mir selbst in den späten sechziger Jahren deutlicher wurde, in einem kennzeichnenden Ensemble, das jene Macht des Objektiven verkörperte, von der ich sprach. Erst in den sechziger Jahren nämlich wurde dieser Blick auf Kafka, den aufgeriebenen Schreibenden, frei, erst in diesem Jahrzehnt traf die Spurensuche auf die zahlreichen Umgebungen seines Schreibens, Briefe, Tagebücher, Selbsterledigungen, die das Katastrophische immer neu verkörperten wie verfehlte Bannsprüche, die eine Ferne beschwören sollten, die doch immer nur zur Nähe zusammenschrumpfte, zur Ich-Nähe bloßer Willkür, auf die nichts anderes mehr reagieren mochte als der Ekel.

Die sechziger Jahre, jene Jahre, in denen ich mich in meiner Jugend aus den Figuren der alten europäischen, christlich erneuerten Weltbilder herauswinden mußte, waren die Jahre eines rapide sich beschleunigenden Zerfalls, und die katastrophische Moderne der Kafkaschen Texte erschien mir als Endpunkt einer Kette dunklen Schreibens und dunkler Textmagie, die von Hölderlins elegischen Hymnen auf die Abkehr der Götter über Nietzsche bis Trakl reichte. Die Lebenstexte dieser Schriftsteller waren deutlich genug, schon im Falle Hölderlins bewiesen sie die Unmöglichkeit, das Leben noch an den unwiderruflichen Verzicht auf die Ferne zu binden. Nietzsches Wahnsinn stand für nichts anderes, auch die pompösen Rechtfertigungsreden seiner späten Texte, in denen der Bau der Diesseitigkeit lustvoll errichtet werden sollte, erschienen als gescheitert, während Trakl auf mehr als geistige Wirklichkeiten getroffen war, auf jene real gewordenen Katastrophen des Ersten Weltkrieges, die kein Weiterleben mehr möglich gemacht hatten. Eine Kette dunklen Schreibens, sagte ich, wurde mir in den sechziger Jahren bewußt, sie handelte auf mächtige Weise vom Zusammenbruch des Existierens, von seiner Verfehlung, in seiner sarkastischen, rächenden Manier von den letzten Drohgebärden des Ich, das seinen entmündigten Gott mit verzweifelten Flüchen überzog. Ich konnte meine eigene Herkunft mit diesen Gebärden in Zusammenhang bringen, ja, ich mußte es tun, um mir die Wahrheit des Zerfalls der alten Bilder des Glaubens zu erwerben, die Abkehr von den katholischen Sündenregistern und Beschwichtigungslitaneien, die Abkehr vom christlichen Habitus steten Vergebens und lauernder Gnadenbereitschaft, die weiter eingepredigt wurde. Das eigene Existieren bezog sich dagegen auf eine andere Schrift, und der Kampf zwischen diesen sehr unterschiedlichen Größen kreiste um die Reizwörter der Gottesbereitschaft. »»Seitdem ich auf der Welt bin‹ – dieses *seitdem* scheint mir voll von einem so erschreckenden Sinn, daß er unerträglich wird«, hieß es in Ciorans *Vom Nachteil, geboren zu sein*, denn ich sah Cioran damals als Nachfahren des endgültigen Wissens, des Kafkaschen Wissens um die Zerstörung, den Zerfall, das zum Wissen unseres Jahrhunderts geworden ist. In Cioran hatte dieses Wissen seinen redlichen Anwalt, und das Verfahren, das er anstrengte, mochte bedeuten, ein Recht einzuklagen, das gleichsam nur noch abstrakt bestand, ein Gewohnheitsrecht möchte man sagen, von der Art jenes Rechts, das ein Gott einmal verhieß, als er seine unüberlegte Schöpfung durch die verspätet genug angekündigte Erlösertat seines Sohnes mit einem Funken von Gerechtigkeit zu beseelen meinte. »Was mich vom Leben und allem überhaupt trennt«, schreibt der junge Cioran, »ist der furchtbare Verdacht, Gott könnte bloß ein zweitrangiges Problem sein. Dieser Zweifel – luzid bis zum Wahnsinn – zwingt uns die Hände in den Schoß zu legen: was sonst bleibt uns übrig?« Und dieser letzte, noch vor den Massakern des Zweiten Weltkrieges hingehaltene Zweifel wird in *Die verfehlte Schöpfung* mit den Sätzen zerstreut: »Wir können nicht umhin zu denken, daß die im Zustand des Entwurfes gebliebene Schöpfung nicht abgeschlossen werden konnte und es auch nicht verdiente und daß sie insgesamt ein *Fehler* ist. Der berühmte Fehltritt, den der Mensch begangen hat, erscheint somit als die verkleinerte Fassung einer weit schwereren Untat. Worin besteht unsere Schuld, wenn nicht darin, daß wir mehr oder weniger dienstfertig dem Beispiel des Schöpfers gefolgt sind? Sein Verhängnis erkennen wir sehr wohl in uns: nicht umsonst kommen wir aus den Händen eines unglücklichen und bösen Gottes, eines verfluchten Gottes.«

Die Kette dunklen Schreibens, philosophisch präfiguriert in den Arbeiten Ciorans, die mir halfen, die traditionelle Glaubenssprache negativ zu verstehen – ich sprach davon, wie mir diese Kette in den späten sechziger Jahren bewußt wurde und daß sich ein Ensemble von endgültig erscheinenden Figuren um sie herum bildete, die von nichts anderem handelten als dem Ende des Schreibens. Schweigen, die pure Absenz – darauf stoße ich, sagte ich, wenn ich versuche, an den Anfang des eigenen Schreibens zurückzukehren, und aus dieser Spannung, genau dieser, wäre herzuleiten, wie das Weiterschreiben zu verstehen sei und welchen Sinn ich ihm zu geben suchte. Das Ensemble der endgültig erscheinenden Figuren verdichtete sich literarisch in den Arbeiten von Schriftstellern, an die – in merkwürdiger Umkehrung des Wortsinns – der Begriff der Avantgarde gebunden war, als bedeute Avantgarde nach dem zweiten Krieg ein Zurückgehen zum Stillstand, zum völligen Verstummen. Als paradoxe Avantgarde freilich mochte das Schreiben Celans, Becketts und Bernhards mir erscheinen, weil ich das Schreiben der großen Mehrheit deutscher Autoren, jener Mehrheit, die sich in der Gruppe 47 zusammengefunden hatte, anders verstand. Das Schreiben dieser Autoren nämlich erschien mir auf ein Vorwärts gerichtet, auf die Herstellung einer Zukunft, auf die Rückgewinnung von sprachlichen Symbolen, die es einer größeren Öffentlichkeit erlauben mochte, ihre sozialen und politischen Verhaltensformen neu einzurichten; soweit sich die Autoren der Gruppe 47 als Avantgarde verstanden, traf auf sie eher der Begriff einer utopistischen Avantgarde zu, einer Avantgarde nach den alten Regeln der Terrainbereitung eines gesellschaftlichen Kodex, wie sie die Avantgarden des neunzehnten und frühen zwanzigsten Jahrhunderts formuliert hatten. Die Arbeiten der Autoren der Gruppe 47 erschienen mir in diesem Sinn, freilich auch forciert durch einen offiziellen Unterricht, der sie bereits zu sanktionieren schien, als pädagogische, als Einübungen in ein neues Anfangen, das freilich in meinen Augen den entscheidenden Makel trug, die Kette des dunklen Schreibens zu ignorieren.

Utopistische und, wie ich es nannte, paradoxe Avantgarde –
die Spannung zwischen diesen beiden Lagern, eine fundamentale, über die, wie ich meinte, kaum nachgedacht wurde,
machten die entscheidende Verunsicherung meines eigenen
Existierens aus, und ich denke, daß ich in meinen Jugendjahren
beiden Lagern mit guten Gründen zu folgen vermochte. Die
starke Faszination, die von der paradoxen Avantgarde ausging,
ergab sich daraus, daß die Arbeiten dieser Avantgarde noch
mehrfach beglaubigt waren, zum einen ästhetisch, zum anderen existentiell. Der Zusammenbruch der Schrift, die Elemen-
tarlehre des Schweigens, die Metaphorik der puren Absenz –
ihre Ästhetik bot sich dem theoretischen Verstand, der durch
die Selbstauskünfte der Autoren der Gruppe 47 kaum befriedi-
gend bedient wurde, zum einen in den Arbeiten französischer
Theoretiker, zum anderen in den mächtigen Kanonisierungen
der Moderne an, die Adornos ästhetische Studien vorantrie-
ben. In den Werken beider Schulen, der französischen um
Blanchot, Barthes und schließlich Foucault wie in denen der
Frankfurter um Benjamin und Adorno spielte die utopistische
Avantgarde keine Rolle mehr, sie erschien abgedankt, ein
Haufen von zwar ehrenwerten, reflexiv aber bescheiden gebliebenen Illusionisten, die die Signaturen der Zeit in einem ver-
alteten Sinne zu lesen schienen. Blanchot dagegen hatte die
Theorie der puren Absenz formuliert, sein Schüler Roland
Barthes hatte sie in *Am Nullpunkt der Literatur* geschichtlich
aus den Zusammenbrüchen und Selbstkritiken der Moderne
hergeleitet, Foucault hatte den Akt des Schreibens exakt als
jene Verwerfung, Abseitigkeit und Detonation aufgefaßt, die
ich in den schizophren erscheinenden Gesten der Kafkaschen
Sprachverwirrung zum ersten Mal in ihrem vollen Umfang erkannt hatte, und Adornos ästhetische Theorien sprachen, in
einer weniger poetischen, mir damals apodiktisch erscheinenden, weil mit der Verfügungskraft der Gewalt ausgestatteten
Diktion von der katastrophischen Moderne, Kafka, Beckett
waren die literarischen Zeugen dieser neuen Gesetzessprache,
und ich vermochte sie ohne Mühe auf die mir wichtigsten Ge-
genwartsautoren zu übertragen, auf Celan, auf Bernhard, in
eingeschränktem Sinn auch auf die ersten Arbeiten Handkes.

Die Kraft dieser bedeutsamen ästhetischen Legitimationen der paradoxen Avantgarde freilich war so stark, weil ich sie auf einen existentiellen Rahmen zu spannen vermochte, die Biographie meines eigenen Existierens, und das meint: die Biographie eines nachfaschistischen Erlebens, in dem der Faschismus gleichwohl die prägende, dominante, nie zu vergessende Rolle spielte. Das Schweigen, die pure Absenz, von der ich schon mehrmals sprach, wenn ich mich an die Anfänge des eigenen Schreibens zurückerinnerte, sie waren in fast schon peinlicher Konkretion für mich in den übersehbaren Grenzen der Kleinfamilie zu erfassen, einer Kleinfamilie, die in den sechziger Jahren aus der christlichen Trias von Vater, Mutter und einzigem Kind bestand, während sie, wäre der Faschismus nicht an die Macht gekommen, aus weiteren vier Brüdern bestanden hätte, vier Brüder, der erste totgeboren in den Bombenabwürfen über Berlin, der zweite getroffen von Granatsplittern, die noch in den letzten Kriegstagen dem Dreijährigen, auf dem Schoß der Mutter sitzend, in den Kopf geschlagen waren, der dritte und vierte nicht lebenstüchtig, wenige Tage nach der Geburt gestorben, atemlos geworden in diesem über dem widersinnigen Gebären in Panik geratenen Körper meiner Mutter. Ich aber, ich hatte es als einziger, als Endpunkt einer vollständig durch die Katastrophen ausgelöschten Kette geschafft, zweifellos auf unheimliche, tief verstörende Weise hatte ich es geschafft zu leben und weiterzuleben, infiziert von den Todeskämpfen der Brüder, ausgestattet vielleicht mit dem letzten Atem ihrer Lebenssehnsucht, ein Nachgeborener mit dem Geschick, seinen Anfang gänzlich paradox verstehen zu müssen, als Beginn einer Zukunft und, mit größerem Recht, als Ende einer Vergangenheit.

Schweigen, die pure Absenz, der Anfang des Schreibens – ich denke, das Ensemble dieser fatalen Wirklichkeiten ist zumindest angedeutet, und der Sinn des Weiterschreibens um das Ästhetische und – viel bedeutender – Existentielle geschärft. Ich selbst, soviel kann ich vorläufig sagen, ich selbst konnte die Schizophrenie einer aus den Zusammenhängen gerissenen Schrift an mir studieren, ich war, übertragen gesprochen, zum einen der auf Illusionen angewiesene Zukunftsbengel, ein hoffender, auf das Vorwärts angewiesener Repräsentant des Utopistischen, zum anderen ein bloßer Schatten, ein Nachfahre des Ausgelöschten und eben darin eine paradoxe Existenz, die sich ihr Sprechen, ihre Schrift herleiten und herbeizwingen mußte, denn meine Mutter hatte für Jahre das Sprechen verlernt und mußte es, gleichsam in einem Erziehungsunterricht an dem lebenden Objekt, das ich für sie zu werden drohte, in dieser Kindererziehung, wie ein Ritual wieder lernen, kein leichtes Spiel, darf ich sagen, denn wer war der Erzieher und wer hier der Lernende?

Das dunkle Schreiben, so will ich diese elenden, biographischen Abschweifungen abschließen, das dunkle Schreiben erschien mir zweifellos als der geheime, innere Kern meines Existierens, es war das Fluchen, der Ekel, das Abseitige, das Flüstern gegen die weiche, nachgiebige Umgebung, das Gott-Drohen, und wie alle geheimen, mächtigen Autoritäten versuchte ich, dieses dunkle Schreiben gleichzeitig zu umgehen, zu bekämpfen, es loszuwerden, ein für allemal, in den utopistischen, rigiden, Distanz erfordernden Sprachen bloßer Gegenwart. Dieses Ensemble der sechziger Jahre hatte, wie ich jedoch insgeheim wußte, einen einzigen Prüfstand, die Auseinandersetzung mit der Zeit des Faschismus, die in mir lebte und unaufhörlich jene Sensibilitäten verursachte, die das eigene, innere Erleben vollständig chaotisierten. Ich empfand, und darin bestand meine Prüfung, die kaum überwindbare Trauer, das Entsetzen und das Erstarren, das die Lebensbahnen meiner Familie so drastisch auseinander- und zusammenzog, als eine bloß vorläufige, die den Verdacht nie zu besänftigen vermochte, daß sie nicht auf den Grund einer tiefer liegenden Trauer, eines tieferen Verlustes hindeutete. Der Faschismus, der meine Familie entstellt hatte, war – und diesen Zusammenhang behandelte ich lange Zeit wie eine Art Purgatorium – an dieser Familie nicht ursächlich schuldig geworden; das Leiden, die Trauer, das Schweigen – sie mochten auch verstanden werden können als Eingeständnisse einer vagen Schuld, der Schuld, eben diesen Faschismus mit getragen zu haben, ihm jedenfalls nicht gegenübergetreten zu sein. Eben an diesem Gedanken scheiterte die Vorstellung von Opfern, denn ich verstand das

Wort Opfer in einem positiven Sinn, als Hingabe, als Weggabe des Eigenen zur Aufhebung des Schuldzusammenhangs. Diesen Zusammenhang aber, der Trauer gerechtfertigt hätte, konnte ich in den ununterbrochenen Trauergesten um mich herum nicht erkennen, die Trauer, die ich erlebte, erschien mir nicht abgründig genug, sie reichte genau bis auf den schmalen Rand der Not, des Subjektiven, und ich sagte schon zu Beginn, daß es – darüber hinaus – eine objektive Konstellation gab, deren Macht nicht ignoriert werden konnte. Diese Konstellation, der innerste Raum des Existierens, gab dem Schweigen, der puren Absenz erst ihr eigentliches Recht, denn an ihr dramatisierte sich dieses Schweigen, diese pure Absenz, und an ihr zeigte sich die Wahrhaftigkeit des Katastrophischen.

Ich erlebte die Sprache, die dieser Wahrhaftigkeit am nächsten kam, in den sechziger Jahren, von denen ich immer noch notgedrungen spreche, in zweierlei Weise: zum einen in den Gedichten Celans, zum anderen in Peter Weiss' dramatisierter Dokumentation »Die Ermittlung«. Erst im Blick auf die programmierte Vernichtung des jüdischen Volkes schien sich der Schuldzusammenhang herzustellen, der einer bloß familiären, opferuntüchtigen Trauer einen tieferen Sinn gab. Celan und Weiss griffen eben jenes Thema auf, das die Entmündigungen der katastrophischen Moderne besiegelte, von diesem Thema her ließ sich überhaupt nur das ganze Ensemble der Figuren verstehen, und in der Wachsamkeit gegenüber diesem Thema war ein untrügliches Zeichen zu entdecken, existierend gegenwärtig zu sein. Celan und Weiss erschienen mir als Statthalter dieser Wachsamkeit, aber ich glaubte auch zu erkennen, daß ihre Sprache sich zwar auf sie bezog, sie aber nicht ganz zu erreichen vermochte. Celans Sprache war eine durch und durch stellvertretende, sie vertiefte sich in die Sprache der eigentlichen Opfer; Weiss' Sprache dekuvrierte die Sprache der Handelnden und Richter; beide erschienen mir als Annäherungen an den katastrophischen Sprachraum, nicht aber als dessen Aufschließung. Die Aufschließung, als deren Folge ich mir eine befreiende Wirkung der Sprache versprach – eine Befreiung von der Unmöglichkeit, die Schuld nicht empfinden zu können, ihr nachtrauern, nachhängen zu müssen, sie umgeben

zu müssen mit den falschen Phrasen der Bewältigung, der sogenannten Trauerarbeit, jener tief deutschen Paradoxie, sich allem und jedem durch Konzentration auf Regeln zu entledigen –
die Aufschließung, Zersprengung des katastrophischen Raumes erschien mir daher in den Arbeiten von Celan und Weiss
nur auf noch immer mißverständliche, weil immer nur statthal-
terische Weise dennoch gelungen; wie freilich dieses Statthal-
tertum, die letzte Spur eines Gefangenseins, abzuschütteln
gewesen wäre, wie – weiterschreibend – weiter vorzudringen
gewesen wäre, darüber wußte ich nichts zu sagen. Schweigen,
die pure Absenz!

Versuchte ich mir die verschiedenen Konstruktionen meiner
Abhängigkeit vom Vergangenen psychisch zu vergegenwärtigen – ein Versuch, der immer in einem provozierenden Unge-
nügen endet, denn natürlich haßte ich jede sich anbietende
Art von Psychologie – so beschäftigten mich die Funktionen
von Traumata, wie sie in der, wie ich es nannte, »psychologischen Medizin« bei den sogenannten Nachgeborenen untersucht worden waren (ich beziehe mich auf einen Forschungsbe-
richt von Hanna Rheinz in der »Süddeutschen Zeitung« vom
2.11.1989). An den Kindern von Häftlingen der Konzentra-
tionslager hatte man, wie nicht anders zu erwarten, aussichtslos
erscheinende Symptome von Krisen feststellen können, die
letztlich auf nichts anderes herausliefen als auf unlösbare Para-
doxien. Manche dieser Kinder hatten die Namen früherer, ver-
storbener Kinder erhalten und lebten in den Augen der Eltern
den Auftrag, das Leben der Früheren zu erneuern oder fortzu-
führen. Dieser Auftrag verführte zu einer maßlosen Bindung
zwischen Eltern und Kindern, jeder Schritt des Kindes aus dem
Bannkreis der elterlichen Sorge hinaus konnte schließlich als
Verrat ausgelegt werden, als Abwendung von der geschickten,
aber trügerischen und letztlich hilflosen Konstruktion der Wiedergeburt. Diese machte auch dort, wo es den Eltern gelang,
das Schweigen über ihre eigenen Erfahrungen zu durchbrechen, die Kinder nur stumm, denn die Schilderungen des Vergangenen waren zum einen geprägt vom Autismus des Schmer-
zes, zum anderen, je beherrschter und kühler sie sich gaben,
von einer affektierten Sprache, die eine »Bewältigung« des

Vergangenen andeuten sollte, es aber nur in einer Art sprachlosen Rohzustand beließ. Ohne Bezug auf die sprachliche Reinkarnation der Eltern war nun freilich die der Kinder nicht zu denken, schon vorsichtige Versuche, die eigene Autonomie zu leben und sie in der lebensnotwendigen Entfernung vom Elternhaus zu begründen, schlugen fehl, kamen diese Entfernungen doch sofort einer Schuld gleich, der Schuld, den von den Eltern aufgetragenen Lebenszusammenhang zu zerstören. Die paradoxen Phantasien, die die Kinder nährten, überschlugen sich in zwei Richtungen, zum einen darin, die Trauer und den Schmerz der Eltern bedingungslos zu teilen, zum anderen darin, diese Nachempfindungen gänzlich auszulöschen und dadurch in die Rolle der Täter zu schlüpfen. Beide Phantasieexzesse waren radikal: sie bedeuteten vollkommene Anpassung oder vollkommene Abwehr – in beiden Fällen blieb ein höchst problematisches, künstliches Ich zurück, dessen versuchte Autonomie zur Farce geraten mußte...

Ich habe die zahlreichen Versuche jüngerer Autoren, sich in den siebziger Jahren dem autobiographischen Schreiben zu nähern, immer als Versuche verstanden, dieser Farce zu entkommen. Wenn diese Versuche sich der problematischen Paradoxie stellten, so ja darin, daß sie den Begriff des Ich, das ganze Feld seiner Bedeutungen, neu zu fassen versuchten. Im Gegensatz zum gängigen autobiographischen Schrifttum war das Ich hier keine Größe, die durch die Epochen definiert werden konnte, sondern ein ferner Entwurf, den das Schreiben selbst sich einzuholen anschickte. Das Schreiben nicht als Repräsentanz, sondern als Herstellung des Lebens, das Schreiben als Lebensakt – genau diesem dichten Zusammenhang waren die großen autobiographischen Arbeiten auf der Spur – und auch in diesem Fall wurden bedeutende Kronzeugen entdeckt. Andre Gorz' autobiographischer Roman *Der Verräter* etwa oder, noch umfassender, Michel Leiris' *Spielregel*. Die Überwindung der diktatorischen (elterlichen) Lager der, wie ich es nannte, utopistischen und paradoxen Avantgarde schien mir in den Konstruktionen derartiger Werke verkörpert, und mochte der hilflose Begriff der Post-Avantgarde überhaupt einen Sinn machen, dann den, die stellvertretende, absolutistische, herrschaftliche Funktion von Literatur preiszugeben um einer Reinkarnation willen, um der Wiedergewinnung eines Ich willen, um der Neubegründung eines wie auch immer zu fassenden Subjektiven willen, das nicht gegeben, nicht voraussetzungslos zu erhalten war, sondern das in der Sprache der Kinder verwurzelt war. In diesem Sinn waren die siebziger Jahre der Aufbruch zur Kinderschrift, hier, im Leben der zweiten und dritten Nachkriegsgenerationen, sollte die faschistische Zeit neu geboren und verschrieben werden, und in diesem Sinn bedeuteten diese Jahre das Ende des Avantgardegedankens, dessen utopistische wie paradoxe Auslegung zerfielen. Die utopistische erschien von nun an gebrochen, der gesamte Bereich des Fiktiven konnte erbaut werden nur noch mit dem Bewußtsein des Gauklers, des Jongleurs, dessen, der die fiktiven Hüllen zu nennen und sie gleichzeitig als solche kenntlich zu machen versteht; diese Umformulierung des Utopistischen, die Herausnahme seines Zukunftsaspektes zugunsten eines »postmodernen« Perspektivismus, war die Arbeit der zum Erzählen zurückkehrenden gescheiten Post-Avantgarde; die paradoxe Avantgarde detonierte jedoch zur, wie ich sagte, autobiographischen Schrift, zur Schrift als Traktat, als Bewegung, zur Auffindung der über die Schrift hergestellten Ich-Substanzen, wie sie so verschiedene Autoren wie Hubert Fichte, Wolfgang Hilbig und Gert Neumann versuchten...

Kehre ich noch ein letztes Mal zu den Anfängen meines Schreibens zurück, so erkenne ich mich Ende der siebziger Jahre deutlich als der, dem weder die freie Welt des Fiktiven noch die des Autobiographischen offenstand. Ich wollte um jeden Preis, den Preis der Flucht, wie man sich denken kann, *erzählen*, denn nur dieses Erzählen mochte meine Befreiung belegen, gleichzeitig war es mir jedoch vollständig versagt, »Ich« zu sagen, denn gerade in diesem Wort erkannte ich nur eine monströse Ferne, äußerste Distanz, der ich mich wiederum nur über den Weg des Fiktiven zu nähern wußte. Der Begriff, den ich für diesen Zwiespalt erfand, war der der »Desertion«, denn in meinen Augen lebte der Deserteur in einem Vakuum, zwischen den Lagern, ruhelos, in Bewegung, eine Art verzweifelte Einzelgängerrolle ohne die Gewähr, jemals eine Gemeinschaft zu erreichen. Unablässig versuchte ich, diesem Dasein Reflexe abzugewinnen, indem ich in Erzählungen und Romanen Ich-Figuren unterschob, Ich-Figuren spaltete, das Fiktive schließlich nur noch zu Kopf-Bildern von Ich-Figuren gerinnen ließ, das Fiktive, dessen gereinigte Gestalt doch meine ganze Sehnsucht war. Gleichwohl ließen diese postavantgardistischen Entfernungen und Wege nur Bewegungen in einem abseitigen, wie ich sagte, Wortbezirk zu, die »Schuld der Worte«, wie Gert Neumann diesen Zusammenhang einmal nannte, blieb bestehen, und der Gedanke an die Tilgung dieser Schuld eine unaufhebbare Hinterlassenschaft, eine Hinterlassenschaft eben, der die Worte geraubt worden waren. »Die Deutschen hatten sogar gesagt«, versuchen Motke Zaïdl und Itzhak Dugin, denen die Gestapo im Januar 1944 aufgetragen hatte, die neunzigtausend ermordeten Juden von Wilna auszugraben und zu verbrennen, sich in Claude Lanzmanns *Shoah* erinnern, »daß es verboten war, das Wort ›Toter‹ oder das Wort ›Opfer‹ auszusprechen, sie wären nichts als Holzklötze, nichts als Scheiße, es hätte überhaupt keine Bedeutung, es wäre Nichts. Wer das Wort ›Toter‹ oder ›Opfer‹ aussprach, bekam Schläge. Die Deutschen zwangen uns, von den Leichen zu sagen, daß es ›Figuren‹ seien, das heißt... Marionetten, Puppen oder *Schmattes*, das heißt Lappen.« An anderer Stelle berichtet Jan Piwonski von den Ereignissen am Bahnhof von Sobibor: »Ich glaubte ganz einfach, daß diese Leute gekommen seien, um am Bau des Lagers mitzuarbeiten, wie die anderen, die vorher hier gearbeitet hatten. Man konnte nicht wissen, daß dieser Konvoi der erste war, der vernichtet werden sollte. Und außerdem konnte man nicht wissen, daß Sobibor eine Massenvernichtungsstätte für die jüdische Nation werden sollte. Als ich am nächsten Morgen hierhergekommen bin, um zu arbeiten, herrschte eine vollkommene Stille auf dem Bahnhof, und wir haben aus Gesprächen mit dem polnischen Bahnhofspersonal, das hier arbeitete, erfahren, daß eine völlig unfaßbare Sache geschehen war. Zuerst, als das Lager gebaut wurde, waren auf deutsch Befehle gebrüllt worden, hatte man Schreie gehört, konnte man Juden sehen, die im Laufschritt arbeiteten, hatte man Gewehrschüsse gehört. Aber jetzt war da diese Stille, gab es keine Arbeitskommandos mehr, eine wirklich absolute Stille. Vierzig Waggons waren angekommen, und dann nichts mehr, das war schon eine sonderbare Sache.« Zwischenfrage: »War es die Stille, die ihn hat begreifen lassen?« Antwort: »Genau. Ja.« Zwischenfrage: »Kann er die Stille beschreiben?« Antwort: »Das war eine Stille... Im Innern des Lagers rührte sich nichts, man sah nichts, man hörte nichts, keine Bewegung. Da hat man angefangen, sich zu fragen: ›Diese Juden, wo hat man sie hingetan?‹« Wiederum an anderer Stelle sprechen Abraham Bomba und Rudolf Vrba von dem, was in Treblinka geschah: »Dann befahlen sie uns, dort, wo ungefähr zweitausend Menschen sich unter freiem Himmel ausgezogen hatten, alles sauberzumachen, alles wegzutragen, alles aufzuräumen, und das in Sekundenschnelle. Die Deutschen, die anderen Leute, die da waren, die Ukrainer, fingen an zu brüllen, auf uns einzuschlagen, damit wir die Bündel auf unserem Rücken noch schneller zum Platz in der Mitte schafften, wo riesige Stapel von Kleidern, von Schuhen und so weiter lagen. Im Handumdrehen war alles sauber, als wenn nichts geschehen wäre. Nichts. Als ob niemand dagewesen wäre, niemals. Keine Spur blieb zurück. Nichts!« Und: »Vor jedem neuen Transport wurde die Rampe gesäubert. Keine Spur vom vergangenen Transport durfte bleiben. Nicht eine Spur.« Erst als ich Claude Lanzmanns *Shoah* zum erstenmal gesehen hatte, begriff ich, daß die einzige Sprache, die der Auslöschung der Wörter des Mitleids, der Stille, des Nichts, des spurlosen Nicht-Begreifens gewachsen war, die der jüdischen Augenzeugen war, und daß sich allein in dieser Sprache, wie Lanzmann selbst es sich dachte, eine »Reinkarnation« ereignen mochte, eine Verkörperung des Vergangenen in einer Gegenwart, von der ich immer zweifelsfrei angenommen hatte, das Vergangene werde sie nie erreichen können. In der Sprache der Augenzeugen überstieg die Beschreibung ihren Inhalt, indem sie die unmöglich gewordenen Wörter wieder mit den leidenden Körpern verband, als wachse aus dieser Genese die letzte, noch mögliche Befreiung. Sicher hat Lanzmanns *Shoah* meine eigenen Vorstellungen des Schreibens, von denen ich hier zum ersten Mal in noch vorläufiger Gestalt zu sprechen versucht habe, erst in Bewegung versetzt; die Erzählungen der Augenzeugen erscheinen mir heute als der ferne Fluchtpunkt, auf den diese Vorstellungen in all meinen bisherigen, orientierungslosen Versuchen zugelaufen waren. Von Lanzmanns *Shoah* aus vermochte ich diese Vorstellungen neu zu *lesen*, in der Hoffnung, diese Wiederlektüre werde ein Weiterschreiben möglich machen...

III. Zur Literatur der 80er Jahre

Meine essayistischen Beiträge zur Literatur der achtziger Jahre versuchen, eine Charakteristik neuer Tendenzen und Strömungen zu entwerfen und diese an den Umbruch in der deutschen Literatur seit 1968 anzukoppeln. Sie thematisieren diesen Umbruch unter drei Gesichtspunkten: a) unter dem eines Einstiegs in die Postmoderne, b) unter dem eines stärker werdenden Einflusses französischer Theoriekonzepte, c) unter dem einer generationsspezifischen Bearbeitung medialer Erfahrungen.

All diese Beiträge machen Vorschläge für eine Periodisierung neuer deutscher Literatur seit 1968; unverkennbar ist, daß der Verfasser die Mitte der siebziger Jahre (nach postmodernen Vorläufen von 1968 bis 1975) als entscheidenden Einschnitt betrachtet. Darüber hinaus ging es dem Verfasser immer wieder darum, in einem fast theorielosen Raum Diskussionen zu eröffnen und für die Arbeiten jener Kollegen zu werben, deren Werke er besonders schätzte.

Diese Vorhaben werden durch zwei Arbeiten zur neueren DDR-Literatur ergänzt. Sie wurden aufgenommen, weil sie dem gängigen Klischee entgegenarbeiten, die Schriftsteller dieses Staates hätten in der sozialistischen Ära auf die Bewußtseinsprozesse in ihrem Land keine Antworten gefunden.

1. Was ist postmoderne Literatur? (1987)

Jetzt will ich es aber wissen, endgültig. Deshalb muß ich es schriftlich fixieren. Weil sich sonst doch wieder alles in Luft auflösen könnte. Was? Die Postmoderne. Ich will wissen, was die Postmoderne in der Literatur angerichtet hat, am besten ich bekomme sogar heraus, was sie der deutschen Literatur angetan hat. Oder umgekehrt. Ich muß es jetzt wissen. Seit Wochen geht mir das im Kopf herum, und ich bin nicht allein mit diesen Sorgen. An der Mainzer Universität werden zwei Seminare über das Thema gehalten, und an der Stuttgarter läuft eine große Vortragsreihe. Als ich gerade noch rechtzeitig zu Professor Manfred Franks Referat erschienen war, mußte ich entsetzt seine ersten Sätze hören: »Meine Damen und Herren, ich soll über die Postmoderne sprechen. Aber ich habe noch nichts Ernstzunehmendes darüber gelesen. Genau genommen weiß ich auch nicht, was die Postmoderne ist.« So geht es einfach nicht weiter, es ist ja beschämend, deshalb muß jetzt etwas Ernstzunehmendes her.

Geschrieben freilich wurde schon genug. Für manche ist postmoderne Literatur der Grund anhaltenden Ekels. Sie verbinden das, wie Habermas unglückseligerweise vorgemacht hat, mit neokonservativen Strömungen. Dann müssen Handke und Botho Strauß daran glauben. »Diese Wendepropheten!« usw.... In Heft 34 von *L '80*, das vor allem der Postmoderne gewidmet ist, werden Romane von Thomas Pynchon, Umberto Eco und Botho Strauß miteinander verglichen. Überzeugend ist das nicht. Im *Merkur* hat ein jugendlicher Witzbold Postmodernes in... man darf raten... in Süskinds *Parfum* entdeckt. Süskind! Ausgerechnet. Ich verliere kein Wort darüber. In der Reihe *rowohlts enzyklopädie* haben Andreas Huyssen und

Klaus R. Scherpe einen Band mit Aufsätzen zum Thema vorgelegt. Dort findet man immerhin den Versuch einer Analyse
von Ecos *Name der Rose* durch Teresa de Lauretis.

Trotzdem: wir haben nichts als Rauschen, und die Interpreten wippen mit und schlängeln sich an den Texten entlang.
Manche halten das bereits für »postmodern«. Ich kann so
etwas nicht ertragen. Es reicht mir. Deshalb will ich hier
einige ganz präzise Vorschläge machen. Die »Neue Unübersichtlichkeit« ist sowieso nur ein Zustand aus Bequemlichkeit,
Langeweile und Flachdenkerei. Ich versündige mich wollüstig
gern an ihr.

Also: Die postmoderne Literatur ist die Literatur des ky-
bernetischen Zeitalters. Sie verabschiedet nicht die ästhetischen Projekte der Moderne, sondern verfügt über diese als
Modelle, die in Spiele höherer Ordnungen überführt werden
können. Dabei treten an die Stelle vom Autor oder Erzähler
ausgewiesener Weltbilder Strukturen, die dem Leser die entscheidende Arbeit zumuten. Der Leser wird zum intellektuellen Komplizen des Autors, das zentrale Medium der Komplizenschaft ist der Roman, als Vergewisserung über die noch
möglichen Spielarten, der Welt zu begegnen.

Seit den fünfziger Jahren unseres Jahrhunderts läuft ein unaufhörliches Training, Autoren und Leser auf dieses Programm einer postmodernen Zukunft vorzubereiten. Man mag
dieses Programm Informatik, Kybernetik, Semiotik oder
Strukturalismus nennen. Kennzeichnend für all diese Entwürfe ist die Befähigung des Lernenden, Zeichen lesen zu
können. Die postmoderne Literatur setzt den universellen Leser voraus; sie zieht ihn in die Intrigen einer totalen Zeichensprache, auf deren labyrinthische Zumutung er selbst die Antwort geben muß. Statt ihn mit Theorien und Welterklärungen
zu befriedigen, erzählt sie ununterbrochen Spielvorschläge,
die variiert, abgebrochen, aber auch erweitert werden können. Postmoderne Literatur geht nur da »auf«, wo sie in postmodernes »Verhalten« übersetzt wird. Dieses liest die Zeichen der Lebenswirklichkeit (die Umwelt) ebenso als Signale
wie die des literarischen Entwurfs. Die typische Figur des
postmodernen Romans ist daher entweder der Detektiv (Eco)

oder der Lebenskünstler, der sein Lebensspiel in laufend veränderten und auf neue Bedingungen reagierenden Programmen fortsetzt (Cortázar).

Dadurch ist die Literatur zum ersten Male seit langem mit
relativ stabilen Untersuchungsmethoden verkoppelt, die es erlauben, Lebenspraxis und ästhetisches Verhalten aufeinander
zu beziehen. Ihre Ästhetik selbst (die noch nicht geschrieben
ist) fußt nicht mehr länger auf jenen jahrhundertealten wachs-
weichen Kategorien von Geschmack, Einfühlungsvermögen
und Sinnsynthese, die der Kunst Aufgaben aufgebürdet haben,
vor deren Lösung sie versagen mußte. Postmoderne Literatur
spielt mit dem Leser ein Spiel unter vielen möglichen (sie ist am
Plan, am Stadtplan, an einem Weltenplan, an Plänen möglicher
Welten usw. interessiert), dies aber (deshalb kein Wort über
Süskind) auf höchstem Niveau. Ihre Geburtsstunde ist in den
sechziger Jahren anzusiedeln. Damals bemerkten einige amerikanische Autoren und Kritiker zuerst, daß sich die Literatur
der Moderne »erschöpft« hatte.

Moderne – das meint hier: die von uns heute »klassische Moderne« genannte extreme Ausführung des europäischen und
amerikanischen Ästhetizismus, die sich in den zwanziger Jahren als »Avantgarde« verstand. Sie brachte das Kunstwerk für
Experten hervor, hermetisch, dicht, »bis zur Grenze des Möglichen mit Sinn geladen« (Pound). Diese Überladung erschien
nach ihrer endgültigen Ausreizung bis zur völligen Dunkelheit
und zum völligen Verstummen hin als »erschöpft«. So unterschiedliche Autoren wie Kafka, Pound, Eliot, Hemingway arbeiteten an diesem Projekt der Verknappung. In Deutschland
hat es nur einen bedeutenden Teilhaber: Gottfried Benn. Zentral für diese »klassische Moderne« ist neben der Entfernung
von jedem Publikumsgeschmack auch die Entfernung vom Bild
einer vorstellbaren oder bedichteten »Natur«. Das Werk selbst
ist Natur zweiten Grades, komplex, anspielungsreich, aber in
sich verschlossen. Es ist der stumme Zeuge rein literarischer
Bedeutungen, die sich nur *dem* Leser erschließen, der zum
Nach- oder Mitdichtenden wird. Beckett hat die Methoden dieses Sich-Verschließens bis zu ihren letzten möglichen Lauten
geführt. Die teilweise aristokratische Kryptik dieser Bemühun-

gen »denaturierte« Gestalten, Gefühle und Bindungen. Dies meinte die zentrale Bemühung der Moderne, der sich abzeichnenden Katastrophe der abendländischen Kultur die Bewahrung eines integren Sprechens entgegenzusetzen (sie hielt sich bis zu Adornos »Ästhetischer Theorie«). Geschichtlich sind die beiden Weltkriege die bestimmenden Erfahrungen dieser Generation der »klassischen Moderne«, deren zahlreichste Vertreter in den achtziger Jahren des vergangenen Jahrhunderts geboren wurden.

Postmoderne Literatur beginnt daher nach dem Zweiten Weltkrieg nicht zufällig in jenem Land, das am frühesten an die Entwicklungen der postindustriellen Revolution angeschlossen war: in den Vereinigten Staaten. Autoren wie Saul Bellow (geb. 1915), Kurt Vonnegut (1922), Norman Mailer (1925), John Hawkes (1925), John Updike (1932) und vor allem John Barth (1930) haben ihr zur Weltgeltung verholfen. Ihr untergründig gemeinsamer Ahnherr ist jener William S. Burroughs (geb. 1914), der als Ethnologe, Archäologe und Mediziner, als Barmixer, Privatdetektiv und Reporter sein eigenes Leben zu einer postmodernen Komposition gestaltete (man lese seine fulminanten Gespräche mit Daniel Odier, *Der Job*, Ullstein, in denen – wie kaum sonst – die postmodernen »Techniken der Entdeckung« vom Maya-Kalender bis zu den Programmen der modernen Massenmedien untersucht werden).

All diese genannten Autoren sind keine Autoren im klassisch-modernen Sinn mehr. Sie haben den Roman für die unterschiedlichsten Anspielungsbereiche geöffnet: historischer Roman, Science-fiction, Western, Pornographie, existentielle Analyse – all diese Formen werden (manchmal zugleich) eingesetzt, um Faktisches und Fiktionales zu verwirren. Die *möglichen Welten* des postmodernen Romans sind jene Spielwelten, die, um einen wichtigen Theoretiker der postmodernen Handlungsorganisation, R. Buckminster Fuller, zu zitieren, »Bedienungsanleitungen für das Raumschiff Erde« sind. Die postmoderne Perspektive ist dadurch nicht nur die umfassender Ironie, gleichsam astronautischen Humors, sondern auch die, die es erlaubt, mit dem Empfinden einer berstenden, sich ins Kosmische weitenden Welt Schritt zu halten. Wendet sich diese Perspektive auf die Erde zurück, *entdeckt* sie unsere menschlichen Haushalte als Planspiele, die Geschichte als Variable (die auch anders hätte ausfallen können). Ihre geheime Verwandtschaft ist eine mit der modernen Gentechnologie: unbeirrt, manchmal amüsiert, manchmal teilnehmend, verfolgt man die Lebendigkeit »springender Gene«.

Neben den amerikanischen Autoren haben vor allem die inzwischen mit Verspätung auch bei uns eingeführten lateinamerikanischen das Bild der postmodernen Literatur geprägt. Deren zentrales Exempel ist der große Wurf *Rayuela – Himmel und Hölle* von Julio Cortázar. An kaum einem anderen Werk der Postmoderne sind so genau die Komponenten des neuen literarischen Zeitalters zu entdecken: auf Grund eines komplizierten Systems von Anweisungen erhält der Leser nicht nur eine, sondern mehrere Möglichkeiten (letztlich unendlich viele), den Roman zu lesen. Seine Hauptfigur Horacio Oliveira, in Paris und Argentinien lebend, »experimentiert« mit dem Leben, lebt verschiedene Entwürfe, scheitert an ihrer Inkongruenz und macht jenes Kinderspiel Himmel-und-Hölle in seinen Lebensbezügen in so extremer Weise mit, daß daraus am Ende gleichsam ein Sinnbild postmoderner Existenz entsteht.

Gerade das Pendeln zwischen Europa und Lateinamerika hat es in der Nachfolge ihres Ahnherrn J. L. Borges vielen lateinamerikanischen Autoren erlaubt, die Perspektive des Romans beinahe unbegrenzt zu weiten. Manuel Puig, Alejo Carpentier, Carlos Fuentes, José Lezama Lima (man lese seinen unvergleichlichen Roman *Paradiso*), Gabriel García Márquez – für sie alle ist der Roman der panoramatische Versuch, »Techniken« der Lebensführung zu erkunden, im Zitat des historischen Romans, des mythischen Entwurfs, der Familiensaga. Aber bei all diesen Versuchen handelt es sich nicht mehr um den Roman traditioneller Prägung. Der postmoderne Roman folgt, wie einer seiner bedeutendsten europäischen Theoretiker (Italo Calvino) gesagt hat, den *Regeln* des romanhaften *Spiels*, er ist »künstlich«, konstruiert wie im Labor: »Wir werden Roman spielen können, wie man Schach spielt, mit absoluter Fairneß, und wieder eine Beziehung herstellen zwischen dem Schriftsteller, der sich der Mechanismen, die er verwendet, voll bewußt ist, und dem Leser, der das Spiel mitspielt, weil er dessen Regeln kennt und weiß, daß man ihn nicht mehr an der Nase herumführen kann.«

Daher ist der postmoderne Roman untersetzt von versteckter Philosophie ebenso wie von gespenstischer Kybernetik. Calvino hat seine Territorien als die Ländereien des *Komischen*, des *Erotischen* und des *Phantastischen* abgesteckt. Gerade diese Darstellungsformen erlauben Auswege »aus der Begrenztheit und Eindeutigkeit jeder Darstellung und jedes Urteils«. Mochte der traditionelle Erzähler außergewöhnliche Begebenheiten unter außergewöhnlichen Menschen berichten, so interessiert den postmodernen Erzähler die Struktur jener *Ordnung*, die diese »außergewöhnliche Begebenheit in sich und um sich erzeugt, der Plan, die Symmetrie, das Netzwerk von Bildern, die sich um sie herum wie bei der Bildung eines Kristalls ablagern«. (Calvino hat in dem bedeutsamen Band *Kybernetik und Gespenster. Überlegungen zu Literatur und Gesellschaft* zahlreiche Beispiele und Untersuchungsanleitungen gegeben.)

Mit Italo Calvino und Umberto Eco sind zugleich die beiden wichtigsten europäischen Romanciers genannt, die in Italien den Faden der postmodernen Literatur aufgegriffen haben. Beide sind Zeichentheoretiker und Philosophen zugleich. Sie beziehen sich auf die Studien von Roland Barthes wie auf die von Claude Lévi-Strauss. Eco hat in seinen theoretischen Arbeiten die Struktur des schlechten Geschmacks ebenso untersucht wie den Mythos vom Superman oder die Welt von Charlie Brown (vgl. sein Buch *Apokalyptiker und Integrierte*). Von diesen Untersuchungen führt ein direkter Weg zum *Namen der Rose*, einem Werk, dessen postmoderne Valenzen gegenüber den bisher gegebenen Beispielen eher bescheiden anmuten. Von größerem Interesse für unser Thema ist auch eher Ecos *Nachschrift*, ein kleines Kompendium postmoderner Strategien, in dem es diesem genialen Autor gelingt, uns seinen Arbeitsvorgang mit jenem Augenzwinkern zu erzählen, das Calvino an den postmodernen Technikern des Phantastischen so schätzt.

Die Arbeit am Roman wird verständlich wie die Tätigkeit eines Konstrukteurs. »Postmodern« nennt Eco hier sein »Kunstwollen«: »Die postmoderne Antwort auf die Moderne besteht in der Einsicht und Anerkennung, daß die Vergangenheit, nachdem sie nun einmal nicht zerstört werden kann, da ihre Zerstörung zum Schweigen führt, auf neue Weise ins Auge gefaßt werden muß: mit Ironie, ohne Unschuld.« Ironie, Maskerade hoch zwei, metasprachliches Spiel – das sind die Kennzeichen dieser postmodernen Haltung. Eco gibt für sie ein treffendes Beispiel: »Sie erscheint mir wie die eines Mannes, der eine kluge und sehr belesene Frau liebt und daher weiß, daß er ihr nicht sagen kann: ›Ich liebe dich inniglich‹, weil er weiß, daß sie weiß (und daß sie weiß, daß er weiß), daß genau diese Worte schon, sagen wir, von Liala geschrieben worden sind. Es gibt jedoch eine Lösung. Er kann ihr sagen: ›Wie jetzt Liala sagen würde: Ich liebe dich inniglich.‹ ... Wenn sie das Spiel mitmacht, hat sie in gleicher Weise eine Liebeserklärung angenommen.«

Die postmoderne Literatur setzt also, wie man sieht, die Beziehung zwischen Autor und Leser besonders eng an. Sie beruht, nach Calvino, auf Fairneßregeln, die begrenzte Dauer haben. Der so geschlossene Pakt soll den Leser nach der anfänglichen »Initiation« ins Spiel nicht mehr loslassen. Er soll selbst spielen (und je mehr er es kann, desto besser ist der Roman – weshalb *Der Name der Rose* auch eher ein schwächeres Beispiel ist und Calvinos *Wenn ein Reisender in einer Winternacht* ein treffenderes ...), er soll vom Novizen zum Meister werden, um – virtuell – seine Spielfähigkeiten auf die des Lebens selbst zu übertragen.

Womit ich bei der Schwierigkeit wäre, postmoderne Literatur in der deutschen Literatur zu etablieren. Ironie, Spiel ... und die deutsche Literatur! Es ist fast eine Unmöglichkeit. Zum ersten Mal gerieten postmoderne und deutsche Literatur 1968 aneinander. Damals hielt einer der Chef-Theoretiker der amerikanischen Postmoderne, Leslie Fiedler, an der Universität Freiburg einen Vortrag mit dem Titel *The Case for Post-Modernism*, den die Wochenzeitung *Christ und Welt* im September 1968 in zwei langen Folgen veröffentlichte. Es entzündete sich eine vehemente Diskussion, an der von deutscher Autorenseite Schriftsteller wie Jürgen Becker, Helmut Heißenbüttel, Reinhard Baumgart, Martin Walser und Rolf-Dieter Brinkmann teilnahmen. Fiedlers These – der Roman der »Moderne« (Th. Mann, Proust, Joyce) habe ausgespielt, die Postmoderne greife auf populäre Formen zurück, sei keine Elitekultur mehr, bedürfe freilich auch einer neuen Form der literarischen Kritik, die den bloßen Interpreten ablöse (eine Forderung, die von Susan Sontag erheblich vehementer vorgetragen wurde) – wurden nur von Rolf-Dieter Brinkmann emphatisch aufgegriffen. Populäre Formen? Wo sollte es die, fragte damals Reinhard Baumgart zu Recht, in der deutschen Literatur geben?

Dennoch: gerade in den Jahren 1967/68 gab es in der deutschen Literatur postmoderne Ansätze. Dazu zählen die von amerikanischer Lyrik beeinflußten Arbeiten Brinkmanns wie vor allem die ersten literaturtheoretischen Arbeiten Peter Handkes, die sich – strukturell, minuziös, teilweise ironisch – der Aufdeckung von Spielmustern widmeten. Handke schrieb über den Heimatfilm ebenso wie über den Western, er *las* diese Trivialformen als Zeichen und ging mit ihren Zitaten in seinen Bühnen- und Prosawerken vorsichtig um. Freilich wollten sich diese postmodernen Motive niemals zu einem postmodernen *Werk* schließen; am weitesten drang Handke im Schlußteil des Romans *Der kurze Brief zum langen Abschied* (1972) vor. Das Gespräch des Helden mit dem Regisseur John Ford war das Äußerste, was in den frühen siebziger Jahren an postmodern-ironischem und anspielungsreichem Meta-Spiel schon möglich war. Mehr verhinderte eine altdeutsche Betulichkeit, das Spiel der empfindsamen Seele mit sich selbst und jener Marsch durch die Güter der Bildung, dem die Anstrengungen immer viel zu deutlich anzumerken waren. Was Handke nach 1976 schrieb, hatte mit Postmoderne nichts mehr zu tun.

Inzwischen verfügt die deutschsprachige Literatur jedoch über – soweit ich sehe – drei Meisterwerke postmoderner Haltung. An erster Stelle ist Wolfgang Hildesheimers Roman *Marbot* zu erwähnen. *Marbot* ist ein Planspiel mit der Geschichte. Die fiktive, jedoch durch faktisches Material beglaubigte Hauptfigur stiftet hier auf ironische (unterkühlt britische, durchaus »spleenige«) Weise eine Totalintrige an, die dem Leser zumutet, gleichsam Geschichte als universelles Zitat zu lesen.

Das zweite wichtige postmoderne Werk ist Klaus Hoffers grandioser Roman *Bei den Bieresch*. Der Bieresch-Stoff ist die Geschichte der Entdeckung des Mythos in der gegenwärtigen Zivilisation, ein Roman, der auf jeder Seite den Leser jenen »Methoden der Verwirrung« aussetzt, über deren Bedingungen Hoffer gerade in seinen Grazer Poetik-Vorlesungen Rechenschaft abgelegt hat (im Droschl-Verlag, Graz, soeben erschienen). Es ist kein Zufall, daß Hildesheimer Hoffers Werk ausführlich rezensiert hat, es ist weiter kein Zufall, daß Hoffer bedeutende Werke der amerikanischen Literatur (Vonnegut u. a.) ins Deutsche übersetzte; wie im Falle Hildesheimer geschah auch bei ihm der Einbruch des Postmodernen auf dem Umweg über die englische und amerikanische Literatur, als Befreiung vom deutschen »Sonderweg« der tiefbödigen Seelengrübler.

Als drittes Werk ist Gerold Späths Roman *Commedia* zu nennen. Der Leser ist hier der Teilnehmer an einem Museumsgang, zu dem Hunderte von Gestalten eingeladen sind. Der Erzähler gibt ihm keinen Faden mehr an die Hand; der Leser ist vielmehr ein Suchender unter vielen, wahrhaftig ein »Leser« von Geschichten, Stoffen, ein Kombinator, dem es gelingen soll, aus diesem Labyrinth am Ende auszubrechen. *Commedia* ist das pure postmoderne Ereignis: Geschichten sind übereinander zu lesen, werden wie Palimpseste konstruiert, das »Museum« ist die Wandelhalle der Versprengten.

Mit erheblicher Verzögerung sind also postmoderne Spielarten auch in die deutschsprachige Literatur eingedrungen. Ihr Anteil wird – das kann man ohne Hemmungen sagen – immer größer werden. Die postmoderne Literatur ist dort, wo sie sich auf das Niveau der bereits international gewordenen Mittel einläßt, ohne Zweifel die Literatur der Zukunft. Sie wird jene entscheidenden Maßstäbe setzen, an denen man später einmal die

Kriterien des neuen Stils (des Stils unseres Zeitalters) wird ablesen können. Das zeichnet sich schon ab. Doch in unserem literarischen Leben wird noch immer vom Ein- und Hausgemachten geredet. Ich denke, lange kann dieser Appetit nicht mehr anhalten. Es gibt Besseres.

2. Postmoderne in der deutschen Literatur (1990)

Nach der Veröffentlichung des Essays »Was ist postmoderne Literatur?« (s. o., S. 106), der unter der mißverständlichen (und mit mir nicht abgesprochenen) Überschrift *Das Lesen – ein Spiel. Postmoderne Literatur? Die Literatur der Zukunft!* im April 1987 in der *Zeit* erschienen war, erhielt ich viele Zuschriften. Die meisten Leser, die sich bei mir meldeten, wollten mehr über die Postmoderne in der Literatur wissen und verlangten nach eingehenderen Informationen; andere stritten mit mir über Autoren und Titel, die ich in den Zusammenhang des postmodernen Erzählens gestellt hatte.

Das Thema stieß auf breites Interesse, was mich nicht verwunderte, aber doch stutzig machte. Schließlich hatte es in den USA und in Frankreich bereits eine intensive Postmoderne-Diskussion gegeben, die Sekundärliteratur war nicht mehr überschaubar, während man in Deutschland, was die theoretische Diskussion betraf, weit hinterherhinkte.

Um diesem Mißstand abzuhelfen, hatte ich meinen Artikel geschrieben. Anfang 1987 hatte Michael Krüger in der Literaturzeitschrift *Akzente* bedauert, daß die »überall aufflammende Diskussion« über Postmoderne weitgehend ohne Beteiligung der Literatur auskommen müsse; dem war nur zuzustimmen, die deutsche Literatur bewegte sich in diesen Jahren beinahe in einem begriffslosen Raum, und es erschien mir höchste Zeit, wenigstens einige winzige Bausteine zur Diskussion zu liefern.

Dabei sah ich mich in der schwierigen Lage, der postmodernen Ansatz erst vorstellen und erläutern zu müssen. Eine Debatte darüber, was Postmoderne gar in der deutschen Literatur bedeute, gab es noch nicht. Ich hatte das Gefühl, Neuland zu betreten, daher operierte der *Zeit*-Artikel auf einem Terrain, dessen Hintergründe den meisten Lesern noch immer verborgen waren. Die Linien und Tendenzen, die ich anzudeuten versuchte, verdankten sich der Diskussion, die im Ausland geführt worden war. Erste Anthologien mit Aufsätzen über die Postmoderne, die inzwischen auch in Deutschland erschienen waren, knüpften an diese Diskussionen an, befriedigten aber nicht, wenn es darum ging, die vorläufige Charakteristik einer deutschen Postmoderne zu entwerfen. Vielen Lesern war daher unklar geblieben, wie ich zu meinen interpretatorischen Ansätzen gekommen war; mit einigem Recht verlangten sie eine Art ›Nachaufklärung‹.

Ich will versuchen, wenigstens einige meiner Argumente zu erläutern und zu vertiefen. Dabei denke ich nicht daran, den Tanz um ein derzeit modisches Thema mitzumachen; mich interessiert dieses Thema nur insofern, als die Diskussion dazu beitragen könnte, den Blick auf Tendenzen der Gegenwartsliteratur zu schärfen. Ich wünsche mir einen Ausstieg aus dem ›theorielosen Zustand‹, nur deshalb mache ich mir überhaupt die Mühe, das weite und kaum abgrenzbare Feld der Postmoderne zu bestellen.

Und noch eins: wie ich insgeheim befürchtet hatte, versuchten einige Leser nach der Lektüre meines Artikels, dessen Erläuterungen auf meine eigenen belletristischen Arbeiten zu beziehen. Vor diesem Kurzschluß möchte ich warnen. Ich habe über die Postmoderne geschrieben, um anzudeuten, mit welchen Projekten sich einige meiner Kollegen beschäftigen; mein Aufsatz war nicht als eine Art Selbstkommentar gedacht. Um die eigene Position zu erläutern, würde ich ganz andere Akzente setzen; hier jedoch geht es mir darum, den geschichtlichen Ort einzukreisen, an dem sich mehrere Schreibweisen der deutschen Gegenwartsliteratur treffen.

Ich möchte noch einmal mit jenem Vortrag des Jahres 1968 beginnen, den der amerikanische Literaturkritiker Leslie Fiedler in Freiburg gehalten hatte. In diesem Vortrag hatte Fiedler eine postmoderne Literatur propagiert, die als Antwort auf die Literatur der klassischen Moderne (oder des Modernismus) gedacht war. Die Epoche des Modernismus – sie umfaßte etwa jene hundert Jahre seit der Mitte des neunzehnten Jahrhunderts, in der die Literatur auf die Modernisierungsschübe der industriellen Revolution in immer neuen, immer sparsamer werdenden Verknappungsgesten reagiert hatte. Dem Modernismus waren jene Autoren und Werke zuzurechnen, die im Laufe dieses Jahrhunderts zu einer asketischen, autonomen, sich streng hermetisch darstellenden Formensprache gefunden hatten.

In seinem Vortrag konstatierte Fiedler, daß diese Formensprache in akademischen Posen erstarrt und verbraucht war. Damit sagte er damals nichts Neues; vielmehr konnte er sich auf eine in den USA schon seit den späten fünfziger Jahren betriebene Diskussion über das Ende des Modernismus beziehen, die den Modernismus vor allem als stark intellektuelle, elitäre, von europäischen Vorbildern inspirierte Bewegung begriffen hatte. Diesem hoch artifiziellen Modernismus stellte man eine Literatur entgegen, die spezifisch amerikanische Wurzeln hatte, sich also mit den amerikanischen Mythen auseinandersetzte und dabei jene kulturellen Impulse aufnahm, die von der spontaneistischen Gegenkultur der ›new sensibility‹ des amerikanischen Westens geprägt waren.

In Deutschland sah es dagegen ganz anders aus. Nach dem Zweiten Weltkrieg versuchten die jungen deutschen Literaten erst wieder Anschluß an die internationalen Bewegungen des Modernismus zu finden, die in der faschistischen Ära unterdrückt worden waren. Hier war der Modernismus eine literarische Bewegung, die in ihren Verzweigungen erst neu studiert werden mußte. Dadurch wurde er zum Gegenstand einer verspäteten Aneignung, kontrovers diskutiert und von seinen Befürwortern gegenüber traditionellen Konzepten einer an humanistischen Idealen orientierten Literatur vehement verteidigt.

Selbst diesen Befürwortern aber war klar, daß man den Modernismus nicht erneuern, sondern höchstens auf ihm aufbauen konnte. So konstatierte Hans Magnus Enzensberger in den Anmerkungen zu seiner Anthologie *Museum der modernen Poesie*, die das internationale Geflecht des Modernismus breit zu dokumentieren suchte, daß diese über hundertjährige literarische Bewegung, von Baudelaires *Blumen des Bösen* ausgehend, inzwischen Spuren der Erschöpfung zeige.

Mochte dies für die literarische Praxis zutreffen, so galt dies doch nicht für die damalige ästhetische Diskussion in Deutschland, die vor allem durch die Studien Adornos geprägt wurde. Adornos Ästhetik bezog sich, was Beispiele, Begrifflichkeit und auch die historische Perspektive betraf, beinahe ausschließlich auf den Modernismus. Dabei verhalf sie ihm als einer literarischen Bewegung des Verstummens, des auf das Schweigen zentrierten Abweisens von Verdinglichung zu einer interessanten, durchaus neuartigen Interpretation. Adorno nämlich griff die ästhetischen Voraussetzungen des Modernismus (Hermetik, ›innere‹ künstlerische Logik des Werkes bei unausgesprochenem transzendentem Verweisungscharakter) so auf, daß er sie als einzig adäquate Antwort auf die modernen Verfremdungsprozesse verstand; er deutete den ästhetisierenden Modernismus gleichsam als stillschweigend gesellschaftskritische Bewegung und lud ihn dadurch mit einer neuen, in den sechziger Jahren zeitgemäßen Bedeutung auf.

Sucht man im Blick auf diese Jahre nun nach den ersten entschiedenen Absagen an die künstlerische Formensprache des Modernismus, stößt man sofort auf die Arbeiten Rolf-Dieter Brinkmanns, der sich in seinen theoretischen Arbeiten auf die Thesen Leslie Fiedlers bezog, gleichzeitig aber versuchte, sie für die deutsche Diskussion fruchtbar zu machen. Will man die Frontstellung verstehen, mit der sich Brinkmann damals konfrontiert sah, so liest man am besten das Nachwort zu der von Brinkmann und Ralf-Rainer Rygulla herausgegebenen Anthologie *Acid. Neue amerikanische Szene*[1]. In diesem Nachwort finden sich bereits die zentralen Begriffe eines Postmodernismus, der sich anschickte, die klassische Moderne hinter sich zu lassen und zu einem neuen Literaturverständnis vorzustoßen.

Brinkmann grenzte dieses Literaturverständnis von den da-

---

1 *Acid. Neue amerikanische Szene*. Hrsg. von Brinkmann und Rygulla. Berlin 1969 (Nachdruck Zweitausendeins 1981)

mals gängigen ästhetischen Ansätzen deutscher Literatur ab; er wandte sich ebenso gegen die Ästhetik der »kritischen Theorie« wie gegen die gesellschaftskritischen Intentionen jener Nachkriegsliteraten, die sich in der Gruppe 47 formiert hatten; auch die im Umkreis der APO betriebene Politisierung von Literatur lehnte er entschieden ab. All diese Richtungen bewegten sich in Brinkmanns Perspektive noch in der Tradition der »Wörter«, formierten bloße Wortschlachten, waren Zeugnisse einer »abgerichteten Reflexionsfähigkeit«.

Das Nachwort zu *Acid* wurde so zu einer Art Kampfansage; statt der »Wörter« rückte es die postmoderne Bildlichkeit, statt der Reflexionsfähigkeit eine postmoderne Sensibilität, statt des Kunstanspruchs eine neue Direktheit in den Vordergrund, einen »Film, also Bilder – also Vorstellungen, nicht die Reproduktion abstrakter, bilderloser syntaktischer Muster ... Bilder, flickernd und voller Sprünge, Aufnahmen auf hochempfindlichen Filmstreifen, Oberflächen verhafteter Sensibilität«.

Zerstörung der abstrakten, syntaktischen Muster – das meinte, aufs Ganze zielend: Zerstörung von Tiefenschichten, von suggerierter Bedeutung, von allem Verweisungscharakter der Texte. An die Stelle dieser ›Tiefenverweise‹ sollte eine imaginative Literatur der Oberfläche treten, eine Literatur, die sich (»hochempfindlich«) auf alltägliche Umgebungen einließ, »direkt oder indirekt auf die elektrifizierte, durch Elektronik veränderte Großzivilisation«. Brinkmann hielt den antitechnischen Affekt des europäischen Denkens, das Ausspielen von »Natur« gegen »Technik«, für ein Klischee, das die Auseinandersetzung mit den Folgen der Zivilisation verdrängte oder künstlich hinausschob. Die neue Literatur, für die er sich einsetzte, sollte eine Literatur der Mischformen sein, eine »sich überlagernde Vielfalt« von Techniken, Stilen: »Intellektuelle Spontaneität wird mit körperlicher Spontaneität gekoppelt – das Aufflackern erneuten sinnlichen Bewußtseins (oder bewußter Sinnlichkeit) versucht, neue sinnliche Ausdrucksmuster zu schaffen – der Ausgangspunkt des Schreibens ist das Subjekt, Kopf und Körper zusammen –, eine nach innen und außen schwingende Tür ... Wahngebilde, Halluzinationen, verquere Sprache – Starre, die in Bewegung gerät.«

Die Bildlichkeit, die im Laufe dieses Films der detaillierten Reizungen transportiert wurde, sättigte sich mit dem »Gerümpel« der Großstädte, mit populären Mustern ebenso wie mit »psychodelischen Gebilden«; das Subjekt aber, auf das diese Flimmerzeichen gerichtet waren, glich nicht mehr dem geschichtsbewußten, deutungssüchtigen, auslegungsbedürftigen Subjekt der Tradition. Es war lediglich eine Art durchlässiger Halt, ein sensibler Empfänger. Die literarischen Zeichen erinnerten nicht mehr an bekannte Metaphern, sparten nichts aus, waren nicht um einen Deutungssinn gruppiert. Vielmehr waren sie eine Art Angebot an den Leser, ein offenes Muster von Reflexen, Anspielungen, Überlagerungen mit eigenen Imaginationen zu füllen.

Offenheit, Unbestimmtheit, Dezentrierung – diese Momente sind die zentralen der frühen postmodernen Konzeption, als deren Ahnherrn Brinkmann William S. Burroughs benannte. Sie verlangten vom Leser andere Lesarten als die traditionellen der geschlossenen, affirmierenden Interpretation. Mag sein, daß der Spiel-Begriff diese neuen Lesarten nur vage trifft und darüber hinaus noch zu harmlos erscheint. Sicher aber ist, daß diese postmoderne Literatur den Leser in besonderer Weise beansprucht und in ihre Sprachen einbezieht. Sie setzt nicht auf Einfühlung, Nachvollziehen, Entziffern, nicht auf die Nachkomposition dessen, was der Autor errichtet hat, sondern darauf, den durch den Text eröffneten Raum eigenmächtig zu besetzen, ihn zu verändern, zu erweitern, seine Unbestimmtheit mit eigenen Vorstellungen zu füllen.

Brinkmann hat diese Komponenten postmoderner Komposition wie gesagt von amerikanischen Vorbildern bezogen; ich brauche hier nicht zu zeigen, wie er sie in den eigenen Arbeiten erweiterte und umsetzte[2]; hier sollte nur der Einstieg der

---

2 Genau das hat sehr exakt Hans-Otto Hügel getan. Vgl. seine Interpretation von Brinkmanns Gedicht *Die Orangensaftmaschine*, in: Peter Bekes u. a., *Deutsche Gegenwartslyrik*, München 1982, S. 44f.

deutschen Literatur in die Postmoderne an einem besonders markanten Beispiel vorgestellt werden.

Ich will noch auf ein zweites, anders akzentuiertes Beispiel eingehen, auf die frühen Arbeiten Peter Handkes.

Anders als Brinkmann bezog sich Handke nicht auf die amerikanischen Traditionen des Postmodernismus, sondern auf die ebenfalls in den sechziger Jahren entwickelten Theorien der Sprachkritik, auf Theoreme der Linguistik, der Sprachphilosophie und des Strukturalismus. Mit Brinkmann aber teilte er einen hochgradig entwickelten Abscheu gegenüber allen ideologischen Systemen, eine besondere Reizbarkeit gegenüber Klischees der Weltdeutung, seien es die der Politik oder die der Psychoanalyse. Für Brinkmann wie Handke ist der Gestus des Von-vorne-Beginnens zentral, ein Beginnen gleichsam an der Basis, ein Beginnen mit Bildern, sprachlichen Fermenten, Bruchstücken.

Dabei versuchte Handke, die gängigen Standardsprachen der Kultur (die politischen, puristischen wie die des Heimatfilms oder des Sports) als Sprachen von Zeichen zu lesen, deren Code eine sensible Wahrheit zu entschlüsseln hatte. Gerade Handkes ersten Arbeiten (vor allem seinen *Sprechstücken*) ist diese moderne Wachheit anzumerken, ein Insistieren auf der Destruktion von Floskeln, sprachlichen Unaufmerksamkeiten, ein Zitieren der Welt, um zu einer bestimmten Art ästhetischer und formaler »Reinheit« zu gelangen.

Seit Anfang der siebziger Jahre, seit der Erzählung *Die Angst des Tormanns beim Elfmeter*, übertrug Handke diese Versuche auch in größere Erzählmuster, die virtuos mit den Handlungsmustern des traditionellen Romans (Reiseroman, Abenteuerroman, Entwicklungsroman) umgingen, jedoch so, daß gerade diese Muster vom Leser mitgelesen und als solche erlebt werden sollten.

Voll entwickelt zeigen sich diese Techniken in dem Roman *Der kurze Brief zum langen Abschied*, einem Text, der mit Recht viel gelesen und als Ausdruck des damaligen Lebensgefühls beinahe populär wurde. Es war ein Lebensgefühl, das – nach dem Erschlaffen der Politisierungsphase – durch eine besondere Empfindlichkeit gegenüber großen Begriffen, Abstrakta, gegenüber dem Allgemeinen geprägt war. Hier deutete sich jene postmoderne Stimmung bereits an, mit der in den achtziger Jahren auf manchmal billige Weise gehandelt wurde. Damals meinte sie nicht ›Beliebigkeit‹, kokettes Zitieren, sondern eine reflektierte Haltung, die – wie man etwa an den Filmen von Wim Wenders ablesen kann – über einen eigenen, melancholischen Ernst verfügte.

Der Ich-Erzähler im *Kurzen Brief* ist denn auch eine Figur, die es sich mit allem sehr schwer macht. Ihre Grundposition ist eine völlige Offenheit, jene Unbestimmtheit, jenes Dezentrierte also, was man an Brinkmanns Arbeiten so genau studieren kann. Nicht das abendländische Subjekt macht hier seine Entdeckungsreisen, auf denen es sich Schritt für Schritt, Stufe für Stufe mit neuen Erlebnissen und an neuen Erfahrungen bereichern würde. Vielmehr gehen durch das Kontinuum der Reisehandlung, die übrigens die Stationen so willkürlich wie möglich nebeneinander setzt, immer wieder Risse und Sprünge.

Laufend wird der Erzähler an den Anfang seines Aufbruchs zurückverwiesen. Über seine Vergangenheit oder seine Herkunft erfährt man ebenfalls nur Bruchstücke; der Erzähler ist – wie die anderen Gestalten auch – keine Figur mit einer besonderen, individuell herausgearbeiteten Geschichte. Der Zusammenhang von Geschichte und eigener Existenz ist ihm ganz undeutlich, um so schärfer bemerkt er diesen Zusammenhang da, wo er sich in den amerikanischen Zeichen als eine Art Gemeinschaftsempfinden andeutet.

Die Fremdheit, die der Leser gegenüber diesem Roman empfindet, gründet darin, daß er dazu verführt wird, die Handlung als eine der traditionellen Geschichten zu lesen, in denen man eben erfährt, wie einer genau der geworden ist, der sich in bestimmten Verhaltensformen, für seine Umgebung erkennbar artikuliert. Dieses ›Bild‹ von sich selbst jedoch verweigert der Erzähler, nicht aus Eitelkeit, sondern aus Ehrlichkeit; er hat selbst kein Bild von sich, er muß sich immer wieder sagen lassen, wer er ist, und die verschiedenen Redeweisen, die über ihn existieren, schneiden sich nur ganz vage.

Wenn man den *Kurzen Brief* genau liest, kann man die Reflexe postmoderner Weltaneignung gut erkennen. Da ist die Unberechenbarkeit des Subjekts, der Zerfall seiner früheren, durch Psychologien zusammengehaltenen Gestalt, da ist die hohe Empfindlichkeit für Zeichen und ihre Strukturen, da ist der intensive Hang zum Bildlichen, das um jeden Preis ›ganz für sich‹ sprechen soll, da sind die Absagen an Kausalität, an Geschichte, an den geordneten Zusammenhang. Statt dessen sollen die Menschen und Dinge sich gleichsam aus eigener Selbstbestimmung zueinanderfügen, ihrer immanenten Schwerkraft überlassen. Dafür steht die überharmonisierte Szene des Schlusses, wo es dem Erzähler und seiner Frau gelingt, miteinander ins Gespräch zu kommen und wo John Ford, der große Film-Erzähler, darüber wie der alte Lehrer der Religionen wacht.

Ich denke, daß Handke diesen postmodernen Weg etwa bis zur *Stunde der wahren Empfindung* fortgesetzt hat; die Arbeiten, die darauf folgen, scheinen mir von anderen Voraussetzungen auszugehen. Wer aber sein Gespräch mit Herbert Gamper – *Aber ich lebe nur von den Zwischenräumen*[3] – liest, kann immer noch deutlich die postmodernen Ansätze erkennen. Ich brauche das nicht mehr auszuziehen, der Leser kann sich selbst ein Bild machen.

Ich will statt dessen noch einen dritten Autor nennen, der den Einstieg in die Postmoderne in der deutschen Literatur entscheidend mitgeprägt hat. Ich meine Hubert Fichte. Fichte hat ein Projekt ethnographischen Schreibens entwickelt, das die postmodernen Momente einerseits aus dem eigenen autobiographischen Material, andererseits aus dem Material fremder Kulturen herausliest. Schon sein Roman *Die Palette* behandelt diese Materialkonfrontationen in verschiedenen Mischformen, ganz ausgeführt erscheint diese Technik dann in seinem *Versuch über die Pubertät*. Ich habe dieser Anstrengung eine aus-

---

3 Peter Handke: *Aber ich lebe nur von den Zwischenräumen*. Ein Gespräch, geführt von Herbert Gamper. Zürich 1987.

führliche Studie gewidmet, auf die ich verweisen möchte[4], um mich hier kurz fassen zu können.

Auch für Fichte spielen Begriffe wie ›Schnitt‹, ›Bruch‹, ›Auflösung‹ eine zentrale Rolle. Sein romanhafter Versuch beginnt mit einer Sezierszene und entwickelt eine Bildlichkeit, die sowohl als Augenschulung wie als Schulung des Leiblichen verstanden wird. Dabei werden die autobiographischen Entwicklungsphasen immer wieder mit rituellen Initiationsphasen verglichen, wie sie Fichte durch das Studium fremder Kulturen gegenwärtig waren. Das Thema der »Pubertät« eignet sich für solche Überschneidungen ja in besonderem Maß. Die Pubertät ist jener offene Zustand erhöhter Reizbarkeit, Fremdheit und Unentschlossenheit, in dem sich noch keine festen Werte, Handlungsnormen und Glaubensverläßlichkeiten anbieten; es ist der Zustand der Offenheit, der Risse zwischen den Erlebnissen.

Fichte hat diese Offenheit gegenüber gängigen Erklärungsversuchen abgeschirmt; er hat sich weder auf psychoanalytische Modelle noch auf phänomenologische Reduktionen verlassen. Auch in Sprache und Stil hat er mit Brechungen, Schnitten, Überblendungen gearbeitet, um jede Vorstellung einer ›geregelten‹ Subjektformation zu zerstören. Er überläßt es dem Leser, den Raum der verschwenderisch ausgestreuten Assoziationen zu füllen. In all diesen Momenten treffen sich seine Ansätze mit denen von Brinkmann und Handke, so verschieden diese drei Schriftsteller wohl gedacht und gearbeitet haben.

Mir scheint jedenfalls einiges dafür zu sprechen, daß der geschichtliche Ort, an dem der Einstieg der deutschen Literatur in die Postmoderne sich vollzog, jener Ort Ende der sechziger Jahre war, an dem das gesellschaftskritische Konzept der Gruppe 47, das politische der Studentenbewegung und das

---

4 Hanns-Josef Ortheil: *Die allseitige Erregung*. In: *Hubert Fichte. Materialien zu Leben und Werk*. Hrsg. von Thomas Beckermann. Frankfurt/Main 1985, S. 268 ff.

durch Adornos Ästhetik vermittelte der »Kritischen Theorie« an Überzeugungskraft einbüßten. Die Gemeinsamkeit der Ansätze Brinkmanns, Handkes und Fichtes besteht ja darin, daß sie gleichsam ›von vorne‹ begannen, daß sie eine Literatur schrieben, die sich extrem gegen die Zudringlichkeit der Allgemeinbegriffe und der Sprachsysteme zur Wehr setzte.

In den späten sechziger Jahren meldete sich eine junge Generation von Autoren zu Wort, die durch ganz andere Erfahrungen als die der Gruppe 47 geprägt waren. Brinkmann, Handke wie Fichte beziehen sich auf Bild- und Medienerfahrungen; die Einsicht in die Zeichenhaftigkeit der Welt, oft geschärft durch sprachkritische, strukturalistische Ansätze, spielt jetzt die bestimmende Rolle. Themen der Geschichte, der gesellschaftlichen Identitäten, der Rollenabgrenzungen treten in den Hintergrund. Eine (nach der Aufnahme des Modernismus in den fünfziger Jahren) zweite Phase der Aneignung des ›Fremden‹ war erreicht; sie wurde von jenen Autoren gestaltet, die den Krieg nur im Kindesalter und die Restaurationsphase der Nachkriegszeit als Tyrannei der künstlich erneuerten, aber längst unglaubwürdig gewordenen Weltbilder erlebt hatten. Um so schärfer wurde die postmoderne Abgrenzung gegenüber den Zumutungen solcher Einheitssysteme, eine Abgrenzung, die sich zunächst an der Phrasenhaftigkeit von Sprache entzündete, an Rollen- und Denkklischees, wie sie durch den Gebrauch vorgefertigter Erklärungsmuster entstanden waren.

Die siebziger Jahre zeigen dann – besonders in ihrer zweiten Hälfte – eine immer größere Aufgeschlossenheit und Beeinflussung durch postmoderne Anregungen der ausländischen Literatur. Es waren Jahre einer Infiltration durch neue Erzählformen, wie sie italienische Autoren wie Eco oder Calvino, lateinamerikanische wie Borges oder Cortázar, portugiesische wie Pessoa oder tschechische wie Kundera vorgebildet hatten. Durch die Einwirkungen dieser den Modernismus endgültig verabschiedenden Autoren veränderte sich auch die deutsche Literatur. Sie öffnete sich einer ausschweifenden Bildlichkeit, einer Faszination durch das Fremde, einer Art literarischer Kolonialisierung des Bekannten; das Phantastische und Magische, der parodierende Bruch mit vertrauten Stilarten, das ironische Unterlaufen des Szenischen wurden neu entdeckt.

Die postmoderne Literatur, die von so verschiedenen Autoren wie Burger, Hoffer, Späth, Gert Hofmann oder Gerhard Köpf geschaffen wurde, operierte mit den unterschiedlichsten Mischformen. Zentral war das Offenlassen der Schwerpunkte, die Anstrengung, integrierende ›Mitten‹ oder Einheiten zu vermeiden, den Leser selbst an einer Suchanstrengung zu beteiligen, wie es etwa Italo Calvino in seinem Roman *Wenn ein Reisender in einer Winternacht* vorgemacht hatte[5].

Die achtziger Jahre wurden zu einem Jahrzehnt dieses postmodernen Gestus, der so gar nichts gemein hat mit flotter Unverbindlichkeit und Effekthascherei. Es ist der Gestus von Generationen, die den Zusammenbruch von Weltbildern erlebt und die Suche nach einer – gegenüber dem Modernismus – erweiterten Formensprache, einer neuen ›Fülle‹ von Konkretionen gestaltet haben, jener Gestus, den Fernando Pessoa schon ein halbes Jahrhundert früher notierte: »Ich gehöre zu einer Generation, die den Unglauben an den christlichen Glauben geerbt und in sich den Unglauben gegenüber allen anderen Glaubensüberzeugungen hergestellt hat. Unsere Eltern besaßen noch den Impuls des Glaubens und übertrugen ihn vom Christentum auf andere Formen der Illusion. Einige waren Enthusiasten der sozialen Gleichheit, andere nur in die Schönheit verliebt, andere glaubten an die Wissenschaft und ihre Vorzüge, und wieder andere gab es, die dem Christentum stärker verbunden blieben und in Orient und Okzident nach reli-

---

5 Hans Robert Jauß hat diesem Roman eine ausführliche Interpretation gewidmet, die er selbst als »Plädoyer für eine postmoderne Ästhetik« bezeichnet hat. Dies ist um so erstaunlicher, als Jauß noch Anfang der achtziger Jahre – wohl unter dem Einfluß Habermas' – ein entschiedener Gegner der Postmoderne war. Die Durchsetzung des Angstgespensts ›Postmoderne‹ in der Wissenschaft ist ein eigenes Kapitel; leider hat es mit Verhinderungs-Strategien zu tun. (Vgl. Hans Robert Jauß: *Studien zum Epochenwandel der ästhetischen Moderne*. Frankfurt/Main 1989, S. 267ff.)

giösen Formen suchten, mit denen sie das ohne diese Formen hohle Bewußtsein, nur noch am Leben zu sein, beschäftigen können. All das haben wir verloren, all diesen Tröstungen sind wir als Waisenkinder geboren worden.«[6]

6 Fernando Pessoa: *Das Buch der Unruhe*. Aus dem Portugiesischen übersetzt und mit einem Nachwort versehen von Georg Rudolf Lind. Frankfurt/M. 1987, S. 14

3. Die Sprache des Widerstands (1981)

Im Frühjahr 1979 wartete ich in Berlin-Tegel zusammen mit Thomas Beckermann und Klaus Hoffer auf den Abflug einer Maschine nach Frankfurt. Wir standen vor dem Ende einer Lesereise, an der auch der in der DDR lebende Autor Gert Neumann hatte teilnehmen sollen. Neumann war die Ausreisegenehmigung nicht erteilt worden. Seine Texte, die damals unter dem Titel *Die Schuld der Worte*[1] erschienen waren, las einer von uns den Zuhörern vor; die Tonbandaufnahmen von Lesungen des Autors dagegen waren schwer verständlich, ein starkes Rauschen war vor allem zu hören, von dem sich eine zögernd sprechende Stimme nur undeutlich abhob. Neumann fehlte. Wie um dieses Fehlen zu markieren, erreichten uns seine Briefe und Nachrichten an den verschiedenen Stationen der Reise. Wir lasen sie uns vor, wir leiteten Ausschnitte an das Publikum weiter, ein längerer Brief wurde damals in einer Wochenzeitschrift veröffentlicht.

Ich habe das Fehlen Gert Neumanns damals nicht richtig verstanden. Ich hatte es eingeordnet in den erbitterten Streit um den Führungsanspruch der Sprachen, den die Kulturbürokratie der DDR mit ihren Schriftstellern führt. Den politischen Sinn dieses Leseentzugs hatte ich gedeutet und ihn im Sinn der hier im Westen verfügbaren Entrüstung bedauert. Aber – das weiß ich heute – ich hatte nicht deutlich begriffen, warum Neumann uns mit Gruß, Anrede und der Aufforderung zum Gespräch zuvorkam. Heute kann ich sagen, daß mir der Hintersinn seiner entwendeten Sprache verborgen war.

---

1 Gert Neumann, *Die Schuld der Worte*. Frankfurt/M.: S. Fischer 1979.

Dies erscheint mir um so merkwürdiger, als die Annäherung an den Fehlenden damals noch weiter ging. In der bis zum Abflug unseres Flugzeugs verstreichenden Zeit gelang es uns nämlich, mit Neumann zu telefonieren. Dieses Telefonat konnte nur zu einer bestimmten Stunde gelingen, denn Neumann arbeitete während des Tages in einem Betrieb und war nur in der kurzen Arbeitspause zu erreichen. Diese Verlautbarung paßte zweifellos zu denen, die ich damals im Kopf hatte. So hatte ich erfahren, daß Neumann als Traktorist und Schlosser ausgebildet worden war, daß er als seine eigentliche Aufgabe jedoch die des Schriftstellers betrachtete. Er hatte am Literaturinstitut *Johannes R. Becher* in Leipzig studiert, wo er 1969 nach Auseinandersetzungen um den Kurs seines Schreibens exmatrikuliert und aus der SED ausgeschlossen worden war. Er hatte als Schlosser und Handwerker in einem Leipziger Kaufhaus gearbeitet und auch während dieser Tätigkeit die sich selbst gestellte Aufgabe des Schriftstellers ununterbrochen behauptet.

Soweit reichte die Verlautbarung, und soweit begriff ich sie. Als ich damals nur wenige Minuten mit Neumann sprach, fiel es mir schwer, darüber hinauszudenken. Ich hatte das Berichtete im Kopf und hörte mit um so größerem Erstaunen (während es freilich große Mühe kostete, überhaupt ein einziges Wort zu verstehen), daß er mich auf einen Zusammenhang ansprach, der damals für mich eine große Rolle spielte. Neumann nannte den Begriff der »poetischen Heimat«, mit dem ich selbst so etwas wie eine Zentrierung meiner eigenen Arbeiten um eine Utopie beabsichtigt hatte, deren Leuchtkraft sich auf den schwebenden, prinzipiell unabschließbaren, musikalischen Charakter der einzelnen Sätze beziehen sollte. Zum zerstörerischen Rauschen in der Leitung, das mich an Überseegespräche erinnerte, kontrapunktierte dieser Begriff wie ein Signal. Doch verstand ich damals noch immer nicht, daß Neumann mit mir in der Gewißheit über die Bedeutung dieses Begriffs sprach, daß er mich durch ihn aufsuchte, in der Sprache. Ich weiß, daß ich angestrengt in den Hörer horchte und schließlich, um nun doch in all der Unsicherheit zu einem Monolog zurückzufinden, einiges sagte, was auf sein Fehlen Bezug nehmen sollte. In Wahrheit jedoch sprach ich, ohne zu erkennen, daß ich nicht *über*

Neumanns Abwesenheit hätte reden, sondern sie, auf sein Signal eingehend, im Gespräch hätte *beantworten* sollen. Damals reichte ich nur den Hörer weiter – jetzt aber, nach der Lektüre des zweiten Buches von Gert Neumann, das den merkwürdigen Titel *Elf Uhr*[2] trägt und auf dem Umschlagdeckel die Fassade eines Leipziger Kaufhauses zeigt, weiß ich, warum ich Neumann nicht verstand.

Der Titel des Buches bezieht sich auf eine Pausenzeit. Vom 24. Februar 1977 bis zum 27. Februar 1978 machte Neumann zu dieser Zeit seine Aufzeichnungen. Für die tägliche Niederschrift dieser (später überarbeiteten) Notizen mußte er sich jeweils von seiner Arbeit als Schlosser in einem Leipziger Kaufhaus davonstehlen.

So mitgeteilt, schließt sich das Verlautbarungsgerüst an die Meldungen an, die ich vor zwei Jahren im Kopf hatte. In deutlichen Konturen ist es die Geschichte vom Schriftsteller ohne Publikum, vom Verfemten, der der verordneten Kultur widersteht. Bis hierher beinhaltet diese Geschichte noch immer Züge eines westlichen Verständnisses, das sich den »Arbeiter« Neumann nicht ohne Anteilnahme als Opfer vorstellen kann.

Neumanns Buch jedoch belehrte mich über Unterscheidungen, deren Verständnis sich nun freilich am Verständnis seiner Sprache entscheidet und ohne eine gleichsam kontemplative Versenkung in diese Sprache nicht denkbar ist. Abwehrhaltungen zielen an diesem Buch vorbei; seine Handlung ist in einem unermüdlichen Nachdenken verborgen, in der Anstrengung einer Gegenwehr, deren biographischer Hintergrund verschwindet und weggeworfen wird. Um den hohen, außerordentlichen Rang dieses Buches zu treffen, wird man dem Autor folgen müssen, der die Umstände seiner Biographie nicht preisgibt, sondern die sprachliche Not in den Gesetzen einer Poetik verankert.

Daher ist *Elf Uhr* in Neumanns Sätzen, auf deren besonderen Wortsinn ich mich zitierend beziehen muß, »diese Stunde,

---

2 Gert Neumann, *Elf Uhr*. Frankfurt/M.: S. Fischer 1981.

in der jedes Zeichen des Tages Metapher werden will«. Nun ist der Wille, das verordnete Leben zu ertragen, identisch mit dem, es in jedem Zug als Ausdruck einer vernichteten Sprache zu erkennen. Neumann nennt diese Sprache die »poetische«; ihre anvisierte Zukunft soll in jeder Tagesnotiz gleichsam gegen die Apparatur sozialistischer Praxis verteidigt und bewiesen werden. Das »Poetische« ist die den Menschen abgewandte, humane Sinnstruktur ihres Lebens, das Verhinderte also, das in Wahrheit in »allem Geschehen« enthalten ist. Dabei bezeichnet dieser in Neumanns Sprache unaufhörlich leuchtende, immer wieder hochgezeichnete Begriff die Gegensprache zur herrschenden Sprachdiktatur. Denn: die »Diktatur ist eine Interpretation der Welt; sie zerstört die transzendentale Struktur der Welt bei vollem Bewußtsein«.

Neumanns Widerstand ist also einer durch »Sprachhandlungen«. Er selbst sagt nicht »Sprache«, sondern »Sprachhandlungen«, denn als Handelnde *wirkt* die Sprache nach zwei Richtungen: als Gewalt (Kraft) und als Entrückung (an den geheimgehaltenen Ort, an dem die Notizen entstehen). So ins scheinbar aussichtslose Abseits gedrängt, wird die Sprachhandlung zu einem »Wahrheitsdialog«, einem Dialog der utopischen Absicht mit der Banalität der bereits festgesprochenen Zustände. Mag dieser Dialog auch wie eine »Lächerlichkeit« erscheinen; das Lächerliche an ihm straft den Wahrheitsanspruch der verordneten sozialistischen Sprache.

Am sichtbarsten wird diese Versprachlichung, indem Neumann seinen Körper der Sprache preisgibt. Das bezeichnet zugleich den äußersten Verzicht. Der Körper wird zum Instrument, das die Hiebe und Verletzungen auffängt und annimmt. Die Sprache ergreift Besitz von diesem Körper, derart, daß zwei Kräfte um ihn streiten: die Kraft der Gegenwartshandlungen (der Arbeiten, Störungen, Mißverständnisse) und die der poetischen Signale (des Aufbruchs, der Anteilnahme, der Emphase). Beide Kräfte nun nimmt der Körper nicht ungebrochen an; sie legen sich ihm auf, und er ist unter diesem Gewicht ein Wartender, eine Dehnung, eine unbesetzte Stelle, ein Ort der Ereiferung. Erkrankungen, heimtückische, darunter auch solche schwerster Art, melden davon. Der Körper zieht sich in

Starre, in eine oft auffällige Mißgestalt zurück. Die Glieder handeln gegeneinander, Neumanns Körper drückt eine Beschwerde aus.

Zugleich ist die Krankheit eine Gefahr. Sie ist zwar das äußerste Indiz für eine Verstörung, eine Sensibilität, die nichts »Ungeschehenes«, von diesem Körper nicht Erwidertes duldet. Andererseits aber lockt sie mit der Möglichkeit des Rückzugs, der Entrückung ins Private. Doch Neumann ergreift diese Möglichkeit nicht; mit großer Beharrlichkeit hält er an seinen Notizen über die Welt des Kaufhauses fest. Diese Welt ordnet sich nicht, aber sie »bildet« sich zu Räumen verschiedener Sprachen. Die endlosen Gänge und Flure, die Tiefen, die Keller, die Zwischenräume, die Personalgaststätte, die Informationen – all diese Räume beherbergen Sprachen, die Neumanns intensives Horchen aufnimmt, in Beziehung setzt und verwandelt.

Neumann redet »umständlich«, nicht gegenständlich. Er redet gegen das Dröhnen der Kaufhausgeräusche an. Dadurch aber wird ihm der Ort der morgendlichen Notizen zur Zelle, alles in ihrer Nähe droht, wirft ein Auge. Die eroberte Absenz von der Arbeit – für die Dauer der Notizen in der Gaststätte, der Information, den Telefonkabinen, ja zwischen Tür und Gang – bedeutet ja eine unerlaubte Entfernung. Neumann kann sie vor den Arbeitskollegen natürlich nicht verheimlichen. Diesen teilt sich die Kraft seines Einsatzes aber so mit, daß sie sich ihm nahe fühlen. Da – so wissen sie – schreibt einer nicht nur für sich, sondern auch für sie. Das macht sie vorsichtig (distanziert) und auch übermütig (unkend).

Einmal bitten sie ihn, aus seinen Notizen vorzulesen. Die Prüfung beinhaltet viele Aufgaben. Denn ohne Zweifel müssen Neumanns Sätze den Arbeitern fern erscheinen, während seine Gestalt ihnen ja zugewandt ist. Diese Sätze erzählen vom Arbeitsalltag im Moloch sozialistischer Produktion nicht in realistischer, eingängiger Manier. Aber vielleicht lösen sie eben dadurch etwas von den Ansprüchen ein, die auch die Arbeiter an sie stellen. So kann Neumann sich erklären, »...indem ich sagte, daß in meinen Augen eine verständliche Schreibmethode die klare Entwürdigung eines Lesers sei, daß sie ihn ausweglos deuten müsse«. Vor diesen Deutungen aber schreckt auch das Bewußtsein der Arbeitskollegen zurück, das vor der sozialistischen Zurechtweisung einen teils geheimen, teils unausgesprochenen Rest des Widerstands behauptet. »Es sei, jedoch, sagte ich den Männern, selbst der Zensur nicht möglich, die Geschichte der Sätze, die in meinen Augen ethische Figuren auf Figuren zeichne, zu beenden.«

Gewiß, die Geschichte dieser Sätze entzieht sich dem platten Zugriff, weil sie einen mehrräumigen Sinn enthält. Das Geschehen im Kaufhaus wird schon geschildert, eindringlich gemacht zu einem Fluß von Molekülen, die schnell nach den Seiten verschwinden – aber in all diesen Konstellationen lebt *es*, wehrt sich. Neumann läuft dieser Sprachverwirrung nicht hinterher. Er nimmt unruhig Platz in seinen Verstecken, er versenkt sich in die Sprachgitter der Mitteilungen, die sich (auf die meist am Anfang der Notizen auftauchenden Beschwörungsformeln hin) aufrichten und zerfallen. Dazwischen sucht er die »richtige Bezeichnung für die tägliche Komposition/Tag«. Er weiß, daß er sich nicht verwickeln lassen darf. Das bedeutet, die Gegenstände nahe zu halten, die Menschen aber aus einer Distanz zu betrachten, in der ihre Anwesenheit kein zusätzlicher Lärm, sondern Ausdruck ihres Lebens wird. Neumann baut alle gewissenhafte Vorsicht auf, um Verletzungen zu vermeiden. Die nahe Welt steht still zum Denkbild, die täglichen Verrichtungen und Arbeiten schleifen unter seinem Blick nur so dahin, und aus den »Verabredungen«, die Neumann an seine Umgebung fesseln, tritt das Gegensätzliche hervor und wird schwere, den Ballast des Gesehenen abwerfende Sprache.

Schwere und Leichtigkeit – das sind die Pole des Intonierens. Dazwischen wartet ein Versteck, der Ort der täglichen Notizen, bei denen sich – unter den Augen der Entdecker und möglichen Verräter – die Linien knüpfen. Ein Stuhl, eine Parkbank – die Atemstellen, an denen doppelt bewußt wird, wie knapp die Luft geworden ist.

Schon mit der Einnahme dieses unbesetzten Platzes jedoch erscheint das Handeln als Metapher. Neumanns Leben im Kaufhaus *bedeutet* ja nichts, es *ist* zugleich das »Andere«. So muß er das alltägliche Geschehen nicht umschreiben, sondern beim Namen nennen. Darin vor allem vollzieht sich die eigensinnige Sprachabsicht dieses Autors, daß sie die Welt nicht in die metaphorische Sprache hinüberzwingt, sondern sie, in der erkennenden Beschreibung, *als* metaphorische begreift. Der »Prozeß« findet statt, er braucht nicht aus dem Sinngeschehen des Tages herausgelesen zu werden. Die Rückseite der Diktatur ist der Ritus des Verschweigens, des geheim gehaltenen Urteils über den, der sich noch auf freiem Fuß wähnt. »Ich bin ein Ort der Sprache.«

So »erzählt« auch Neumann, die Geschichten der Arbeitskollegen, die Geschichten der Tage (selten vom Abend, der Nacht), aber nicht, indem er sich an Bericht oder Reportage hält. Beides sind literarische Formen des Zuschauers, nicht des Beteiligten. Schon an der Darstellung der Arbeit gehen sie vorbei. Denn Neumann versteht auch seine eigenen Tätigkeiten – Schweißarbeiten, Arbeiten an Türschlössern, eine kaum absehbare Zahl von Reparaturen – nicht als unsinniges Tun. Oft genug erzieht er sich bei diesen Verrichtungen zur Konzentration und wird darüber zum »Arbeiter«.

Von dessen wahrer Gestalt gibt nun freilich die Idee der kollektiven Arbeit, der sozialistischen Produktion, kein überzeugendes Bild. »Sozialismus« – das erscheint als sprichwörtlicher Appell an die Arbeitsinstinkte. Indem der Arbeitsgedanke fetischisiert wird, wird den Arbeitern gerade eine präzise, an ihren Tätigkeiten entwickelte Arbeitsvorstellung genommen. Neumann entwickelt diesen Zwiespalt ganz deutlich, und dadurch ist sein Buch eine Studie über die ethische Komponente der Arbeit. Denn das Kollektiv verordnet einen Arbeitssinn, der durch die am einzelnen Menschen bewirkten Veränderungen, die doch jede Arbeit ausübt, nie bestätigt wird. »Die Arbeit« – das ist immer ein sich ausdehnender Leib, der von einer Materie, dem Stein, dem Glas, dem Stahl, in Spannung gehalten wird. Sie ist Produktion dieser Spannung, aus der das Leben des einzelnen erst seine Konturen und seine soziale Bedeutung erhält. In ihr teilt der Mensch sich am ehesten aus: im Produkt, in der Gestaltung. Von dieser Arbeitsauffassung ist die sozialistische (wie natürlich in anderem Sinn auch die des Westens) ganz verschieden. Sie wittert an der Arbeit nur die ökonomische Befriedigung sozialer Instinkte und gibt diesem ungenügenden Ethos den Überbau gesellschaftlichen Fortschritts.

Neumann wendet den Arbeitsbegriff um: Der Fortschritt wird nur in dem Maß erkennbar, in dem der Arbeiter seine Tätigkeit am Produkt und an sich selbst zugleich vollzieht. Dabei ist Neumann ja – in seltsamer Umkehrung des von der Kulturbürokratie angestrebten Verhältnisses – der Schriftsteller unter den Arbeitern, die sprachmächtige, manchmal auch stolze Korrektur aller Bitterfelder Wege. Diesem Aspekt hat er in seinem ersten Buch, *Die Schuld der Worte*, schon ein zentrales Textstück mit dem Titel *Die Reportagen* gewidmet.

Um über die Absichten der Reportagen hinauszukommen, bedarf es einer Sprache, die sich überprüft und die Worte nicht an die Tatsachen verrät. Neumanns Bücher streifen bei dieser Bemühung die Sprache und den Lebensgestus der Autoren, die am Wegrand genannt werden: Jakob Böhme, Hamann, Kafka. Nun teilt sich Neumanns Nähe zu diesen Autoren auf sonderbare Weise mit. Sie sind nämlich einbezogen in seine Sprache; durch deren intensives Studium wächst dem Leser die Fähigkeit zu, auch diese Autoren wieder genauer zu verstehen. So eng ist Neumanns Gefangenschaft an die seiner Vor-Bilder gebunden, daß sie gleichsam mit jedem Satz das Verständnis für sie neu erobert. Doch Neumann rettet keine Tradition der deutschen Literatur, die er einmal mit einem kurzen Strich von Büchner, Kleist, Hebbel zu Hofmannsthal und Thomas Bernhard verlängert. Rettung und Beschwörung wären angesichts seines Textes Begriffe einer Kultureitelkeit, die schon zu viele Worte im Mund führt. Eher kann man sagen, daß Neumann den Texten dieser Autoren Wahrheit zurückgibt. Er begründet ihren Hintersinn neu. Dabei sind Zitate keine Schlachtfelder der Interpretation, sondern Stätten des Zweifels und der Fragen. Neumanns Anstrengung geht so weit, daß sie die *Gegenwart* dieser Autoren erzeugt. Sein Schreiben kommt einer Aufgabe nahe, die sich der Gegenwartsliteratur in verschärftem Maß stellt: Texten der »Tradition« eine Gegenwart zu geben, in der sie handeln, Sprachhandlungen sind. Das freilich geht weit über ein Traditionsverständnis hinaus, wie es sich etwa in der

Bilderbuchhaltung eines *Treffens in Telgte* niedergeschlagen hat. Neumann porträtiert natürlich nicht, er malt nichts aus; die Sätze der Tradition – wie etwa der Friedrich Hebbels (»Von meiner Poesie hängt mein Ich ab; ist jene ein Irrtum, so bin ich selbst einer.«) – sind immer Sätze, an denen man Neumanns Existenz zu messen bereit ist.

Das knappe Buch *Die Schuld der Worte* entwickelt dabei so etwas wie eine Nomenklatur: *Die Namen, Die Reportagen, Gesang, Poesiebeweis, Pastorale, Aus einem Brief.* Hier werden die gattungsüberschreitenden Begriffe einer Sprachlehre genannt, die auf Formen verzichten muß. Ihr Ziel ist, eingebettet in die großen spiegelbildlichen Dialoge dieser Texte, die Abdankung des nur wirklichen Gesprächs (das stammelt, widerruft, über sich im unklaren bleibt) und das Nennen der Namen im tatsächlichen Gespräch. Nur indem die Sprache zu den Namen (den Einheiten der treffenden Bezeichnungen einer Melodik von Empfinden und Begreifen) vordringt, ist das Ich, dessen zweifellos haltlose Gestalt keine Orientierung erlaubt – vor äußeren Zugriffen bewahrt.

Aus dieser Erkenntnis zieht Neumann die strengsten Konsequenzen: er sucht sich – seinen Körper, seine Gestalt, seinen Alltag – nur da auf, wo sie dem Sprachprozeß dienen. Das Kaufhaus, die Auseinandersetzungen mit den Verlagen der DDR um die Annahme der Manuskripte, der Antrag auf eine Reise nach Frankfurt am Main – das alles skizziert den Hintergrund des »Prozesses« (als Ankündigung des Urteils, als seine Verweigerung, als Vertröstung auf die Zukunft – bei unmerklicher Verhaftung). Darüber hinaus bleibt der private Lebensraum unberücksichtigt.

Elf Uhr ist keine Autobiographie. Gegen deren banale Struktur wehrt sich Neumann entschieden. Groß ist etwa seine Enttäuschung, als er an einem Abend im Radio einen Text Thomas Bernhards »mit eindeutig autobiographischen Bezügen«, die ihn sofort aufschauen lassen, hört: »Dieser Mann hat nun einen autobiographischen Text geschrieben und seine Thematik vollkommen vergessen. Wo ist seine Kraft, seine Autobiographie als Fabel zu lesen: wieso ist er ihr gegenüber plötzlich gläubig?«

Das markiert den Unterschied. In Neumanns Text schwingen Vorgeschichten und freilich zu ahnende weite Vergangenheiten mit, ohne benannt, dadurch materialisiert, in Erscheinung zu treten. Neumanns Sprache ist die des verlorenen Sohnes auf dem Rückweg zum Vater; so fixiert sie die Leerstellen im Heimatwunsch. Dieser Fixierung arbeitet dabei noch der Text eines anderen Autors vor, den Neumann häufig nennt: der Rudolf Bahros.

Bahros Analyse des DDR-Sozialismus wird hier jedoch ganz anders als im Westen gelesen, nicht als methodische Kritik, sondern als Sprache von den Blindheiten, dem Verschwiegenen. Bahros Sprache ist »tonangebend«, sie liefert erst die Worte für das, was viele täglich bemerken. Sie hat also Physis, und ihre nur scheinbare Allgemeinheit wird von denen ausgefüllt und leibhaftig eingenommen, die sich in ihr erkennen. In der Tat ist sie dadurch gefährlich; denn sie hat (mächtig wie alle sensiblen Sprachen in der DDR) keine beschränkte Relevanz. Sie ist durchdringend, Zwiespalt schlagend. Für Neumann ist sie nichts Spektakuläres, sie ist eine Metapher für den Sprachenschatz. In diesem Sinn steht sie seinem Ansatz bei, der oft genug doch so ausweglos erscheint, weil sich um ihn eine Isolation verbreitet, deren konkrete Auswirkungen man kaum erahnen möchte.

Neumann nimmt diese Isolation nicht ohne Selbstverständnis wahr; aufs Äußerste zielend, hat er für sie zwei Gestalten gefunden, die des Skurrilen und die des Märtyrers. Skurrilität erscheint im Hohn der Umwelt, sie bezeichnet den Abstand des Schreibenden von sich selbst (als Merkwürdigkeit). Das Märtyrertum aber wird in einem bedeutsamen Text der *Schuld der Worte* abgewiesen. Dort heißt es, sehr eindringlich: »Der behauptete Terror ist nicht gegenständlich. Freilich gibt es einige Märtyrer, deren Bemühungen... darin bestehen, den Terror gegenständlich zu machen; jedoch für solche Bemühungen gibt es keine Aussicht. Sie sind lächerlich geworden.« Der Grund für diese Lächerlichkeit liegt darin, daß »die Methode der Märtyrer, eine Abwesenheit sichtbar zu machen, von ihren Feinden... erkannt ist«.

Der Anstoß dieses Gedankens mündet in *Elf Uhr*. Dessen

zentrales Thema ist ja die Abwesenheit, das Fehlen. Es ist jenes Thema, dessen einzige Erweiterung die *Antwort* ist. Diese Antwort erst verdrängt den Skurrilen wie den Märtyrer. Sie vergegenständlicht nicht den Terror, aber sie überführt ihn der Machtlosigkeit über die Sprache. Denn sie gibt der Abwesenheit doch einen Ort, den des Gesprächs. Von daher heißt es also: »Ich suchte nach einem Mittel, dich für ein Gespräch zu verpflichten. Ich war sicher, daß wir uns entgegen anders lautenden Voraussetzungen in der Nähe eines *möglichen* Gesprächs befanden, und daß es nur eines solchen, im *wirklichen* Gespräch nicht mehr erlaubten Mittels bedurfte, um ein tatsächliches Gespräch zu beginnen.«

Ja, ich habe das jetzt verstanden. Und das ist mein Ernst.

4. Rede über den Bergbau (1984)

(Anläßlich des Besuchs des Staatsratsvorsitzenden Erich Honecker in der Bundesrepublik Deutschland)

Sehr geehrter Herr Staatsratsvorsitzender, sehr geehrter Herr Bundeskanzler, Exzellenzen, Eminenzen, meine Damen und Herren!

Ihr Besuch in der Bundesrepublik, sehr geehrter Herr Honecker, ist in meinen Augen ein Besuch, der zu den Ursprüngen, den Quellen, den Anfängen zurückführt. Diese Ursprünge haben etwas mit dem Bergbau zu tun, in Deutschland hat sehr viel – auf freilich bisher noch kaum entdeckte und befreite Weise – mit dem Bergbau zu tun. Wie ich Ihrer Autobiographie *Aus meinem Leben* entnehme, wurden Sie am 25. August 1912 in Neunkirchen als Sohn des Bergarbeiters Wilhelm Honecker geboren. Neunkirchen war damals ein Ort mit etwa 35 000 Einwohnern; es gab dort ein Amtsgericht, zwei Berginspektionen, Steinkohlenbergwerke und das Eisenwerk der Gebrüder Stumm. Sie selbst schreiben, Neunkirchen sei ein verrußtes Nest ohne genügend Sonne und Sauerstoff gewesen. Schon diese Einschätzung und Schilderung Ihres Geburtsortes zeigt mir, daß die Anfänge Ihres Denkens und Ihrer bewußten Wahrnehmung durch den Bergbau geprägt wurden, wie auch anders bei einer Familie, die in ihrer Existenz von dieser Arbeit entscheidend abhing. Die ersten Beobachtungen der sozialen Vernetzung der ›alten Welt‹ haben Sie als Kind anhand des Bergbaus betrieben. Sie gehen darauf in Ihrer Biographie ausführlich ein. Sie beklagen den geringen Lohn, den die Bergarbeiter für ihre Schicht unter Tage erhielten, Sie sprechen von der ›kapitalistischen Ausbeutung‹, die in der Hand der Zechenherren ein erschreckendes Ausmaß angenommen habe. Denn in Neunkirchen hatten die Arbeiter (und eine Familie wie die

Ihre) einen Menschen vor Augen, der sie die Schrecken dieses Kapitalismus aufs deutlichste lehrte: den Industriemagnaten Karl Ferdinand Freiherr von Stumm-Halberg, den Besitzer des Stumm-Konzerns, dessen Stammbetrieb, wie Sie ausführen, nicht weit von Ihrem Geburtshaus stand. Stumm untersagte jede gewerkschaftliche Tätigkeit, er belegte die Sozialisten mit Berufsverboten. Der Ort Wiebelskirchen, in dem die Familie Honecker aufwuchs, wählte in Ihrem Geburtsjahr 1912 bei den Reichstagswahlen den sozialdemokratischen Kandidaten mit den meisten Stimmen. Wiebelskirchen wurde im Widerstand gegen den Konzernherrn Stumm ein »rotes Dorf«; von hier gingen Ihre eigenen Aktivitäten aus, die ja keinem anderen Ziel galten, als den Stollen zu graben, den Berg der Stumms, der sich da vor dem Wohnhaus der Familie bedrohlich immer wieder verschloß und die Arbeiter in den Tiefen der Lohnabhängigkeit verschlang, abzugraben. Ihr ganzes weiteres Leben stand unter den Gesetzen dieses ins Aktivistische gehobenen Bergbaus. Heute aber sitzen Sie – vielleicht über die Veränderungen der Geschichte selbst ins Staunen geraten – in einem solchen Berg, ein Stumm, ein Gott, wie Ihre Funktionäre sagen; und wie alle Stumms haben Sie Angst, daß wieder eine neue Schicht von Abhängigen kommen könnte, um ihre Stollen zu graben.

Als ich vor einigen Tagen einen Blick auf das Gebäude des SED-Zentralkomitees am Ost-Berliner Marx-Engels-Platz warf, wußte ich sofort, daß Sie sich hier einen Traum verwirklicht hatten. Dieses Gebäude machte auf mich den Eindruck eines nicht einnehmbaren Berges; verschlossen, abgesondert, ein nach außen unfreundlich wirkender großer Stein, der von unzähligen, meist gleich aussehenden Fenstern weniger belebt als durchbrochen wurde. Die Wege in diesen Stein stehen nur wenigen offen; man muß Kontrollen passieren, wie es sich für Berggänger gehört, zunächst eine Kontrolle am Seiteneingang, dann eine am Haupteingang. Man fährt mit dem Fahrstuhl einige Stockwerke hinauf, kaum tritt man aus der Tür, wird eine erneute Kontrolle gefordert. Schon an der nächsten Ecke des Ganges wartet wiederum ein Offizier, um zu kontrollieren. Der Berg, sehr geehrter Herr Honecker, den Sie bewohnen, ist ein dunkler; sonst könnte es nicht derart aufwendige Versuche geben, die Menschen von ihren Stumms abzuhalten. Auch der Bereich Ihrer privaten Wohnung macht diesen bergartigen, unzugänglichen, geschlossenen Eindruck. Ein Wagen bringt Sie am frühen Morgen aus dem Städtchen in Wandlitz in das Haus des Zentralkomitees; Sie wechseln den Berg, Sie wechseln gleichsam die Stummheit, denn es kommt nicht vor, daß Sie auf diesem Wege mit einem anderen Menschen als Ihrem Fahrer verkehren. Im abgesperrten Wohnquartier von Wandlitz freilich lebt das Stummsche Element in beneidenswerter Lage fort: Dort sind jene Güter zu erhalten, auf die die Masse der Lohnarbeiter in der DDR verzichten muß, dort sind die Versorgungseinrichtungen mit jenen Gegenständen gespickt, mit denen nirgendwo sonst aufgewartet wird. Ich möchte Sie mit weiteren Hinweisen zu diesem Thema nicht langweilen, Sie kennen sich selbst in diesen Quartieren, Verliesen und unter Tage liegenden Bergwerken, in denen die Schätze ruhen, am besten aus.

Lassen Sie mich lieber fragen: Was ist schiefgegangen, welche in die Irre führenden Stollen wurden hier angegraben, und welche Berge wurden verschoben? Dazu muß ich auf die Gesetze des Bergbaus zurückkommen. Der Bergbau dient der Gewinnung von Bodenschätzen. Diese Bodenschätze werden nicht leicht gewonnen, man muß sie aufspüren, aufsuchen, man muß sie erschließen. Der Förderung dieser Schätze folgt die Aufbereitung, bevor uns Produkte zur Verfügung stehen, die den Kreislauf unserer Wirtschaft und unseres Lebens entscheidend bestimmen. Die Reihenfolge dieser ineinander verzahnten Vorgänge mag durcheinandergeraten, ein Raubbau mag begonnen, Tagebau und Tiefbau mögen sich miteinander vermengt haben. Bleiben wir bei letzterem. Wie Ihre Biographie deutlich macht, war die aktivistische Arbeit in den kommunistischen Organisationen durch den Tiefbau bestimmt. Damals, in den Jahren der Weimarer Republik und besonders in denen des Faschismus, konnte es gar nicht anders sein. Der Tiefbau – das bedeutete: geheime Aktionen, Verteilen von Flugblättern, unterirdische Kontakte, ein Netz unter Tage, das einmal ans Licht kommen sollte, um die Menschheit ein wenig mehr an bessere Atemwege zu gewöhnen. Nach dem Krieg jedoch kam es anders. Wie kam das, welche Verwechslungen setzten hier ein? Um im Bild zu bleiben, könnte man sagen, daß Sie im Tiefbau weitermachten, als es längst notwendig gewesen wäre, im Tagebau weiterzumachen. Das Netz der Verbindungen blieb geheim, immer häufiger und immer dichter zogen sich Ihre Funktionäre und Sie selbst in diesen Tiefbau zurück, sperrten Sie die Masse des wartenden Berges zu, vermieden es, Stollen zu graben, Licht hereinzulassen. Heute ist dieser Tiefbau beinahe ganz geschlossen. Die Führer sitzen im Berg und reichen Papier und Beschlüsse weiter; noch immer handeln Sie so, als befänden Sie sich unter Tage, noch immer sind Sie dabei, sich abzusperren, sich zu verriegeln. Das ist – wie ich untertrieben sagen möchte – ungesund; es ist nicht nur ungesund, sondern es macht krank. Dies ist zunächst einmal ein Problem der Sohlen. Sohlen – so nennt man ja wohl jene Bohrstrecken, die die Lagerstätte in der Senkrechten erschließen. Die Sohlen dienen der Wetterführung, die für die Bergleute lebensnotwendig ist. Denn die Bergleute müssen ja ununterbrochen mit Frischluft versorgt, die matte, giftige Luft muß verdünnt, und die hohen Temperaturen unter Tage müssen abgekühlt werden. Dabei gilt, daß die Wetter, wie man bergtechnisch sagt, getrennt zu- und abgeführt werden müssen. Nur so sind die Arbeitsbedingungen für die Arbeiter unter Tage erträglich. Daran aber hapert es. Keine Rede davon, daß die Wetter in richtigem Maße zugeführt würden, kein Anschein von Belebung, Auffrischung, Verdünnung. Die Arbeiter in Ihren Bergwerken, sehr verehrter Herr Honecker, sehnen sich nach Luft, nach Abkühlung, nach Vermischung. Statt dessen beharren die Kontrolleure in Ihren Schächten auf Einatmung der matten, giftigen Luft.

Lassen Sie mich deutlicher werden. Lassen Sie mich in einen anderen Bereich wechseln, um das Thema des Bergbaus zu beleben. Begeben wir uns nach Meuselwitz!

Meuselwitz ist eines der Zentren des sächsischen Bergbaus. Sie sehen, verehrter Herr Honecker, ich grabe einen Stollen, ich versuche, zu neuen Schätzen vorzudringen. Die Geschichte Sachsens war schon immer auf besondere Weise mit dem Bergbau verbunden. In Dresdens »Grünem Gewölbe« finden sich die prunkvollen Bergmannsuniformen, die August der Starke, der Herrscher der Sachsen, trug, um so die Verbundenheit des Landes mit seinen Bergleuten zu betonen. Bergleute nehmen in Sachsen – nicht erst seit den Tagen des einzigen Novalis – eine besondere Stelle unter den Arbeitern ein. In Meuselwitz wurde der Schriftsteller Wolfgang Hilbig geboren. Er wuchs in der Bergarbeiterfamilie seines Großvaters auf. Auch der Schriftsteller Wolfgang Hilbig wurde von dem, was ich den Bergbau nenne, entscheidend geprägt. In seinem Gedichtband *Abwesenheit* gibt es ein großes Gedicht, *das meer in sachsen* betitelt, das davon direkt handelt. »braunkohle mit mehr als fünfzig prozent/wassergehalt wird in sachsen gegraben« ... so beginnt dieses Gedicht. Sie sehen, verehrter Herr Honecker, Wolfgang Hilbig redet nicht nur vom Bergbau, er hat von und in ihm gelebt. Doch hatte er einen anderen Weg eingeschlagen als Sie. Der Schriftsteller Wolfgang Hilbig war zeit seines Lebens damit beschäftigt, Sohlen und Luftschächte zu graben; unablässig war er um die rechte Wetterführung besorgt. Ohne diese Wetter konnte der Schriftsteller Hilbig gar nicht mehr leben, die Luft war knapp genug. Ich möchte die vielen Stellen in Hilbigs Werk nicht aufzählen, die von dieser Luftknappheit handeln. Sie ist ein zentrales Motiv. Hilbig ringt um Luft, er schnappt nach ihr, er taumelt umher, um sich zu beleben. Ich sehe ihn jetzt vor mir, wie er den Berg von Meuselwitz durchquert, wie er ihn hinaufkommt. Ich sehe ihn jetzt vor mir, wie er seinen Geburtsort Meuselwitz in Sachsen zu keinem anderen Zweck durchläuft. »Bevor ich war, waren Mallarmé und Rimbaud in mir«, hat er einmal gesagt. Mallarmé und Rimbaud, sehr verehrter Herr Honecker, das freilich waren Wetterführungen größten, phantastischen Stils. Wolfgang Hilbig hat nicht einfach den Berg gewechselt, er hat ihn umgegraben, Stück für Stück, Zelle für Zelle. Wieder sehe ich ihn vor mir, wie er die Häuser des Bergarbeiterdorfes hinter sich läßt und weitere Ebenen sucht. Das Gelesene, das Zugewetterte, um das er sich unablässig bemüht hat, ist ihm wie ein starker Duft in den Kopf gestiegen, es hat ihn verwandelt, und so ist er nur noch wie ein Wanderer, ein Bohrer, ein Einheizer, zwischen den Räumen von Meuselwitz herumgelaufen und herumgeglüht. Er hat sprechen müssen, er hat anfangen müssen, Litaneien zu schreiben, und er hat alles verbrannt, umkommen lassen, denn er hat weiter Kohle nachgelegt, die Wetter geführt, er hat weiter gelesen. »es ist ruhe doch sachsen/sinnt gottes sonntag zu ändern...« – so heißt es in seinem Gedicht. Sehen Sie, verehrter Herr Honecker, das sind Verse, die man nicht vergessen kann. Sie sind der Mattigkeit und den vergifteten Gasen abgerungen. »ich bin das kind dem erlaubt ist/vom graugrünen meer zu wissen...« – da sehen wir ihn wieder vor uns, den Berg hinaufziehend, die Hände in den Taschen, murmelnd, immer auf die Erfindung Sachsens – Mallarmés, Rimbauds eingedenk – bedacht. »ich weiß das meer kommt wieder nach sachsen/es verschlingt die arche/stürzt den ararat.« Ja, das ist für Wolfgang Hilbig wohl gesichert, daß das Meer wieder nach Sachsen zurückkommt. Das *Meer*, verehrter Herr Honecker, ist das Gegenteil des *Berges*. Nichts fürchtet der Berg so sehr wie das Meer. Das Meer läßt die Höhen, die Spitzen des Berges verschwinden, das Meer deckt zu, es verschwemmt, es macht den höchsten Berg zu einer bemitleidenswerten Geringfügigkeit. Wolfgang Hilbig denkt das Meer, er denkt es so, wie es Sachsen einmal überlagert, wie es sich in den Boden gegraben, wie es sich im Boden abgesetzt, wie es gepreßt, gedrückt, etwas hinterlassen hat. Er sieht den Berg, aber er denkt diesen Berg unter der Perspektive des Meeres. Da kommen die Tagwerke ins Reißen, da öffnen sich die Stollen, da ist plötzlich Luft, da sammelt sich der Durst.

Durst – so ist eines der Prosastücke betitelt, die Wolfgang Hilbig ja nicht ohne Grund geschrieben hat. In diesem Prosastück, das ich besonders liebe, ist von einem süßlichen, kaum zu ertragenden Leichengeruch die Rede, der an den Abenden bei Südwestwind die Stadt ermatten läßt. Man schließt die Fenster, die Türen, man sperrt sich ein, und es wächst der Durst. »Man muß trinken, bis jede Erinnerung an dieses abscheuliche Gas einer trunkenen, schwankenden Gedankenflut Platz macht, die nur noch um das immer schwerer zu durchschauende Treiben im Innern der Wirtsstube kreist. Gelb und grün ist alles, was der Seuche zu wehren vermag, an der gelben, feucht beschlagenen Theke, die hinter Dunstnebeln von Tabakrauch und dicker Atemluft zu verschwinden droht, werden endlose

Serien von Biergläsern abgefüllt, die, einander jagend, auf die Tische wandern, die Tischtücher sind zu Boden gefegt, und auf den nassen Platten gleiten die Gläser eiliger in die geöffneten Hände, viele, viele, gelbe schaumgekrönte Gläser, die sich bald einander zu durchdringen scheinen, daß man sie plötzlich als eine Woge von kühl-bitterem weiß-gelbem Bierschaum gegen sich anrollen sieht...« So wächst also im Durst das Meer, so bäumt es sich auf und bringt es den Berg in Bewegung, rhythmenreich, bohrend. Immer wieder arbeitet sich Wolfgang Hilbig aus den Dunkelheiten der mächtigen, bedrohlichen Berge hervor, sein Schwitzen, Träumen, Wälzen, Bettliegen, sein Verstören und Beginnen sind ganz von dieser Arbeit gezeichnet. Aber er lebt ja in ihr, in dieser Bergwerksarbeit. Ich sehe ihn Blätter auf einem winzigen Tisch hin und her schieben, ich sehe ihn unruhig aufstehen, mitten in der Nacht, um seine inneren Gedichte wieder zu zerreißen. Und ich sehe ihn das Fenster unablässig öffnen und schließen, um die Wetterführung zu gewährleisten. »bevor du einschläfst sprach sie schließ das fenster / in der küche wegen des winds da draußen und ganz / in ihrem duft noch ging ich und dachte nirgendwo / ist eine mütze voll wind.« So beginnt ein anderes Gedicht, unendlich zaghaft und behutsam, ein Wirbelspiel von Wind und Duft, von Sprache, Hören und Augenblick. Der Raum, in dem Wolfgang Hilbig zwischen Meer und Berg lebt, ist ein geballter, gedrängter Raum. Von außen fliegen Wörter unserer Zeit wie Meteore hinein, reißend, aufschlagend. Die Chemie, die Physik, unsere Sprachartikel. Sein hingehaltener Leib könnte unter diesen Gewichten zerspringen, oder er könnte zertrümmert werden. Er aber schiebt sie voran, er bewegt sie und hält sie uns, den Lesern, hin. *Stimme Stimme* – so heißt sein Gedichtband, der nach jahrelangen Verzögerungen und Arbeiten im Tiefbau Ihrer geheimen Kabinette, verehrter Herr Honecker, endlich auch in der DDR erscheinen durfte. Schon der Titel deutet ja an, wie hier einer um Luft ringt, die Wetter wälzt, sich dem Bergbau verschrieb, um das Meer zu erreichen. *die gewichte*, *das erwachen*, *gespaltenes thema* – das sind Überschriften von Gedichten, die sich im Lyrikband *Abwesenheit* finden. »wie lang noch wird unsere abwesenheit geduldet / keiner bemerkt wie schwarz wir angefüllt sind/wie wir in uns selbst verkrochen sind/in unsere schwärze...« – so beginnt das Titelgedicht.

Sie sehen, verehrter Herr Honecker, ich habe versucht, einen Stollen von Wiebelskirchen nach Meuselwitz zu graben. Die Methoden des Bergbaus waren mein Thema. Erst in Meuselwitz sind wir auf einen gestoßen, der die Stumms in Bewegung bringen könnte. Die Stumms schließen sich ab, sie ersticken in den Schwärzen der Berge, sie lassen keine Luft von außen, von oben mehr zu. Folgen Sie dem Beispiel, um das sich Wolfgang Hilbig ja für uns alle bemüht. »Wir fassen die allseitige Entwicklung der Persönlichkeit und eine kulturelle Lebensweise als zwei unlösbar miteinander verbundene Qualitäten auf« – so haben Sie es, verehrter Herr Honecker, in Ihren Erinnerungen etwas trocken und ermattet gesagt. Ich nehme Sie beim Wort. Verändern Sie die Wetterführung, beginnen Sie heute damit, jenen Stollen von Wiebelskirchen nach Meuselwitz zu graben, an dem ich entlangbohrte. Lassen Sie es nicht mehr zu, daß die schwer Atmenden die Fenster unablässig öffnen und schließen müssen, nehmen Sie diesen Augenblicken die Schwärze, lassen Sie Wolfgang Hilbigs Gedicht *das Fenster* in jenem Meer verschwinden, das den Berg abtragen könnte. »finisterre/rah – finisterre/finster das fenster/der wald stürzte ins meer am fenster die/nacht ist der schatten früherer wörter –/ und hier ist die sucht zu sündigen ich sündige –/aber endlich allein – ohne mein volk –/das ist das fenster...«

(Lang anhaltender, nicht endenwollender Applaus. Der Staatsratsvorsitzende öffnet den obersten Knopf seines Hemdes, der Bundeskanzler wischt sich den Schweiß von der Stirn, die Exzellenzen hüsteln, die Damen und Herren schlucken, der Redner dankt.)

5. Das endlose Murmeln (1989)

Michel Foucault und die deutsche Literatur
der Gegenwart

An wenigen, auch stilistisch herausgehobenen und manchmal
geradezu ins Leuchtende versetzten Stellen von Michel Foucaults Hauptwerk der sechziger Jahre *Die Ordnung der Dinge*
(1966) scheint sich das Dickicht der Diskurse einen Spalt zu
öffnen und eine Spur freizugeben: geheimes Erschrecken, fast
ein Zittern vor der Zumutung, diese Spur zur Fährte werden zu
lassen! Höchstens skizziert, mit den Merkmalen einer gewissen
Scheu umstellt, erscheint eine radikale Figur, die sich der Hier-
archien entledigt. Es ist die Figur einer in allen Belangen rück-
sichtslosen Sprache, einer Sprache der Entbindung und Entfes-
selung, Foucault betrachtet sie, als dürfe ihre Beschwörung in
der kompakten Architektur seiner dirigierten Wortmassen keinen Raum gewinnen. Er nennt sie die Figur der ›Literatur‹, und
er datiert ihr Erscheinen auf jenen geschichtlichen Augenblick
des späten achtzehnten Jahrhunderts, in dem die literarischen
Texte aufhören, sich dem jahrhundertealten, untergründig
durch den abendländischen Humanismus geleiteten Anspruch
der Werte zu stellen. Die ›Literatur‹ entschlägt sich der kanoni-
schen Begründung von Geschmack, Urteil, Ebenbild und um-
rissener Gestalt; an der Wende zur Moderne bezieht sie sich
einzig auf sich selbst, entschlackt sie ihre sprachlichen Mittel
der Techniken des Verweisens um einer Ursprünglichkeit willen, in deren Tonlosigkeit die Sprache wieder an ihre Wurzeln
zu geraten scheint. Es ist der Augenblick des Erstarrens, in
dem Hölderlin die Abkehr der Götter elegisch beklagt und in
der Verzweiflung über diese Abkehr der Sprache die äußersten
Gebärden eines nie mehr zu heilenden Bruchs abverlangt.
   Foucault hat diese Moderne zunächst von jenen beiden epo-
chalen Verstrickungen abgehoben, denen *Die Ordnung der*

Dinge gewidmet ist. Anders als der ›repräsentierende‹ Diskurs der Renaissance und anders als der ›bedeutende‹ der Klassik ist der ›autonome‹ »Gegendiskurs« der Literatur nicht mehr in einem Gehäuse von Verständigungsregeln verankert; seine Wendung ist die von Foucault selbst als abrupt dargestellte Rückwendung zu einem »rohen Sein«, zu einer unendlichen Zerstreuung der Zeichen, die durch ihr rätselhaftes, monotones, obstinates und primitives Dasein ein »Wiedererscheinen des lebendigen Seins der Sprache« zu offenbaren scheinen.[1] Um die Tradition dieses Wiedererscheinens anzudeuten, zieht Foucault eine Linie von Hölderlin über Mallarmé zu Artaud; ist sie dadurch als dauerhaft, mächtig und für die Gegenwart unaufhebbar ausgewiesen, so verdanken sich die beständigen Komponenten ihrer Geschichte am ehesten dem Blick auf Mallarmé. In Mallarmés Dichtungen und in seinen sprachphilosophischen Erörterungen erschuf eine Moderne sich ihren Tresor, deren schärfste und eindringlichste Fragen Nietzsche stellte.[2] Daß gerade Mallarmé auf Nietzsche geantwortet und daß sich in seinem Sprechen das »prekäre Sein« der Sprache gleichsam vorbildlich verdichtet habe, begründet jene überraschende, in dieser Prägung nur bei Foucault zu findende Lesart der Moderne, die die französischen und deutschen Interpretationen der geistigen Topographien unserer Zeit ihren geradezu schicksalhaft hingenommenen jeweiligen nationalen Eigentümlichkeiten entreißt. Foucault entfacht daher gerade dort einen Dialog, wo er ganz abwegig erscheint; das ›deutsche Verhängnis‹ Nietzsche wird nicht in seiner Macht, sondern gerade durch seine Ohnmacht zu jener verlockenden Gestalt, der sich in aller Konsequenz nur die in Mallarmés Denken zu sich gekommenen Figuren eines abseitigen, französischen Bildungsstromes stellen. In diesem, noch näher zu beleuchtenden Sinn entwickelt Foucaults Literaturtheorie sich als Gegenlektüre; daß

---

1 Vgl. Michel Foucault: *Die Ordnung der Dinge.* Aus dem Französischen von Ulrich Koppen. stw 96, S. 74–77
2 Vgl. Michel Foucault: *Die Ordnung der Dinge*, a. a. O., S. 367 ff.

diese Gegenlektüre sich inzwischen bewiesen und daß die deutsche Literatur der Gegenwart in ihren avancierten Versuchen Argumente für diesen Beweis bereitgestellt hat, diese auf den ersten Blick vielleicht nicht minder überraschenden Perspektiven will ich im folgenden diskutieren und belegen.

Der Überwältigung, die vom »Gegendiskurs« der Literatur ausgeht, hat Foucault in *Die Ordnung der Dinge* nur an einer Stelle ganz nachgegeben; am Ende des achten Kapitels durchmißt er mit knappen Gesten jenen Raum, der sich seit der romantischen Revolte auftat. Es ist ein Raum der Verschwiegenheit, in der sich die Sprache in einer »völlig auf den reinen Akt des Schreibens bezogenen Form« darstellt. Um diese ›Reinheit‹ zu sichern, kann sie sich der Methoden des Verneinens bedienen (des Skandalösen, Häßlichen, Unmöglichen); sie kann weiterhin in ihrer Rückwendung zu sich selbst die schreibende Subjektivität als ihren einzigen Bestand umkreisen; sie kann drittens die verschiedensten Sprachen der Tradition in einen unendlichen Bezug der Spiegelung versetzen. All diese Linien laufen im Schreibakt zusammen, und es ist Foucaults Darstellung anzumerken, wie intensiv diese Selbsthandlung der Sprache gedacht werden muß: ». . . und so konvergieren all ihre Fäden zu der feinsten – besonderen, augenblicklichen und dennoch absolut universalen – Spitze, zum einfachen Akt des Schreibens. In dem Augenblick, in dem die Sprache als ausgebreitetes Sprechen Gegenstand der Erkenntnis wird, erscheint sie wieder in einer streng entgegengesetzten Modalität: schweigsame, vorsichtige Niederlegung eines Wortes auf das Weiße eines Papiers, wo es weder Laut noch Sprecher geben kann, wo sie nichts anderes mehr zu sagen hat, als sich selbst, nichts anderes zu tun hat, als im Glanz ihres Seins zu glitzern.«[3]

Erscheint dieses Glitzern in *Die Ordnung der Dinge* höchstens als eine feine Spur, so verdankt diese ihr Erscheinen überhaupt den literaturtheoretischen Arbeiten Foucaults aus den sechziger Jahren. In diesen Arbeiten wurde das Funda-

---

3 Michel Foucault: *Die Ordnung der Dinge*, a. a. O., S. 366

ment für ihre Konzeption gelegt; überblickt man ihre Themen, so lassen sie sich – ob es nun um Rousseau, Sade oder Bataille geht – als Vorwände lesen, den Bereich der ›Literatur‹ deutlicher zu bestimmen. Zugleich hat Foucault in diesen Arbeiten den Versuch gewagt, den »Gegendiskurs« intimer mit seinen eigenen Diskursfixierungen zu verbinden.

Liest man also die literaturtheoretischen Arbeiten Foucaults in diesem Sinne als *einen* Text, so erscheinen die Umrisse der ›Literatur‹ deutlicher. Vor den Schreibakt als das einzige und eigentliche Zentrum der Vergewisserung gerückt, werden die traditionellen literarischen Kategorien problematisch. Denn das Schreiben schließt sich ebensowenig zum Werk, wie es als Bewegung der Begrenzung durch die Gestalt des Autors bedarf. Befreit von den Themen des Ausdrucks wie von den Gehäusen der Gattungen, hat das Schreiben einen experimentierenden Charakter; es baut und zerstört sein Gefüge mit jeder Wendung neu. Dieses innere Kreisen, diese unablässige Verschiebung macht für Foucault die »Öffnung eines Raums, in dem das schreibende Subjekt immer wieder verschwindet«, aus.[4] Die ›Abwesenheit‹ des Autors erscheint als Opfer; im leeren Raum der auf sich selbst bezogenen Sprache gilt dieses Opfer der Freisetzung eines nicht mehr zu begrenzenden Sprechens.

Foucault hat die wenigen Mittel, die eingesetzt wurden, um dieses Opfer zu inszenieren, am Beispiel ausgewählter Autoren genauer studiert. All diese Mittel sind in ihrer Schärfe ›Übertretungen‹; sie sorgen für Schnitte innerhalb der sprachlichen Bewegung, für Verwandlungen, ein Stocken oder für die Präsenz des Augenblicks. Sade und Bataille stehen so für die Preisgabe des Sprechens an den Überfluß der sexuellen Bezeichnungen; ›Sexualität‹ ist dadurch jene Lockung, die eine Welt zu verschließen und gleichzeitig durchdringend zu laden fähig ist. Dieser hier strukturell gesehenen Wirkung ist die des Wahn-

---

4 Michel Foucault: *Schriften zur Literatur.* Aus dem Französischen übersetzt von Karin von Hofer, München 1974, S. 11

sinns vergleichbar. In seiner Beziehung zur ›Literatur‹ sieht ihn Foucault daher weniger als Verweigerung denn als »Sinn-Reserve«. Diese Reserve unterscheidet sich vom Vorrat; sie hält, wie es heißt, den Sinn zurück oder in der Schwebe: »Der Wahnsinn erschließt einen Rückhalt voller Lücken, der jenen Hohlraum bezeichnet und sehen läßt, wo Sprache und Wort sich implizieren, sich auseinander herausbilden und nichts anderes besagen als ihre noch stumme Beziehung.«[5]

Neben dem sexuellen und wahnsinnigen Wortgebrauch erscheint als das dritte Mittel der Übertretungen das unterbrochene, aufgehaltene und damit auf sich selbst verwiesene Bekennen, diesem, wie er sagt, aufgehaltenen Selbstgespräch im Zustand des Erstickens, in dessen Charakteristik die beschworene Magie deutlich präludiert wird, wie sie *Die Ordnung der Dinge* wenig später als den reinen Akt des Schreibens zu fassen sucht: »Die Stimme beschwört nicht mehr die Schar aufmerksamer Zuhörer, sondern nur noch das Labyrinth eines Schriftstücks, dessen Botschaft ganz gebunden ist an die stoffliche Dichte der Blätter, auf denen sie steht.«[6]

All diese Mittel erlauben es der ›Literatur‹, sich nach draußen zu bewegen. ›Draußen‹: das ist das nicht mehr fixierbare Abseits, wo die Zeichen auseinandergetrieben werden, wo der Sinn Immanenz annimmt und zur Konstellation der Sprachen wird, wo die behütenden Kategorien der bloßen Betrachtung, die von diesem immanenten Sinn nicht selbst erregt wird, nichts mehr bannen. Foucaults eigenes Vorgehen ist denn auch in sehr typischer Manier dadurch gezeichnet, daß es die Texte nur von innen zu erschließen sucht. Der Interpret übergibt sich den Spannungen, und ihre intensiven Wirkungen hinterlassen ein ganzes Glossar von Begriffen, die um das Zittern, das Erschrecken, das Gewahrwerden kreisen. Eine so körperlich genommene ›Literatur‹ bricht mit jeder traditionellen Rhetorik; die Wörter sind Organe, ein Pulsen oder Vibrieren, und wer

5 Michel Foucault: *Schriften zur Literatur,* a.a.O., S. 126
6 Michel Foucault: *Schriften zur Literatur,* a.a.O., S. 33

sich ihnen nähert, horcht. In diesem Horchen aber wird er zunächst nichts anderes gewahr als den Selbstbezug des Sprechens, innerhalb dessen in der dauernden Überschreitung der Grenzen jene konstruierende Verdoppelung eintritt, die den Selbstbezug zur Selbstaussage macht. Unterhalb dieses Werdens der Sprache, unterhalb ihrer vertikalen Konstruktion jedoch liegt die des ununterbrochenen, sich freisetzenden Begebens; ein endloses Murmeln gegen die Gefährdungen des Lärms, der von den traditionellen Verschränkungen der Sprache herrührt. Das Murmeln beinhaltet die Verweigerung und unterläuft die Diskurse zerstörend: »Es muß ununterbrochen gesprochen werden, so lang und so laut, wie dieser grenzenlose und betäubende Lärm anhält –, es muß länger und lauter gesprochen werden, damit, wenn man die eigene Stimme mit hineinmischen will, es einem vielleicht zwar nicht gelingt, ihn zum Schweigen zu bringen oder ihn zu fassen, so doch wenigstens, um seine Sinnlosigkeit durch jenes endlose Murmeln zu modulieren, das man Literatur nennt.«[7]

Die radikale Version von Autonomie, die Foucault im Blick auf die ›Literatur‹ vorschwebt, mag den Sinn für die Begrenzungen der Diskurse aufs äußerste geschärft haben. Auffällig ist jedenfalls, daß die bereits angedeutete Trias der Übertretungsverfahren in seinen Reflexionen über die Markierung der wissenschaftlichen Diskurse dann eine verborgene Rolle spielt. In der berühmten Antrittsvorlesung am Collège de France im Dezember 1970 erörtert er die drei großen Ausschließungssysteme, die den Diskurs treffen: »das verbotene Wort; die Ausgrenzung des Wahnsinns; der Wille zur Wahrheit.«[8] Diese Ausschließungssysteme beziehen sich auf die Schnittstellen und Wundmale einer zerrütteten ›Literatur‹; treten sie an diesen Schnittstellen – als Aufbietung des Sexus, des Wahnsinns, des Bekennens – gleichsam zerstreuend und organisierend zugleich

---

7 Michel Foucault: *Schriften zur Literatur,* a.a.O., S. 96
8 Michel Foucault: *Die Ordnung des Diskurses.* Übersetzt von Walter Seitter, Berlin/Wien 1977, S. 14

in Erscheinung, so zeigt diese positive Macht andererseits in der Verknappung und Ausrichtung der wissenschaftlichen Diskurse ihre destruierende Seite; in diesem Sinne erhält sich die ›Literatur‹ als umfassende Form des »Gegendiskurses«.

Obwohl Foucault bemüht ist, diesen isolierten »Gegendiskurs« in seiner Originalität zu etablieren, ist doch unverkennbar, woran er sich anlehnt und wer durch ihn getroffen werden soll. Die Figur der radikalen Autonomie ist wie keine andere geeignet, die »humanistischen Ideologien« jener intellektuellen Schulen Frankreichs zu treffen, die in den fünfziger Jahren dominierend waren. Die Trennung vom Einfluß dieser Schulen soll, wie Foucault in einem Gespräch mit Paolo Caruso ausführte, eine endgültige Trennung von der Prostitution eines Denkens sein, das politische Operationen von schädlicher und verderblicher Art ermöglichte. Der christliche wie der existentialistische Humanismus – Teilhard de Chardin wie Sartre und Camus – werden daher als die eigentlichen Provokationen gegenüber einer Sprache der Unbedingtheit verabschiedet.[9]

Um so deutlicher tritt freilich hinter dieser Verabschiedung die Forcierung eines Denkens in Erscheinung, das bereits in den angesprochenen fünfziger Jahren den literaturtheoretischen Entwurf der Abkehr vom Subjekt propagierte. Der Ahnherr dieses Denkens ist Maurice Blanchot, und auf seine Arbeiten bezieht sich Foucault teilweise so direkt, daß es einiger Anstrengungen bedarf, Verwandtschaften und Unterschiede zu kennzeichnen. Blanchots seit 1953 unter dem Titel *Recherches* in der *Nouvelle Revue Française* erschienene Aufsätze behandeln zum einen das Problem einer Vergegenwärtigung der Werkproblematik zu Beginn des zwanzigsten Jahrhunderts; Beispiele für diese ›literarische Frage‹ sind etwa die Romangebirge von Proust, Musil und Broch. Zum anderen akzentuieren sie den Blick auf eine literarische Utopie der Gegenwart vor

---

9 Vgl. Michel Foucault: *Von der Subversion des Wissens.* Hrsg. und aus dem Franz. und Italien. übertragen von Walter Seitter, Frankfurt/Main 1987, S. 22 ff.

allem unter dem Einfluß jenes Autors, der die leitmotivische Frage ›wer spricht?‹ radikaler gestellt hat als alle anderen seiner Zeit. Der Schriftsteller, der in den Erörterungen Blanchots dieser Frage Authentizität verliehen hat, ist Samuel Beckett; aus der Analyse seiner Romane leiten sich jene Erschütterungen her, die bereits bei Blanchot die Abkehr von den Begriffen des Autors und des Werks signalisieren. Beinahe dramatisierend hält Blanchot inne, indem er gewahr wird, daß das Schreiben nicht mehr greifbar scheint: »Weswegen also? Weil er (Beckett) versucht, sich der mitziehenden Bewegung zu entwinden, indem er sich den Anschein gibt, als sei er noch Herr über sie, so daß er, indem er spricht, auch zu sprechen aufhören könnte? Aber ist er es überhaupt, der spricht? Was ist das für eine Leere, die in der Offenheit dessen, der in ihr verschwindet, zu Aussage wird? Wohin ist er gefallen?«[10]

Die Leere, die in der Offenheit dessen, der in ihr verschwindet, zu Aussage wird – von derartigen Anstößen leitet Foucaults Figur der radikalen Autonomie sich her. In den Schriften Blanchots ist jenes Vokabular des Suchens, der Zerstreuung, der anonymen Materien vorgebildet, das auch hier als Erbe einer Moderne gewonnen wird, deren Beginn mit Hölderlin datiert und deren sprachphilosophisches Zentrum in Mallarmé gesehen wird. Die Aufhebung der Gattungsbegriffe, die Lehre vom unendlichen dichterischen Raum, die Erfahrung des Selbstbezugs, die Paradoxie von Bindung und Auflösung im gesprengten Werk – all diese, später von Foucault wieder aufgegriffenen Elemente einer radikalen Poetik hat Blanchot mit der Frische ersten Erstaunens notiert. »Das Werk ist die Erwartung des Werks« – mit derartigen Sätzen entwickelt er Mallarmés Gedanken des ›kommenden Buches‹ weiter. Die Dignität, die Blanchot ihm verleiht, ist nun freilich in der Nähe Blanchots zu einem philosophischen Konzept der Abwesenheit begründet, der Foucaults Fortführungen streng widerstehen. Blan-

---

10 Maurice Blanchot: *Der Gesang der Sirenen.* Essays zur modernen Literatur. Übersetzt von Karl August Horst, Berlin/Wien 1982, S. 286

chot nämlich besetzt den frei werdenden, offenen Raum der dichterischen Sprache über seine immanente Deutung hinaus mit Attributen, die deutlich der Philosophie Heideggers entlehnt sind. Diese Attribute sollen den offenen Raum als einen essentiellen deklarieren. Mit dieser Wendung hin zur ›Wiederkehr‹ eines gleichwohl ausschließlich negativ erschlossenen ›Wesentlichen‹ vollzieht Blanchot eine vorsichtige Annäherung an eine über den Bruch der Moderne mit der Tradition hinausführende Legitimierung zukünftiger dichterischer Sprache. Die kleine Studie *Die wesentliche Einsamkeit* nähert sich Schritt für Schritt diesem Ansinnen. Zunächst ausschließlich reduzierend vorgehend, um die »humanistischen« Versuchungen des individualistisch gedachten Begriffs der Einsamkeit abzustreifen, versucht sie sich am Ende in einer beinahe unmerklichen Kurve hin zur Auffüllung. Da heißt es: »Schreiben heißt, in die Bejahung der Einsamkeit eintreten, wo die Faszination droht; heißt, sich dem Wagnis der Abwesenheit der Zeit ausliefern, wo das ewige Wiederbeginnen waltet... Schreiben heißt, ...durch das Wort in Verbindung mit der absoluten Sphäre bleiben...«[11]

Die unüberhörbare Heideggersche Färbung dieser Gedanken, die dem, was Blanchot ›Einsamkeit‹ nennt, deutlich Tiefe verleihen soll, taucht indessen schon bei Blanchots jungem Schüler Roland Barthes nicht mehr auf. Barthes' literaturtheoretisches Werk *Am Nullpunkt der Literatur*, von Blanchot als eines »jener seltenen Bücher, in denen die Zukunft der Literatur sich abzeichnet«, emphatisch gewürdigt[12], reinigt im Blick auf die ›Schreibweise‹ die Erwägungen des Meisters von allen spätphänomenologischen Schlacken. Die Perspektiven ebenso wie die historischen Wertungen sind dieselben wie diejenigen Blanchots; aber nun erscheint der Schnitt, mit dem die Moderne sich für immer von den traditionellen Schreibweisen los-

11 Maurice Blanchot: *Die wesentliche Einsamkeit*. Übersetzt von Gerd Henniger. Berlin 1984, S. 31
12 Maurice Blanchot: *Der Gesang der Sirenen*, a.a.O., S. 279

sagt und als dessen vollziehender Priester wie als dessen Opfer wiederum Mallarmé erscheint, nicht ohne Pointierung als Einsamkeit, die Unschuld bezeugt. ›Leere‹, Sprache ohne Widerhall, der kurze einzigartige Akt des Schreibens, der die Zusammenhänge der Sprache zerspringen läßt – all diese Charakterisierungen knüpfen an Blanchot an; um so deutlicher hält Barthes vor Blanchots durch Heidegger inspirierter »Vertiefung« des Dichterischen inne. Zusammenfassend heißt es, hörbar kühler als bei Blanchot: »Die typographische Agraphie Mallarmés will um die spärlich gesetzten Wörter eine Zone der Leere schaffen, in der die von ihren sozialen und schuldig gewordenen Harmonien befreiten Wörter endlich nicht mehr widerhallen. Die Vokabel, von dem tauben Gestein der üblichen Klischees und den Reflexen des Schriftstellers befreit, verliert dann völlig jede Verantwortung für alle möglichen Textzusammenhänge, sie nähert sich einem kurzen einzigartigen Akt, dessen Stumpfheit Einsamkeit, das heißt Unschuld bezeugt.«[13]

Diese, durch Barthes variierte Fassung von Blanchots Theoremen wird von Foucault übernommen und radikalisiert; noch weitaus schärfer als Barthes entzieht er der Figur der Abwesenheit jede Vertiefung. Anstatt die Heideggersche Prägung dieser Figur durch Blanchot zu übernehmen, bezieht Foucault sie auf einen Nietzsche, der aller Heideggerschen Gewänder entkleidet wird. Es ist der Nietzsche, der *Menschliches, Allzumenschliches, Die fröhliche Wissenschaft* und *Zur Genealogie der Moral* schrieb; Foucault versteht ihn als jenen Denker, der das Verständnis für die Strukturfragen ›Wer spricht? Was spricht?‹ erst geweckt und damit den Blick auf die Bedingungen der Diskurse gerichtet habe. In diesem Sinn holt Foucaults Bruch mit Nietzsches deutscher Wirkungsgeschichte dessen Denken gleichsam heim in die durch Blanchot und Barthes inaugurierte Theorie der ›Literatur‹. Daher heißt

---

13 Roland Barthes: *Am Nullpunkt der Literatur*. Aus dem Französischen von Helmut Scheffel. Frankfurt/M. 1982, S. 87/88

es an einer denkwürdigen Stelle von *Die Ordnung der Dinge*:
»Während Nietzsche bis zum Schluß die Frage nach dem, was spricht, durchhält, wobei er letzten Endes bereit ist, selbst in das Innere dieser Befragung einzubrechen, um sich in sich selbst als sprechendem und fragendem Subjekt zu begründen: *Ecce homo*, hört Mallarmé nicht auf, sich mit seiner eigenen Sprache auszulöschen, so daß er nur noch als Ausführender in einer reinen Zeremonie des Buches darin vorkommen will, in dem der Diskurs sich aus sich selbst zusammensetzte.«[14]

Man braucht nicht lange zu überlegen, um zu begreifen, warum diese deutsch-französische Konfiguration von scheinbar miteinander unvereinbaren Momenten, zu der Foucault seine Konzeption von ›Literatur‹ hinbewegte, lange Zeit in Deutschland nicht verstanden werden konnte. Annäherungen an die durch Heidegger inspirierte Literaturtheorie Blanchots finden sich zunächst nur in den poetischen Erwägungen Paul Celans; seine Büchner-Preis-Rede greift in der Thematisierung einer »radikale(n) In-Frage-Stellung der Kunst« auf Mallarmé zurück, deutet den abseitigen Ort der Kunst als den Raum eines »ganz Anderen« jedoch zugleich auch als jenen Ort, in dem das »Geheimnis der Begegnung« stattfinde.[15] Celan – sowieso eher ein Einzelgänger – versuchte wie Blanchot, den offenen Raum der ekstatischen Schrift als Raum des Dialogischen zu erhalten. Dadurch konnte auch er sich auf jene Heidegger-Konzeptionen des ›wesentlichen Gesprächs‹ beziehen, die Heidegger den Dichtungen Hölderlins interpretatorisch entlehnt zu haben glaubte.

Derartige Konstellationen deutscher Nachkriegsliteratur in den späten fünfziger Jahren waren jedoch Ausnahmen, und noch ein Jahrzehnt später war ein Verständnis von Foucaults noch weitaus kühnerer Dramaturgie von ›Literatur‹ vor allem durch einen noch kaum gebrochenen Humanismus erschwert.

---

14 Michel Foucault: *Die Ordnung der Dinge,* a.a.O., S. 370
15 Paul Celan: *Ausgewählte Gedichte.* Zwei Reden. Nachwort von Beda Allemann. es 262. Frankfurt/Main 1970, S. 133 ff.

Dessen Nachkriegsvariante, wie sie etwa in den Arbeiten führender Schriftsteller der Gruppe 47 (Böll, Grass) propagiert wurde, kam ohne Berührungen mit den neuen literarischen Traditionen Frankreichs aus, und dort, wo zumindest der sich von Sartre herleitende Existentialismus aufgenommen wurde, erhoben sich in Deutschland gleichsam in Sartres Namen die Stimmen gegen Foucault. In diesem Sinn hat etwa Jean Améry, der als einer der ersten deutschen Schriftsteller auf Foucault aufmerksam wurde, seine Einwände vorgetragen. Hielten diese sich anfänglich noch an der angeblichen Nietzsche-Gefolgschaft Foucaults auf, so wurden sie später immer grundsätzlicher. Améry hat Foucault als den »gefährlichste(n) Gegen-Aufklärer, der seit den Tagen der lumières die Bühne des französischen Geistes verdunkelt und in abgründige Wirrnis gestürzt hat«, porträtiert.[16] Er wirft ihm formal Unzulänglichkeiten der Begriffe, Quasi-Definitionen, spekulative Denkfiguren und inhaltlich die Liquidierung einer Geschichtsphilosophie des Fortschritts und der progressiven Humanisierung vor; die intellektuellen Waffen, die Améry für die Auseinandersetzung mit Foucault empfiehlt, sind die der »analytischen Vernunft«.[17] Amérys scharfe Kritik ist insofern ein Sonderfall deutscher Reaktion, als in ihr Postulate der französischen Aufklärung gegen den Franzosen Foucault in Schutz genommen werden. Sie ist aber symptomatisch dadurch, daß die Foucaultsche Konstruktion der Diskurse auf ein Konzept des pessimistischen Irrationalismus gebracht wird. Améry wittert im Hintergrund eine fatale Nähe zu Momenten der deutschen Bildungsgeschichte; anstatt jedoch die Neuartigkeit dieser Spuren zu erkennen und zu erforschen, läßt er sie in den alten Gleisen eines Ideologieverdachts münden. Dieser Verdacht bringt Foucault mit Spengler und Nietzsche zusammen[18]; er ist gerade

16 Jean Améry: *Der integrale Humanismus.* Zwischen Philosophie und Literatur. Aufsätze und Kritiken eines Lesers 1966–1978. Hrsg. und mit einem Nachwort versehen von Helmut Heißenbüttel. Stuttgart 1985, S. 53
17 Jean Améry: *Der integrale Humanismus,* a. a. O., S. 63
18 Jean Améry: *Der integrale Humanismus,* a. a. O., S. 238

durch dieses fundamentale Mißverständnis Ausdruck einer anfänglich spezifisch deutschen Verweigerung.

Da diese Verweigerung aber am Ende der sechziger Jahre noch andere Ursachen als die von Améry diagnostizierten hatte, bedarf sie mit dem Blick auf die damaligen Konstellationen von Ästhetik, Literaturtheorie und Literatur in Deutschland noch einiger zusätzlicher Erläuterungen. Soweit nämlich die literaturtheoretischen Reflexionen in diesem Jahrzehnt überhaupt von ernstzunehmenden ästhetischen Begründungen gestreift wurden, standen sie unter dem beherrschenden, für die literarische Praxis allerdings folgenlosen Einfluß der Ästhetik Adornos. In deren Gebäude findet man nun ebenfalls eine autonome Figur der ›Literatur‹, die der von Foucault konzipierten vergleichbar scheint. Adorno datiert, darin Walter Benjamin folgend, den Beginn der literarischen Moderne mit Baudelaire und Poe; deren Signum ist die Dissonanz. Bezogen auf das einzelne Werk, sträubt sich diese Dissonanz gegen den traditionellen Sinnzusammenhang seiner einzelnen Momente; bezogen auf die Stellung des Werks zur Gesellschaft, erscheint sie nicht nur als das Stigma eines Sich-Entziehens, sondern zugleich als der sensibelste Ausdruck gesellschaftlicher Entfremdung. Die Mimesis, die die Moderne kennzeichnet, ist eine, die sich an das Verhärtete und Entfremdete anlehnt; dieser zentrale Impuls erweckt den Eindruck von Abstraktion und Sprödigkeit. Andererseits sind die »Male der Zerrüttung«, indem sie das gesellschaftlich Erfahrene dokumentieren, gerade »das Echtheitssiegel« von Authentizität.[19] So gesehen, erscheinen die »Chiffren der Moderne« in ihrer Versenkung ins Einzelne herausfordernden provokativen Erstarrung als »absolut gewordene, ihrer selbst vergessene Zeichen«[20]. Damit offenbaren die Werke der Moderne in ihren Rissen und Sprüngen die Kraft eines Widerspruchs, der sich in einer Totalität indirekter Rede

---

19 Vgl. Theodor W. Adorno: *Ästhetische Theorie*. Frankfurt/M. 1973, stw 2, S. 39/40

20 Vgl. Theodor W. Adorno: *Ästhetische Theorie*, a. a. O., S. 147

ausspricht, die das empirisch sich Aufdrängende abstößt und verschmäht. Moderne ist daher nach Adorno die an extremen Erfahrungen, vor allem denen des Leides, sich aufrichtende Gegenwelt, die in der Abstoßung des gesellschaftlich konkret Gewordenen das Urteil über das untergründig gleichwohl Erfahrene und Absorbierte fällt.

Darin, daß Adorno die Figuren der Moderne als absolut gewordene, ihrer selbst vergessene Zeichen sah, traf er sich mit Foucault; im Hintergrund dieser Bestimmung taucht auch bei ihm Mallarmé auf, und der literarische Gewährsmann für die Gegenwart ist auch hier Beckett. Dennoch unterscheiden sich beide Konzepte von Autonomie fundamental. Denn in Adornos Denken wird die Autonomie dialektisch erfaßt, während sie bei Foucault eine radikale Komponente erhält. Antwortet Adornos Symposion der Moderne auf Hegel, so das Foucaults auf Nietzsche; figurieren die erstarrten literarischen Zeichen bei Adorno gerade in ihrer Vereinzelung und immanenten Besonderung etwas Allgemeines und horten sie damit zumindest indirekt das gesellschaftliche Sein, so entwerfen sie bei Foucault einen Raum im völligen Abseits von allen noch so umwegig gedachten gesellschaftlichen Erfahrungen. Gerade die Beziehung von Besonderem und Allgemeinem, durch die sich für Adorno die Kunst überhaupt im Rahmen philosophischen Denkens erfassen läßt, wird bei Foucault mit schroffen Gebärden durchschnitten. So heißt es bei Adorno: »Die Wechselwirkung von Allgemeinem und Besonderem, die in den Kunstwerken bewußtlos sich zuträgt, und welche die Ästhetik zum Bewußtsein zu erheben hat, ist die wahre Nötigung einer dialektischen Ansicht von Kunst.«[21]

Diesem, an einem von idealistischen Zumutungen befreiten Hegel orientierten Credo wäre Foucault nicht gefolgt. In seiner Konzeption vermag das interpretierende Bewußtsein die Werke nicht in einem begrifflichen, ihnen fernen Kontext zu bergen. Die Entfremdung gegenüber dem gesellschaftlichen

---

21 Theodor W. Adorno: *Ästhetische Theorie,* a.a.O., S. 270

Sein ist auch von einer noch so konzisen, sich anschmiegenden Dialektik nicht zu retten. Im Gegenteil: In Foucaults Konzeption ist diese Entfremdung derart radikal, daß ihre Sprache völlig tonlos, offen und unheilbar gebrochen erscheint. Die literarischen Mittel der Übertretung des gesellschaftlichen Diskurses – das verbotene Wort, die Immanenz des Wahnsinns, die Enthüllung des Bekennens – erscheinen daher anarchisch. Diese anarchische Zuspitzung trennt Foucaults autonome Figur der Literatur zutiefst von der Adornos.

Unvermeidlich verkürzend, kann man also feststellen, daß sich der Raum für Foucaults anarchische Figur von Literatur in Deutschland erst öffnen konnte, als der beherrschende Einfluß von Adornos ästhetischer Theorie nachließ. Dies war nicht zufällig Mitte der siebziger Jahre zu einem Zeitpunkt der Fall, als auch in Deutschland die Neubewertung Nietzsches einsetzte. Gleichzeitig war die Ära einer sich auf politische Praxis beziehenden und mit dem Blick auf die Umformulierung gesellschaftlicher Diskurse gerichteten Literatur vorbei. Die jungen Autoren, die den von Foucault eröffneten Raum zu besetzen begannen, hatten die Abdankung des sich engagiert gebenden Späthumanismus ebenso vollzogen wie die einer von angelsächsischen und amerikanischen Vorbildern bezogenen, sich provokativ gebenden Spontaneität (Brinkmann, Handke). Erst Mitte der siebziger Jahre hatte sich die deutsche Literatur von ihrem Nachkriegsstadium befreit; hier war der Ort für den Foucaultschen Funken, der Ort für die Gebärden einer ins Literarische, den Stoff versenkten Anarchie, die keiner zur Schau gestellten oder deklamierten Äußerlichkeit mehr bedurfte.

Die Sprache im Abseits, die Grenzen des Verbots, der Wahnsinn, die Thematisierung des Schreibens als Selbsterhaltung des »Gegendiskurses« – nirgendwo tauchen diese Foucaultschen Figuren deutlicher auf als in den ersten Büchern von Botho Strauß. Bereits die Erzählung *Die Widmung* radikalisiert die Bewegungen der Gestalten in einem erstickten Abseits. Die Individuation der sich bekennenden Hauptfigur hat mit ›Einsamkeit‹ nichts mehr gemein; die Spuren, die sie nach einer Trennung zieht, sind die Spuren der Sprache, nicht die einer psychologisierten Seele. Das Schreiben, der ›Schrieb‹, ist eine einzige Sprachbewegung, die die Demaskierung des Schreibenden in einen tonlosen Raum versetzt, in dem die Zeichen entfremdet aufstrahlen und sich sofort weiterbewegen: »Schrieb eben mit besonderer Pflege für einzelne Buchstaben. Während ich viele Buchstaben fast unterdrückte oder übersprang, graphierte ich andere mit Lust. Meine Lieblinge ließ ich in sich abschweifen, bis sie nach etwas aussahen. Ein entkürztes ›e‹ wie ein vom Wind gelöster Halstuchknoten. Ein Entkürztes ›s‹ wie ein Zirkusdompteur, der die Peitsche schwingt.«[22] In diesem ›endlosen Murmeln‹ ist kein Widerhall des Verstehens: »Schwer fiele es mir, als Partner den selbstlosen Deuter, den Analytiker anzuerkennen. Ich liege ihm gewissermaßen nur Modell, insofern er aus meinem Gegurgel das abstrakte Werk seiner Menschenkenntnis formt, von dem ich selber recht wenig zu Gesicht bekomme. Vergeblich höre ich auf Antwort aus der Tiefe des Ohrs... Wir haben ein Verlangen nach dem Anti-Ohr, und das ist: der Mund des Verführers/Versuchers, der uns einredet, wer wir sind.«[23]

Die Verrückung, die hier in der Sprache geschieht und den Fluß der Darstellung sich unaufhörlich stauen läßt, hat höchstens die Zeichen der Verrücktheit; in Wahrheit artikuliert sich die Manie einer ›Verinnerung‹, das ohne den Leser und ohne die Antwort auskommende Schreiben, das die in seiner Folge sich aufbauenden Gestalten zertrennt.

Die Poetik dieses Zusammenhangs findet sich in dem ›Schrieb‹ betitelten Abschnitt in Botho Strauß' *Paare, Passanten*. Sie umfaßt nicht zufällig die Trennung von der lange empfundenen Vorbildlichkeit Adornos (der viel belächelte Satz »Ohne Dialektik denken wir auf Anhieb dümmer; aber es muß sein: ohne sie!« ist später meist zitiert worden, ohne daß erkannt worden wäre, was mit Wendungen wie »auf Anhieb«, »es muß sein...« bezeichnet wurde) ebenso wie die Aufnahme Nietzsches in das Terrain des »umwälzende(n), den ganzen

22 Botho Strauß: *Die Widmung*. München 1980, dtv 6300, S. 69
23 Botho Strauß: *Die Widmung,* a. a. O., S. 76

Schreiber mitreißenden Schreiben(s)«. In deutlicher Umkreisung des durch Foucault bezeichneten Kosmos wird das Schreiben seiner Funktionen entkleidet: »Es schafft ein tiefes Zuhaus
und ein tiefes Exil, da in der Sprache zu sein.« Und: »Daß ihm
der Text nicht die einzige Flamme ist, in der alles übrige verlan-
gende Gesträuch auflodernd verginge, wird ihm oft genug zur
strengen Qual. Er will Text sein und weiter nichts...«

Foucaults radikale Modalität des Schreibens – »schweigsame, vorsichtige Niederlegung eines Wortes auf das Weiße
eines Papiers, wo es weder Laut noch Sprecher geben kann, wo
sie nichts anderes mehr zu sagen hat als sich selbst« – hier kehrt
sie wieder: »Man schreibt nicht über etwas, man schreibt *es* ...
Das Schreiben deutet die Sachlage des Fehlens. Alles fehlt, wo
der Buchstabe ist... Das Zeichen selbst hat auch eine Physis,
die Schrift ist auch Zeichnung, ist – halbwegs, verschrumpelt –
ein Ding, schmaler Aufstrich, ein Hauch von Materie,
Schmuck und Sekret.«[24] Mit Verstand werden die Zeugen her-
beizitiert; Octavio Paz' an Foucault angelehnter Satz »Literatur beginnt, wenn einer sich fragt: wer spricht in mir, wenn ich
spreche?« ist ebenso zur Stelle wie Valerys Diktum »Anonymität wäre die paradoxe Bedingung, die ein Tyrann des Geistes
der literarischen Kunst auferlegen sollte.«

Erst hier, mit diesen poetologischen Zeichen, antwortet die
deutsche Literatur der Gegenwart auf Foucault, erst hier
konnte sein literaturtheoretisches Denken einen gewissen
Raum besetzen. Innerhalb dieses Raumes ließen sich vielerlei
Figuren denken; ihr Gemeinsames haben sie in den immer wieder unterbrochenen, durchschnittenen oder auch kreisenden
monologischen Verfahren der Vergewisserung. Dieser Monolog setzt den Sprechenden einer frei schwebenden Orientie-
rungsqual aus (»Es ist ein ständiges zwischen allen Möglichkeiten eines menschlichen Kopfes Denken und zwischen allen
Möglichkeiten eines menschlichen Hirns Empfinden und zwischen allen Möglichkeiten eines menschlichen Charakters

24 Botho Strauß: *Paare, Passanten*. München 1981, S. 101/102

Hinundhergezogenwerden...«[25]); er zwingt ihn, immer tiefer in die Perspektivik seiner aufgebrochenen Subjektivität hinabzublicken (»Plötzlich – aber vielleicht vorbereitet durch langsam zur Oberfläche geschwemmtes Material – entdeckte ich, daß alle meine Versuche bisher nur eine Bewegung verrieten: zurückzufinden in frühere Schichten.«[26]). Die Gestalten, die dabei entstehen, wirken wie überscharf konturierte Schemen, wie grell ausgemalte Leuchtimpulse vor einem schwarzen, beinahe tonlos bleibenden Hintergrund. Denn aus diesem Hintergrund dringen nur noch ein Kratzen, ein Rumoren, ein Scharren, Fetzen von Lärm; über dieses Rauschen legen sich die monologischen Versenkungen, sie nehmen es auf, variieren es, versuchen, es ins Abseits zu führen. Wie durch eine nicht zu deutende Detonation erscheint alles zersprengt; nichts bewegt sich aufeinander zu, kein Puzzle ist noch zu vollenden.

Mit der inflationären Anwendung des Begriffs des »Subversiven« hat sich die feuilletonistische Kritik diesem ›Einbruch‹ zu stellen versucht. ›Subversion‹: das sollte die Magie der Verschlossenheit, das Postulat des abseitigen Schreibens, aber auch das anarchische Festhalten an seinem Schrecken bezeichnen. Vielleicht hatte diese Bezeichnung nirgendwo mehr recht als in der jüngeren DDR-Literatur. Deren geheime Bibel, Gert Neumanns Umformulierung des autobiographischen Schreibakts in *Elf Uhr*, sammelt um die Betriebs- und Arbeitswirklichkeit der DDR jene Sprachfiguren, die Neumann in einem Gespräch als die Figuren der ›Klandestinität‹ bezeichnet hat. Dort heißt es:»Denn es ist erstaunlich, wie sehr ein bestimmtes Denken abhanden gekommen ist: ›Ob zwar die Vernunft nur schreiet: Schrift und Buchstabe her! so ist doch der äußere Buchstabe allein nicht genug zur Erkenntnis, wiewohl er Anleiter des Grundes ist.‹ sagt Jacob Böhme, der vom ›lebendigen‹ Buchstaben sprechen kann, weil er weiß, wovon er spricht.

25 Thomas Bernhard: *Gehen*. Frankfurt/Main 1971, S. 5
26 Hubert Fichte: *Versuch über die Pubertät*. Frankfurt/Main 1976, Ft 1749, S. 5

Vom lebendigen Buchstaben, der gelesen werden muß. Dazu ist es tatsächlich hoch an der Zeit. Die Dinge sind, wenn wir über sie sprechen, nur noch über den äußeren Buchstaben zu begreifen. Das sind sie allerdings nicht, wenn wir es gelernt haben, diese Sprache zu *schweigen*. Mit solchen Fragen beschäftigt sich die Klandestinität; im Text und in der Praxis.«[27]

Neumann verweist auf seine Orientierung am französischen Denken, und es macht doppelten Sinn, wenn er dem deutschen noch immer eine gewisse Beweglichkeit abspricht. Die ›Klandestinität‹ ist in ihrem Sprechen eine Sprache des verbotenen Worts und des Bekennens. Schon zu Beginn von *Elf Uhr* begegnet sie in ihrer spezifischen Würde; die Bewegungen der Gestalten werden an der Bewegung, die die poetische Sprache von ihrem Handeln noch ergreifen kann, gemessen. Untergründig diskutiert der Text sein Entstehen und sucht nach seiner eigenen Rechtfertigung. Bis ins Unheimliche verschränkt erscheinen die ›Leiber‹ der Menschen und die der Sprachfiguren. Der ›subversive‹, klandestine Ton ist der einer sich im poetischen Werden artikulierenden Befreiung: »Ich dachte, in einer fast vollkommenen Freiheit des Denkens, während meine Hände Schlösser öffneten und Federn in ihnen auswechselten und Fett verteilten, daß durch mich eine Sprache zu erlernen sei, an der ich schon einmal teilzunehmen glaubte; deren Zeichen aber nicht Wörter oder Sätze seien, obwohl sie sie, notwendig, benötigten, sondern deren Zeichen die genauen poetischen Pendants dieser Formen seien, die sich, aus Liebe, zu erkennbaren Figuren zusammengeschlossen hätten... Und unfähig, das erste Denken, außerhalb einer Sprachhandlung, zu erhalten, erreichten mich alle Qualen der Banalität, so daß ihr endgültiger Verschluß aller Zukunft zu wirken begann. Ich sah, noch, umher, und ging dann in den Keller, in die Werkstatt, und traf dort A., der mit meinem Eintreten rasch von den Stühlen aufgestanden war, auf denen er, auf den Ellbogen gestützt, gelegen hatte

---

27 In: *Sprache & Antwort.* Stimmen und Texte einer anderen Literatur aus der DDR. Hrsg. von Egmont Hesse, Frankfurt/Main 1988, S. 139

und ein Vormittagshörspiel anhörte. Ich hörte, mit gesenktem Blick jedes Interesse an dieser Enthüllung niederschlagend, auf die Stimmen der Sprecher, wie sie die hochmütigen Sätze über das Leben bedenkenlos mit Atem füllten; und sah A., in vieler Hinsicht schuldbewußt, aber dennoch mit gerichtetem Ohr weiter auf das Hörspiel achten. Aus seinen, gedeckten, Gebärden lernte ich etwas über den Zustand der Finsternis...«[28]

28 Gert Neumann: *Elf Uhr*. Frankfurt/Main 1981, S. 8/9

6. Wozu schweigt die junge deutsche Literatur? (1988)

Es ist still um die junge deutsche Literatur. Nur die wenigen Eingeweihten kennen Namen von Autorinnen und Autoren, die heute zwischen dreißig und vierzig Jahre alt sind, also den Jahrgängen 1948–1958 angehören. Normal wäre es, wenn sie jetzt ›an der Reihe‹ wären. Das literarische Leben dieser Republik hat nichts nötiger als Innovationen, es droht, hinter den spanischen Wänden, die teilweise mitleidsvoll, teilweise unpassioniert vor den Sitzecken der Etablierten aufgestellt worden sind, zu verkümmern. Woher rührt der Stillstand, woher kommt das seltsam belassene Schweigen um den Nachwuchs, der sich längst lautstark zu Wort gemeldet haben müßte? Sind hier Nachsicht oder Faulheit am Werk? Oder schweigt die junge deutsche Literatur selbst zu den Themen, die Politik und Kultur beschäftigen? Hat sie sich in ein ästhetisches Niemandsland zurückgezogen, wie ihr häufig vorgeworfen wird? Verfügen die Talente von heute nicht mehr über die visionäre Kraft, poetische Verfahren neu zu gestalten? Haben sie resigniert? Oder werden ihre Arbeiten mißverstanden, an überholten Kategorien gemessen? Ich will versuchen, einige dieser Fragen anhand markanter Beispiele wenigstens knapp zu beantworten.

Entwicklungen in den anderen Künsten

Schon auf den ersten Blick fällt auf, daß in den anderen Künsten mehr Bewegung ist. Die Selbstdarstellung westdeutscher Kultur im Ausland hat inzwischen fast ausschließlich die Malerei übernommen; hier ist seit den frühen achtziger Jahren ein neuer Stil, hier sind neue Tendenzen erkennbar, die deutlich an die vorfaschistischen Traditionen des Expressionismus und der neuen Sachlichkeit anknüpfen. Künstler wie Baselitz, Lüpertz, Penck, Kiefer und andere haben diese Entwicklung bestimmt, die in der Londoner Ausstellung des Jahres 1986 *German Art in the Twentieth Century* auch einem breiten internationalen Publikum sichtbar gemacht werden konnte. Kennzeichnend für diese Entwicklung war der erneute Rückgriff auf spezifisch deutsche Themen und Mythologien, eine Suche nach neuer Ausdruckskraft und Bildlichkeit, nach eruptiver Gestaltung von Phantasien, nach leidenschaftlich erscheinender Auseinandersetzung mit längst ritualisierten Vorstellungskomplexen. Die Umkreisung des stets vorherrschenden Schreckens rief Ahnungen darüber wach, wie unbestimmt, verworren, schizophren gespalten die Gehalte der deutschen Kultur sich vierzig Jahre nach Kriegsende präsentieren.

Ähnlich stellt sich inzwischen die Situation des deutschen Films dar. Eine neue Generation versucht, in der Epoche nach Kluge, Fassbinder, Herzog und Wenders, ein Lebensgefühl zu entdecken, das sich von dem der teils bewunderten, teils strikt abgelehnten Vorbilder elementar unterscheidet. Man ist sich zwar weitgehend einig darüber, daß diese Vorbilder einen hohen Standard geschaffen und mit der Produktionsform des ›Autorenfilms‹ Maßstäbe gesetzt haben; andererseits scheint vielen aber der Hang zum deutsch-morbiden, oft narzißtisch überzogenen Sentimentalismus als überholt. Gesucht wird eine neue Leichtigkeit, ein unbekümmerterer Umgang mit Themen und Existenzen, mehr Direktheit, Lebendigkeit, Frische. Roland Richter hält den letzten Herzog-Film für »einfach schlecht gemacht und beschissen«, der letzte Schlöndorff erscheint ihm »schrecklich«; für Nina Grosse ist – trotz der Bewunderung für die Arbeiten von Wim Wenders – deutlich, daß dieser große Regisseur sich immer mehr in eine »Sackgasse« zu manövrieren scheint. Andere junge Filmemacher dagegen (wie Nico Hofmann) ärgern sich darüber, daß der als notwendig empfundene Abstand zu den Älteren von vielen ihrer Kollegen durch ein protziges Jungavantgarde-Bewußtsein markiert wird; ähnlich meint Pia Frankenberg, daß unter »all den tränendrüsig-furchtbaren Filmen der siebziger Jahre« doch einige (wie etwa die von Alexander Kluge) waren, an die man anknüpfen könnte.

Deutlich erkennbar ist dennoch, daß das Material und die Aufgabenstellung für die Zukunft aus deutlichen Absetzbewegungen vom Klima dieses letzten Jahrzehnts bezogen werden. Im grob gerasterten Blick erscheint die Vergangenheit grau, selten spontan, wie ein Film aus matten Reprisen; dagegen setzt man mehr Unbekümmertheit, den Umgang mit Satire, Ironie, Formen der Selbstdarstellung, die einer vagen Indifferenz entgegenlaufen.

Die neue Malerei und der neue Film beginnen, das kulturelle Bild der achtziger Jahre entscheidend zu prägen; die Musik steht dem nicht nach. Allen anderen Komponisten voran belebt hier Wolfgang Rihm einen Avantgardismus, der Motive von Artaud und solche des frühen Konstruktivismus zu einer selbständigen Sprache zu amalgamieren versucht. Die Debatten unter den jungen Komponisten kreisen um die Frage nach einer neuen Tonalität, nach der Rückkehr zu neoromantischen Techniken, nach der Wiederbelebung der durch die italienische Oper des neunzehnten Jahrhunderts geprägten Traditionen. Auch hier hat längst eine Entwicklung eingesetzt; es ist die Zeit nach der durch Adornos philosophische Musiktheorie untermauerten Gläubigkeit an die Theoreme der ›Wiener Schule‹, ein Überprüfen atonaler und serieller Mittel, oft auch eine eher unbekümmerte Rückwendung zu Melodie und Harmonik.

All diesen Tendenzen gegenüber ist die neue Literatur ins Hintertreffen geraten. Sie hat damit einen ersten Tribut an ein Zeitalter gezahlt, in dem Bild und Ton, Sehen und Hören, in dem sinnliche Erfahrungen insgesamt eine größere Rolle als die Sprache spielen. Scheu, oft bescheiden, manchmal auch resigniert scheinen sich die jungen Literaten darzustellen. Sie haben sich noch keine Öffentlichkeit gewonnen. Liegt das allein an ihrer Unfähigkeit? Oder ist nicht der literarische Betrieb inzwischen selbst so erstarrt, daß er neue Impulse kaum noch aufzunehmen vermag? Fehlen also der neuen Literatur (anders als etwa der Malerei, die auf einen regen, sprunghaft gewachsenen Verbreitungsapparat setzen kann) nicht auch die Fürsprecher, Interpreten und Vermittler?

Ich unterscheide interne und externe Gründe für die Probleme, die sich jungen Literaten heutzutage im literarischen Betrieb stellen.

Intern betrachtet, leidet der literarische Betrieb gegenwärtig unter einer kaum noch zu überbietenden Behäbigkeit und Unbeweglichkeit. Eine Erneuerung der Lager der Kritik wie ihrer Maßstäbe hat ebensowenig stattgefunden wie eine Erneuerung von Konzepten, der Literatur wieder einen Platz im öffentlichen Leben zu verschaffen. Die Szenen siechen vor sich hin, pflegen Vorlieben und begründen diese mit ebenso abgeschotteten wie unreflektierten Geschmacksurteilen. Verlorengegangen sind Neugier, Entdeckerfreude, ja das Vertrauen zur Funktion von Literatur überhaupt. Manchmal sehnt man sich bereits nach den theoretischen Diskussionen vergangener Jahrzehnte, mochten sie am Ende auch in noch so ausgetretenen Bahnen verlaufen sein. Sie waren immerhin noch besser als die gegenwärtige Stimmung totaler Ignoranz, hinter der sich Lustlosigkeit, Faulheit und die matte Ergebenheit an das Bestehende verbergen.

Ein Großteil von Schuld an dieser Misere trifft die literarische Kritik. Sie hat es sich in den letzten Jahren zu leicht gemacht. Es kann ja keine Rede davon sein, daß nicht längst junge Autorinnen und Autoren mit respektablen Werken Anspruch auf größere Aufmerksamkeit angemeldet hätten; vielfach waren sie gerade noch mit ihren Debütarbeiten von Interesse, das zweite oder dritte Buch verfiel oft bereits der Gleichgültigkeit.

Ich will zwei aktuelle, kennzeichnende Beispiele für die Beschäftigung mit der deutschen Gegenwartsliteratur nennen. Zum einen hat der in den USA lehrende Literaturwissenschaftler und Literaturkritiker Peter Demetz unter dem Titel *Fette Jahre, magere Jahre. Deutschsprachige Literatur von 1965 bis 1985* in diesem Jahr eine Darstellung von Tendenzen der deutschen Gegenwartsliteratur vorgelegt. Man mag dem Buch zugute halten, daß es zunächst für ein amerikanisches Publikum konzipiert war (und 1986 bereits in einem amerikanischen Verlag erschienen ist). Dennoch ist die Gewichtung, die Demetz in diesem Werk vornimmt, für die deutsche Literaturkritik symptomatisch.

Demetz porträtiert in seiner Darstellung vor allem die großen, längst bekannten Autoren der Nachkriegszeit (Celan, Weiss, Grass, Böll, Frisch, Johnson u. a.). Der Blick in die achtziger Jahre wird höchstens dort noch angestrengt, wo in den siebziger Jahren in den Vordergrund getretene Schriftsteller (wie Bernhard, Handke, Strauß) mit ihren neuesten Arbeiten vorgestellt werden. Ein knappes Kapitel über die literarischen Entwicklungen seit 1967/68 (Studentenbewegung, Frauenliteratur, ›Psychoboom‹) hat etwas über zwanzig Seiten. Die neuere deutsche Literatur endet bei Kroetz, Handke, Strauß und Heiner Müller. Das Werk, das sich dem Anspruch stellen müßte, dem Aktuellsten auf der Spur zu sein, gerät statt dessen zu einer rückwärtsgewandten Literaturgeschichtsschreibung.

Ähnlich und noch schmerzlicher fällt dieser Mangel bei einem Band auf, den Heinz Ludwig Arnold soeben in der Reihe »edition text + kritik« vorgelegt hat. *Bestandsaufnahme Gegenwartsliteratur* lautet der gewichtige Titel. Sein Herausgeber erhofft sich von ihm eine (mehr als wünschenswerte) »Literaturdebatte«; trotz der im Anschluß an einen Titel von Jürgen Habermas diagnostizierten ›neuen Unübersichtlichkeit‹ soll vor allem ein Blick in die Zukunft gewagt werden. Entschlossen weist Arnold dafür in seiner »Vorbemerkung« den Weg. Dort heißt es: »Man sollte wieder mehr und mutiger vorausblickend phantasieren und auf der Grundlage von Erfahrung und Erkenntnis, die man doch hat, spekulieren.«

Statt diese Hoffnungen zu erfüllen, beweist der Band jedoch nur, wie gemütlich sich die deutsche Literaturkritik vor den stereotyp gepflegten Ikonen einiger anerkannter Schriftsteller eingerichtet hat. Die Progressivität, die sie immer wieder von den jungen Autoren einklagt, hat sie selbst längst aufgegeben. Nur in wenigen Fällen sieht man über das Abfertigungsgeschäft der aktuellen Tageskritik hinaus und widmet den Nachkommenden eingehende Porträts. So werden, obwohl der westdeutschen Literatur sechzehn von den insgesamt vierundzwanzig Beiträgen gewidmet sind, keine neuen Konturen erkennbar. Anstatt sich, wie Arnold es gefordert hatte, dem gegenwärtigen und zukünftigen Pensum zu stellen, werden hier vor allem die alten Hüte von gestern noch einmal umgewendet. Geradezu hilflos stehen die Autoren den neuen Themen gegenüber; die meisten jedoch pflegen rückwärtsgewandte Perspektiven mit einem sturen Trotz, der von einer, wie Hegel es genannt hatte, bloß »abstrakten« Entgegensetzung von Vergangenheit und Gegenwart lebt. Dabei bedeutet ›Gegenwart‹ allemal einen Verlust. Umwertungen, Veränderungen, Wandlungen im kulturellen Bewußtsein werden dadurch nicht sichtbar.

Detlev Claussen etwa verteidigt Marcuses Angriffe auf die »affirmative Kultur« gegen den »Geist der theoretischen Boutique«, der sich in der Gegenwart breitmachen soll. Nun sind Marcuses Aufsätze gewiß wie kaum andere geeignet, als hellsichtige Prophezeiungen auf Tendenzen, die Beliebigkeit und Oberflächlichkeit propagieren, gelesen zu werden. Das Fundament jedoch, auf das sie sich stützen, ist das eines vom deutschen Idealismus ererbten Kulturbegriffs; in den achtziger Jahren ist dieser Begriff auf vielen Gebieten erschüttert oder neu interpretiert worden. Diese Versuche sind zunächst einmal ernst zu nehmen und vorzustellen; jede ›Debatte‹ bleibt blaß, wenn sie ein angeblich reflektiertes Gestern dogmatisch einem rasch abqualifizierten Heute entgegensetzt.

Nicht besser ergeht es einem mit Heinrich Vormwegs Beitrag. Das Thema, das er sich gestellt hat, ist gewiß sehr aktuell, fragt er doch danach, ob es auch in der Literatur Zeichen einer »Wende« – analog zum konservativen Umschwung in der Politik – gegeben habe. Die Wende wird für Vormweg dadurch sichtbar, daß traditionelle Schreibweisen gegenüber experimentellen die Vormachtstellung zurückerobert haben sollen. Vormweg greift bei dieser Diagnose auf eine Vorstellung von experimenteller Literatur zurück, die er aus den sechziger Jahren bezogen hat; selbst die Wandlungen im experimentellen Sektor (wenn man denn will von Helmut Heißenbüttel bis zu Brigitte Kronauer), die er immerhin andeutet, sind ihm keine längeren Überlegungen wert. Der stereotyp benutzte Begriff des »Traditionellen« verhindert Einsichten darüber, warum gerade jüngere Autoren wieder reflektierter und teilweise kunstvoll mit Traditionsrückgriffen arbeiten. Jeder gut informierte Beobachter wird die deutlichen Fortschritte gegenüber dem diffusen Klima der siebziger Jahre bestätigen; in alter Manier konstruierte Gegensätze wie die zwischen »Tradition« und »Experiment« fassen derartige Fortschritte nicht mehr.

Wo also Analysen auf den Feldern von Lyrik, Prosa und Dramatik dringend notwendig wären, zahlt man die längst geschrumpften Kapitalien von gestern mit verblichenen Münzen aus. Die Problematik von Gedichten nach Auschwitz, die Berührungspunkte zwischen Literatur und Studentenbewegung, die ›Väterliteratur‹ der siebziger Jahre, Veränderungen in »Männer-« und »Frauenliteratur« – das alles sind inzwischen Themen der Literaturgeschichtsschreibung, die in diesem Band zudem noch in teilweise längst publizierten Beiträgen lustlos abgehandelt werden. Die neuen Tendenzen in der westdeutschen Literatur der achtziger Jahre kommen in ihm (mit Ausnahme des wichtigen Beitrags von Klaus Schöning »Konturen der Akustischen Kunst«) nicht vor, weil hier mit den ästhetischen Kategorien der sechziger Jahre eine unbelehrte Nachhut statt einer galoppierenden Theorieavantgarde daherschleicht. Es bleibt der Eindruck, daß zu sorglos, wohl auch zu schnell konzipiert wurde (von dieser Kritik sind die restlichen acht Beiträge des Bandes zu den anderen deutschsprachigen Literaturen ausdrücklich auszunehmen).

Diese Beobachtungen werfen ein Licht auf den literarischen Betrieb insgesamt. Er hat sich einer Hektik des Rezensierens, einer manischen Beurteilungsmaschinerie unterworfen, die der Teilnahme am Entwicklungsprozeß junger Autoren keinen Raum mehr läßt. Talente werden wie Sportler in Klagenfurt und anderswo in die Arenen gehetzt, um die Tagespresse zu füllen. Studien, die geeignet wären, die literarische Praxis eines Autors einmal im Detail vorzustellen, haben Seltenheitswert (als Beispiele nenne ich hier das *Porträt des Lyrikers Uwe Kolbe* von Uwe Wittstock in der *Neuen Rundschau Heft 2/1988* und einen Aufsatz von Rolf Michaelis über *Bild und Begriff der Heimat bei Franz Böni* in *manuskripte 99/1988*).

Daß viele junge Autoren darüber hinaus mit den Methoden

der gegenwärtigen Literaturkritik unzufrieden sind, ist kein Geheimnis mehr. Viele haben den Eindruck, hier organisiere ein Zirkus ein Spektakel, zu dem sie nur noch als Statisten für Stichworte geladen sind. Zugeben will ich andererseits, daß die Empfindlichkeiten gegenüber der feuilletonistischen Kritik manchmal zu groß zu sein scheinen. Gerade die jungen Autoren sollten sich angewöhnen, vor deren Urteil nicht zu kuschen; wenn man in 08/15-Manier abgefertigt wird, muß man nicht auch noch dankbar dafür sein. Die meisten erwarten von dieser Kritik vielleicht auch zuviel. Es macht keinen Sinn, die Tageskritik der Zeitungen an Maßstäben (wie denen der romantischen Kunstkritik) zu messen, denen sich selbst ein gutwilliger Kritiker nur in wochenlanger Arbeit an einem Text stellen könnte. Die Kritik ist ein schnellebiges Handwerk, das den Markt höchstens flüchtig sortiert; jeder weiß, daß sie mit Schnellschüssen arbeitet und niemals frei ist von Vorurteilen, von lange angestautem Verdruß und von gravitätisch daherkommender Rechthaberei. Jedes Jahr wird ihr Abgesang gesungen, und doch stürzen sich gerade diejenigen zuerst auf eine neue Besprechung, denen diese Melodien nur allzuvertraut sind. Die jungen Autoren brauchen die Kritik, zweifellos haben sie eine bessere als die gegenwärtige verdient.

Ich kann diese Gedankengänge hier nicht weiter vertiefen, obwohl es wichtig wäre, die Mängel einmal konkret zu benennen (konkret, ohne einer Methodik das Wort zu reden, in deren Korsett sich sowieso niemand zwängen lassen mag). Um aber zumindest anzudeuten, was die jungen Autoren von der Kritik erwarten könnten, will ich zwei Passagen aus einem Gespräch zitieren, das Michel Foucault einmal mit Christian Delacampagne geführt hat. Foucault wendet sich dort zunächst gegen den Übereifer der Kritik, um jeden Preis zu richten:

»Ich weiß nicht, ob das Publikum wirklich erwartet, daß der Kritiker über die Werke oder die Autoren sein Urteil fällt. Die Richter gab es wohl schon, bevor noch das Publikum hat sagen können, wozu es Lust hat. Courbet soll einen Freund gehabt haben, der nachts aufwachte und schrie: ›Richten, ich will richten.‹ Kaum zu glauben, wie scharf die Leute darauf sind zu richten. Überall und partout wird gerichtet. Wahrscheinlich handelt es sich hier um eines der einfachsten Dinge, wozu die Menschheit imstande ist. Wie Sie wissen, wird der letzte Mensch, wenn endlich eine letzte Strahlung seinen letzten Feind zu Asche gemacht haben wird, einen wackeligen Tisch nehmen, sich dahinterstellen und beginnen, dem Verantwortlichen den Prozeß zu machen.«

Natürlich erscheint diese Perspektive übertrieben. Eine Kritik ohne Urteil (das sie dem Richtspruch niemals entziehen kann) wäre nichts als unverbindlich. Fraglich ist aber doch, ob die Perspektive des Richtens, des Verteilens von guten und schlechten Noten, die Kritik wirklich von vornherein so einengen müßte, wie sie es gegenwärtig tut. Oft überwiegt daher der Eindruck, der Kritiker werde statt von Wißbegierde von der Befindlichkeit seiner Synapsen bestimmt. Foucault malt beschwörend (und – zugegeben – ein wenig hochgestimmt) das Bild einer anderen Kritik:

»Ich kann nicht umhin, an eine Kritik zu denken, die nicht versuchte zu richten, sondern die einem Werk, einem Buch, einem Satz, einer Idee zur Wirklichkeit verhilft; sie würde Fackeln anzünden, das Gras wachsen sehen, dem Winde zuhören und den Schaum im Fluge auffangen und wirbeln lassen. Sie häuft nicht Urteil auf Urteil, sondern sie sammelt möglichst viele Existenzzeichen; sie würde sie herbeirufen, sie aus ihrem Schlaf rütteln. Mitunter würde sie sie erfinden? Um so besser, um so besser. Die Kritik durch Richtspruch langweilt mich; ich möchte eine Kritik mit Funken der Fantasie. Sie wäre nicht souverän, noch in roter Robe. Sie wäre geladen mit den Blitzen aller Gewitter des Denkbaren.« (Zitiert nach: *Von der Freundschaft. Michel Foucault im Gespräch.* Merve Verlag Berlin)

Was Foucault hier emphatisch andeutet, ist eine Kritik, die die Werke gleichsam dramatisiert und ihnen ein öffentliches Leben abgewinnt, eine ›progressive‹ Kritik, die Spannungen, nicht ›Absichten‹ in den Werken zu einem Gegenstand eines eigenen, phantasievoll komponierten Textes macht, eine Kritik,

die die Werke in die Auseinandersetzungen der Kultur hinein-
liest.

Dazu fehlt – neben eigens dafür entwickelten Techniken – in
der Bundesrepublik gegenwärtig auch ein geeignetes Organ,
das der Kritik Raum genug böte, sich zu entfalten. Was man
sich in den USA, England und Frankreich leistet, will hier nicht
gelingen; noch vor kurzem ist das lang angekündigte Projekt
der *Süddeutschen Zeitung*, sich eine regelmäßige Literaturbei-
lage (mit eigener Redaktion) zu leisten, kläglich gescheitert. So
mögen Geflügelhändler, Kleingärtner und Brieftaubenzüchter
weiterhin mit Zeitungen und Zeitschriften versorgt werden, die
deutsche Literatur steht ohne ein ihr angemessenes Rezen-
sionsorgan da, das neben der Kritik auch Platz für das Porträt,
die Glosse, den Essay bereithalten würde.

Intern gesehen ist also der literarische Betrieb gegenwärtig
nicht offen, phantasievoll und durchsetzungsfähig genug, um
die junge deutsche Literatur zu fördern. Extern betrachtet hat
die belletristische Literatur es schwer, sich auf dem Buchmarkt
noch zu behaupten. Der Trend zum Sachbuch herrscht vor,
Ratgeber und vor allem Studien populär-psychologischer Art
behandeln Themen, die in früheren Jahrzehnten noch exklu-
sive Themen der Belletristik waren. Die Belletristik insgesamt
beherrscht die öffentlichen Dispute inzwischen weit weniger als
in den Zeiten, in denen die Bücher von Grass, Johnson und
Böll noch Streitfälle mit kulturpolitischem Ausmaß waren.

Dies hat zunächst damit zu tun, daß die gesellschaftlichen,
kulturellen Fronten, die früher eine derartige Aufmerksamkeit
provozierten, inzwischen abgebaut sind. Im Bereich der reli-
giösen, ethischen, der normativen Fragen also sind Erstarrun-
gen aufgelöst, Tabus abgebaut, Traditionen gelockert worden.
Der kulturelle Disput erscheint heute in seinen Formen
entspannt; ein sicheres Indiz für diese Entspannung ist die
Tatsache, daß ›Provokationen‹ früherer Machart nicht mehr
gelingen wollen; sie geraten sofort zur angestrengten Pose und
greifen nicht mehr.

Es ist also falsch, der jungen Literatur vorzuwerfen, sie errei-
che nicht mehr die öffentliche Repräsentanz, wie sie Autoren
in früheren Jahrzehnten noch erreichten. Der kulturelle Wan-

del hat eine Entkrampfung gesellschaftlicher Kontroversen bewirkt, die eine solche Repräsentanz nicht mehr zuläßt. In der ›nachrevolutionären‹ Phase hat ein immenses Wachstum neuer kultureller Angebote dazu geführt, die Literatur zu einem meinungsbildenden Medium neben anderen zu machen. Sie kann keine Führungsrolle mehr beanspruchen, sie muß sich im technologischen Zeitalter gegenüber Fernsehen, Film und anderen Medien mit veränderten, auf diese Medien bezogenen Mitteln behaupten.

Auch das Lesepublikum hat sich entscheidend verändert. Die Leser sind informierter, ihre Wahrnehmungsformen vielfältiger geschult. Eine universelle, vor allem durch Bilder geschulte Zeichensprache ist tief im Bewußtsein und in den unbewußten Schichten fragmentarischer Wahrnehmung verankert. Dadurch sind Leser heutzutage geprägt; sie erwarten mehr von der Literatur als früher, Beschreibungen, Psychologisierungen in konventioneller Machart erscheinen schnell als rückständig und überholt. Der ausgereizte Geschmack, die empfindlich gewordene Nervosität unserer Tage verlangen neue Darstellungstechniken.

All diesen (hier nur skizzierten) Anforderungen gegenüber hat die zur Literaturmarke gewordene Spezies »Neue deutsche Literatur« einen schweren Stand. Ihr Ruf ist schlecht; die meisten Leser empfinden sie als langweilig, unattraktiv, verstaubt. Man weicht zur ausländischen Literatur aus, lateinamerikanische, italienische Autoren geben den Ton an, Milan Kunderas *Die unerträgliche Leichtigkeit des Seins* ist – noch verstärkt seit seiner Verfilmung – zu einem großen Bucherfolg geworden. Mit dem Etikett ›deutsch‹ verbindet man noch immer Schwerfälligkeit, müde Depressivität, Unbeweglichkeit.

So läßt sich, extern gesehen, festhalten, daß die junge deutsche Literatur es gegenwärtig mit Blockaden zu tun hat, die ihre Wirkungsabsicht von vornherein begrenzen; die Ansprüche, die an sie gestellt werden, sind oft überhöht und heuchlerisch zugleich. Sie muß Terrain zurückgewinnen. Von der Begrenzung ihrer Wirkungsabsicht kann ihr Ausdruckswille nicht betroffen sein. Deshalb ist nun zu fragen, wie es um diesen steht. Mucken die jungen Autoren nirgends auf, melden sie nirgends ihre Ansprüche an? Schweigen sie wirklich so fatal, wie man glauben machen will, und versuchen sie nirgends, das Etikett von der faden deutschen Literatur zu zerkratzen?

Ausblick ohne Überblick

Natürlich ›schweigen‹ die jungen deutschen Literaten nicht, sie schweigen nur zu den Themen, die früher im Mittelpunkt des öffentlichen Gespräches standen. Viele empfinden die Rolle des Groß-Intellektuellen, der sich zu allen nur denkbaren kulturellen Streitfragen wie der vom Finger des wesentlichen Existierens erleuchtete Adam äußert, als Zumutung. Auf diese Rollenzumutung antworten sie noch mit Vorsicht. Es ist eine Vorsicht, die sich gegen vieles wehrt: gegen das Selbstverständliche von Traditionen, gegen die Zugehörigkeit zu Schulen und Gruppen, gegen die Versuche, unter einem einheitsstiftenden Prädikat versammelt zu werden. Die jungen deutschen Literaten setzen auf Unabhängigkeit, auf einen Individualismus, der sich von den literarischen Strömungen nach 1945 ebenso absetzt wie von den Befangenheiten einer falsch beibehaltenen 68er Mentalität. Viele haben das Gefühl, in einer *Zeit der Transformationen* zu leben. Wie die Rolle der Literatur neu definiert werden muß, so auch die Handhabung der literarischen Gattungen. Nichts ist bereits gegeben, man steht an einem Anfang oder, wenn man es pointieren will, in einem luftleeren Raum. Das wird nicht als Klage verstanden, es ist ein Fazit, das Chancen eröffnet.

Es würde keine Mühe machen, hier vierzig bis fünfzig Autoren zu nennen, die inzwischen mit mehreren bemerkenswerten, teilweise viel zu gering geschätzten Arbeiten hervorgetreten sind. Sie zu einem ›Trend‹, einer Stillage zusammenzufassen, würde auf jeden Fall mißlingen. Die meisten haben längst eine eigene Poetik entwickelt, die sich mit der von Kollegen kaum noch vergleichen läßt. Es herrscht Vielfalt, eine bunte Fülle von Ansätzen, die nicht auf eilig postierte Begriffe gebracht werden können.

Wie groß dieses Spektrum von Ansätzen erscheint, wurde an

einer vorbildlichen Serie deutlich, die der *Rheinische Merkur* seit Oktober 1987 in seinem Feuilleton veröffentlichte. Dort wurde jungen Autoren Gelegenheit gegeben, sich selbst und ihre Arbeiten vorzustellen. Die Schriftstellerin Undine Gruenter (geb. 1952), deren erster Roman *Ein Bild der Unruhe* 1986 im Hanser-Verlag erschien, versuchte eine Zustandsbeschreibung nicht nur ihrer eigenen Situation. Seit kurzem in Paris lebend, setzte sie sich mit den herkömmlichen Vorstellungen vom ›Leben einer Schriftstellerin in Paris‹ auseinander:

»Die Zeiten von Henry Miller und den American Exiles, die Zeiten überhaupt, in denen man in literarischen Zirkeln lebte oder Gruppen bildete, von den Surrealisten über die Existentialisten bis zu Vertretern des nouveau roman, sind vorbei... Die emphatische Feier der Metropole als Teil einer ebenso emphatisch sich verstehenden Schriftstellerbiographie ist inzwischen einem ebensolchen Desillusionierungsprozeß unterworfen wie die Grundlagen – politische, ethische, philosophische, ästhetische Ideen –, die das Schreiben einstmals legitimiert haben. So ist das Verhältnis zur europäischen Großstadt für mich wie das zum Schreiben: ein Paradox. Es ist der Widerspruch, der alten Gewißheiten entkleidet zu sein, konfrontiert mit dem Bedeutungsverlust von Geschichte und Kunst, und trotzdem damit fortzufahren.« (*Rheinischer Merkur, 24. Dezember 1987*)

Was hier abgebaut wird, ist der Glaube an die beschwörende Kraft der alten Einheits-Topoi. *Die* Metropole, *der* Groß-Schriftsteller, *die* Gruppe, *die* Idee, *das* Wesen, *die* Sprache, *der* Sinn; statt dessen ist Literatur bestimmt von mehreren Sprachen, sie ist weniger ankommend, bestimmend, rollenprägend, normensetzend als *suchend*. Undine Gruenter fährt fort:

»No-future-Klage? Keineswegs. Denn es sind immer zuerst der Mangel und die Sehnsucht nach dem Abwesenden, die zum Schreiben antreibt.«

»Man müßte aus dem Leeren schöpfen«, ist der Beitrag eines anderen Autors, des 1958 geborenen Lukas Hammerstein, überschrieben. Das gibt den Tenor der vom Unbestimmten ausgehenden Suche junger Literaten ebenso wieder wie ein Fazit in dem Text des (1951 geborenen) Klaus Modick:

»Alle Literatur und Kunst ist reflektierter Ausdruck des Mangels. Im Wissen um die Entfremdung träumt sie von einer Einheit, die vielleicht nie kommen kann, schafft als nichtkonzentrisches Subjekt, das der Autor sein muß, um von mehr als sich selbst zu sprechen, die Fiktion des Individuums, oder dessen Aufklärung, die freilich seine Fiktion voraussetzt. Und so bin ich mitten in den abstrakten Kürzeln, wenn ich sage, daß mein Schreiben Zusammenhänge sucht im Zersplitterten, Einheit im Disparaten und Naivität im Be- und Gewußten – Beweise, wenn man so will, des Nichtbeweisbaren, Kreisquadraturen mithin.«

Der *innere Widerspruch* der Suche, das ›Trotzdem‹ und das Paradox – sie machen so etwas wie eine vorläufige Gemeinsamkeit der neuen Positionen aus. Das Gestalten literarischer Texte ist darin eng verknüpft mit der Gestaltung der eigenen Biographie; beides sind *konstruierte Wege*, deren geschichtliche Herleitung Peter Sloterdijk in seinen *Frankfurter Poetik-Vorlesungen* zu einem seiner Themen gemacht hat. Sloterdijk hat den historischen Ort der jungen Generation darin so bestimmt:

»Die Tradition hat uns, das Seinsgeschick trägt uns im Arm, aber wer als Deutscher um die Mitte dieses Jahrhunderts geboren wurde, der kroch aus seinem nationalen Traditionsschoß hervor wie ein Überlebender aus einem zerbombten Haus. In einer solchen Situation, wo man die Wüste erbt, kommt das Vermögen, selber anzufangen, zu einer unerwarteten neuen Bedeutung.« (Zitiert nach einem Bericht von Frank Schirrmacher über Sloterdijks Poetik-Vorlesungen, FAZ, 15. Juni 1988)

Die ›Verurteilung zur Autodidaktik‹, die Sloterdijk als Chance der jungen Generation begreift, beinhaltet eine Abgrenzung gegenüber lascher Traditionsanpassung ebenso wie gegenüber

einem übertriebenen Pathos des Neubeginns. Für viele Literaten eröffnet dieser schmale Spalt Kraftfelder; inzwischen werden die Stimmen lauter, die auf ›Power‹ setzen.

Stimmen, die auf ›Power‹ setzen

›Power‹ meint: Abkehr vom Trübsinnsklima der siebziger
Jahre, Aktion, Zeiten ohne Einschüchterung. Eine erste Do-
kumentation einer solchen Literatur erschien, hrsg. von Peter
Glaser, 1984 unter dem Titel *Rawums* (Kiepenheuer &
Witsch). Im Vorwort des Herausgebers wurden die neuen
Stimmungen und Atmosphären wortreich benannt. Der Kampf
galt dem Verschleiß der Literatur; Neue Musik und Neue Ma-
lerei lieferten Orientierungen:

»’77 setzen die Musiker einen Punkt: Sie lassen wüstes, unver-
blümtes Getöse hören, unmittelbar aus den Zentren des Geschehens. Desgleichen die Maler mit lustigen, unbekümmer-
ten, knallbunten Schmieragen; – bleib mir mit der Kunstge-
schichte weg! Songtexter: die ersten Schreibenden zum Ende
der literarisch hinsiechenden 70er, denen der Kragen platzt:
Rawums.«

Keine Hemmungen oder Einschränkungen sollten die forschen
Töne beeinträchtigen. Gesucht wurde der Anschein des unver-
mittelten Ausdrucks, ›Gegenwart pur‹, kaum gefiltert durch
gewichtige Reflexion, nicht angespannt, gedehnt, sondern im
Augenblick der Entstehung eines Gefühls. Diese Spontaneität
verzichtete aufs Zu-sich-Kommen, um jede Langeweile zu vermeiden:

»Adrenalintreibend, störend und ungehalten. Schnittig,
schräg, witzig. Treffend. Strategien zwischen rabiater Ablehnung und offensiver Affirmation werden erprobt.« (Glaser)

Die neu entstandene Selbstsicherheit behandelte den lyrischen
Seelenschmerz früherer Tage als Abfall. Spott und Hohn galten

denen, die ihre betuliche ›Betroffenheit‹ noch zur Schau stellten, galten den »Authentizitäts«-Aposteln ebenso wie den grüblerischen Neunmalklugen. Keß, frech, fordernd formulierte die Lyrikerin Barbara Maria Kloos (geb. 1958) im Anhang ihres Gedichtbandes mit dem programmatischen Titel *Solo* (1986), worum es jetzt ging: um Klarheit, Schnörkellosigkeit, den Wettstreit der Lyrik mit den Rhythmen der »Kleinkulturepoche«:

»Die moderne Lyrikerin beherrscht die Kunst der Selbstkontrolle. Sie verschweigt ihre Trauer wie der Werbetexter, der ja auch leidet und an dessen tapferem Nihilismus wir uns ein Beispiel nehmen wollen... Die moderne Lyrikerin kennt keine Moral, deshalb legt sie keine Bekenntnisse ab; dazu sind Georg Danzer, Wolf Wondratschek und Paul Breitner da... Die moderne Lyrikerin beobachtet objektiv und kalt... Wir reden nicht von Selbstbeobachtung, die – wie der Name schon sagt – von selbst geschieht.«

Solch frische Dreistigkeit muß sich an ihren Produkten messen lassen. Manches (etwa in *Rawums*) ist kaum besser als das, was überwunden werden soll. Vieles bleibt vage Rhetorik (ausdrücklich ausgenommen manche Gedichte in *Solo*), gibt sich kühl, lässig und unverkrampft und wiederholt doch nur jene Schnappschußmentalität, die jeden Gedankenblitz wie ein Wunder feiert. Aber immerhin: was sich hier meldet, ist Trotz, ist der Abgesang auf Behäbigkeit, ist die Suche nach Vitalität.

Nicht nur in der westdeutschen Literaturszene ist dieser vehemente Ruck zu bemerken. Auch in der jungen Literatur der DDR zeigen sich neue, wenn auch ganz andere Tendenzen. Hier nimmt die gesuchte Entlastung von den Vorbildern früherer Generationen Züge einer Wortradikalität an. Gezielt artikulieren sich Stimmen, die ›zur Sache‹ kommen.

Seit den frühen achtziger Jahren meldet sich in der DDR eine junge Generation von Autoren zu Wort, die sämtliche Spielregeln des dortigen Literaturbetriebs ignoriert; Wolf Biermann bezeichnete diese Autoren einmal als »unvermischte DDR-Produkte«. Anders als im Westen, wo nichts als lose Zerstreuung herrscht und die Autoren meist keinen Kontakt miteinander pflegen, gibt es dort so etwas wie eine literarische Szene. Man kennt sich, man kennt und diskutiert die Arbeiten der Kollegen, ja man trifft sich bevorzugt in einem bestimmten Berliner Stadtteil, der Gegend um den Prenzlauer Berg, »inzwischen Stadtteil der kleinen Leute, verbliebenes oder sogar wiederbelebtes Handwerk inmitten der staatlichen Geschäfte und Großbetriebe in den Vorstädten, noch heute private Bäcker und Fleischer, aber auch viele der ehemaligen Läden geschlossen, alle ein wenig verkommen und noch kaum restauriert, zu bescheidenen Arbeitsstätten und Quartieren hergerichtet, fußkalt, die in höheren Stockwerken gelegenen Wohnungen noch mit Außentoilette an den Treppenaufgängen...« (Gerhard Wolf in seinem Beitrag zu *Bestandsaufnahme Gegenwartsliteratur*, s. o.)

Es ist ein Viertel der Maler und Musiker, und – ähnlich wie im Westen – gingen auch hier von Malerei und Musik entscheidende Impulse für eine neue Literatur aus. Die Szene ist bunt:

»aktive und ehemalige Studenten, Leute in und aus verschiedenen Berufen, hier arbeiten Ingenieure als Heizer, Germanisten als Korbmacher, hierher kommen sie aus der ganzen Republik, Künstler und solche, die es werden wollen, Talente und Dilettanten, die – gehören sie nicht den staatlichen Kunstverbänden an – als Aussteiger und vorschnell als unsichere Existenzen eingeschätzt werden...« (Gerhard Wolf)

In diesem Milieu kommt es zum Versuch einer Symbiose zwischen den Künsten. Fotografen, Graphiker, Maler und Literaten arbeiten eng zusammen, und daraus entstehen eigene Medien: »Texte als lithographische Hefte und Bücher, als Folgen von Holzschnitten, Collagen und Fotomontagen, als ›Poesie-Alben‹, deren jedes, zu vervielfältigten Versen, als Aquarell oder Pinselzeichnung ein Unikat ist« (Gerhard Wolf).

Auch die Autoren dieser Arbeiten verweigern – wenn auch aus anderen Gründen als die westdeutschen – larmoyante oder lamentohafte Töne, auch sie sind bestimmt von der Empfindung, ganz von vorne beginnen zu müssen, um sich eine eigene Sprache, eine eigene Herkunft, so etwas wie Tradition erst zu bestimmen. Stärker als bei ihren westdeutschen Kollegen gehen diese poetischen Versuche vom sprachlichen Material aus, die bevorzugte Gattung ist die Lyrik; wenn man auf Vorbilder zurückgreift, dann auf Schwitters, die Dadaisten, Majakowski, Chlebnikow oder Jandl. Wolfgang Emmerich hat in einer lesenswerten Studie über die Wandlungen in der DDR-Literatur (in *Bestandsaufnahme Gegenwartsliteratur*, s. o., S. 193 ff.) die »ästhetischen Charakteristika dieser neuen Subliteratur« knapp skizziert:

»Abgekehrt von der verbrannten Fortschrittsrhetorik und vom ›Sumpf der Zwecke‹ (Richard Pietraß), wird der Kopf frei für einen unbeschwerten, versuchsweisen Umgang mit der Sprache, der einen westdeutschen Leser an Christian Morgenstern, den Dadaismus und die Internationale der Konkreten Poesie erinnert. Andererseits wäre es falsch, die junge Aussteigerliteratur der DDR auf diese ästhetische Praxis festlegen zu wollen: Auch sogenannte traditionell-realistische und dokumentarische Verfahren sind vertreten.«

Texte und poetologische Erläuterungen dieser Autoren liegen inzwischen auch bei uns im Westen in einer wichtigen Anthologie gesammelt vor (*Sprache & Antwort. Stimmen und Texte einer anderen Literatur aus der DDR*. Hrsg. von Egmont Hesse, Collection S. Fischer Bd. 2358). Darin hat Leonhard Lorek (geb. 1958) darauf hingewiesen, in welchem Sinne die neue Wortkonzentration der jungen Autoren zu verstehen ist: als Bestimmung einer veränderten Situation, in der man sich um jeden Preis von den ›konstruktiven‹ Textmacharten früherer Zeiten abheben will:

»der individualisierungsprozeß des wortes innerhalb der texte war ein, an und für sich, anarchischer akt der befreiung (komisches pathos), das resultierende sprachbewußtsein eine folge der wechselbeziehung zwischen verbalem anarchismus und den textstrukturen. das bedingte also die ermittlung einer anderen stilistik...«

In den Gesprächen, die der Literaturwissenschaftler Egmont Hesse mit den jungen Autoren geführt hat, spielen Stichworte wie ›Bewegung‹, ›Gangart‹ (Sascha Anderson), ›Scheidepunkt‹ (Uwe Kolbe), ›Wirklichkeit als Gesamtheit vieler Sprachen‹, ›Kombination‹ (Rainer Schedlinski), ›Klandestinität‹ (Gert Neumann), ›Sagart‹, ›Lokalisation‹ (Bert Papenfuß-Gorek) eine entscheidende Rolle. Es herrscht ein fast linguistisches Gespür für die Nuancen der Worte vor, eine Wahrnehmungssensibilität für Zeichen, die keine semantische Valenz verschenken will, Rainer Schedlinski faßt zusammen:

»hier entstehen textuale formen, die den blick von der sache auf das zeichen wenden, die nicht ermitteln sondern vermitteln. die keine wahrheiten nahelegen, sondern mit wahrheitsgefügen brechen, die den blick verstellen, die nicht die dinge besprechen, sondern mit den dingen sprechen, und wo die kombination der eigentliche stil wird.«

Die Texte der jungen DDR-Autoren wirken wie Manifeste einer neuen Unbedingtheit; Schritt für Schritt will man sich – vom Einzelwort, dem Satz, schließlich der lyrischen Montage – zu größeren poetischen Formen vorarbeiten. Das erscheint oft wie eine Arbeit im Steinbruch. Aber es ist auch der geduldige Reflex auf eine Suche, die – mit anderen Mitteln als im Westen gestaltet – eine Problematik erwidert, die sich auch den jüngeren Autoren im Westen stellt: es ist die Problematik des schmalen Weges zwischen einem als versteinert empfundenen Gestern und einem kaum noch zu entwerfenden Morgen. Es ist die Problematik des *Zwiespalts*.

Coda

Am Ende dieser Skizze zeigt sich, daß die ästhetische Selbstreflexion junger deutscher Autoren bewußter, kritischer und vor allem entwickelter ist als vermutet. Gezielt habe ich hier solche zu Wort kommen lassen, denen noch wenig Aufmerksamkeit zuteil geworden ist. Meine Hinweise sollten eine Anregung sein, den Umgang mit Texten der Gegenwartsliteratur ernster zu nehmen. Unübersehbar ist, daß die Auseinandersetzung mit diesen Texten auch andere Formen der Rezeption erfordert. Viele der Jüngeren sind von Traditionen inspiriert, die in die Vermittlungsarbeiten der Kritik noch nicht eingegangen sind. Ich meine vor allem Traditionen des französischen Neostrukturalismus; die literaturtheoretischen Studien von Foucault, Derrida und Deleuze sind entscheidend. Oft ist der – manchmal auch noch so flüchtige – Bezug auf die Terminologie dieser Autoren ein Versuch, sich von den gängigen Klischees der Literaturbetrachtung zu lösen. Zwanghaft, beinahe manisch suchen viele Schriftsteller(innen) nach *rettenden* Kategorien. Sie empfinden eine starke Isolation. Ihre Ansprüche haben sie angemeldet, es sind fundamental andere als die, die in früheren Jahrzehnten geltend gemacht wurden. Das Gespräch über ihre Versuche sollte nun verstärkt beginnen. Ein letztes Mal zitiere ich Michel Foucault:

»Ich träume von einem neuen Zeitalter der Wißbegierde. Man hat die technischen Mittel dazu; das Begehren ist da; die zu wissenden Dinge sind unendlich; es gibt die Leute, die sich mit dieser Arbeit beschäftigen möchten. Woran leidet man? Am »Zuwenig«: ungenügende, quasi-monopolisierte, kurze, enge Kanäle.« (*Von der Freundschaft. Michel Foucault im Gespräch.* Merve Verlag Berlin)

7. Perioden des Abschieds (1990)

Zum Profil der neuen und jüngsten deutschen Literatur

Die junge deutsche Literatur hat es gegenwärtig nicht leicht. In der letzten Buchmessenbeilage der FAZ hat Frank Schirrmacher einige der häufig zu hörenden Sentenzen auf ihre angebliche Harmlosigkeit gesammelt.[1] Schirrmacher behauptet, daß die letzten Werke von weltliterarischem Rang etwa zwanzig Jahre zurückliegen; er wirft den jungen Autoren ein bewußtloses Hantieren mit Metaphern und Stimmungen, eine manische Fixierung auf die moderne Zeichentheorie, einen fatalen Hang zu falscher »Authentizität« vor; in Wahrheit – so Schirrmacher – verberge sich hinter all den flott hingeworfenen und zudem von einer immer monströser sich ausweitenden Subventionierung geförderten Texten eine beängstigende Erfahrungsleere. Die jungen Autoren seien mit allem Notwendigen vertraut: mit den großen Büchern der Tradition wie mit den letzten Winkeln der Erde zwischen New York und der Pfalz, mit den Schrecken der Großstadt, der Schönheit der Landschaft, dem Zynismus der Menschheit – allein gerade dieses immense Wissen bewahrten sie nur flüchtig, sie seien nicht fähig, im Teil das Ganze zu erkennen, nicht bereit, sich anzusiedeln, zu schwach, um von einer hoch entwickelten urbanen Gegenwartskultur zu profitieren. Rhetorik statt Imagination, verblaßte Sprachbilder statt kräftiger Erfahrungsbilder – die junge deutsche Literatur, so lautet das düstere Fazit, tauge höchstens zu kleinen Piècen und Idyllen, der große erzählerische Impuls sei ihr schon seit langem abhanden gekommen.

---

1 Frank Schirrmacher: *Idyllen in der Wüste oder das Versagen vor der Metropole*. In: FAZ vom 10. 10. 1989

Schirrmacher hat sein kritisches Bild vor allem im Blick auf die jüngeren Debütanten gewonnen; an deren Werken konstatiert er eine Art bundesdeutschen Einheitsstil, eine totgeborene, anonyme Schreibe, nichts als ein hilfloses Fließen von Wahrnehmungspartikeln, die längst nicht mehr zu großen Symbolen verdichtet werden. Die junge Literatur ist das Sprachrohr eines blassen Völkchens, das es mit seinen Vorgängern nicht aufnehmen kann – darauf läuft seine Diagnose hinaus, und ich würde sie hier nicht so ausführlich wiedergeben, wenn sie nicht in der Literaturkritik, im Buchhandel und bei den Lesern eine breite Gefolgschaft hätte. Neu indessen ist diese vehemente Kritik nicht, ihre Töne sind schon mehr als ein Jahrzehnt zu hören, sie machen das konstant durchgehaltene Klagelied über die Krise der Gegenwartsliteratur aus, das ausgerechnet einer der lautesten Vorsänger dieses Klageliedes, Marcel Reich-Ranicki, 1982 als ein endloses Gesellschaftsspiel zu entlarven versuchte: »Um die Minderwertigkeit der Literatur von heute nachzuweisen, beruft man sich gern auf die Literatur von gestern. An diesem alten, ebenso beliebten wie harmlosen Gesellschaftsspiel beteiligen sich vor allem jene, deren Erinnerung an die Lektüre ihrer Jugend längst verblaßt ist und deren Kenntnisse des Neuen meist dürftig sind und auch noch aus zweiter Hand stammen.«[2]

Reich-Ranicki antwortete mit diesen Klarstellungen auf einen Artikel von Joachim Fest anläßlich der Buchmessenneuerscheinungen des Jahres 1981.[3] Der Artikel mit der die Wunde aufreißenden Überschrift *Bücher, Bücher, aber nichts zu lesen* bemängelte die Kurzatmigkeit junger Autoren, ihre formalen Schwächen, die monologische Ichbesessenheit, den Traditionsverlust, »mit einem Wort, das Unvermögen, in umfassen-

2 Marcel Reich-Ranicki, *Die Ichbesessenheit ist nützlich*, *Deutsche Literatur 1982. Ein Jahresüberblick*, Hg. Volker Hage in Zusammenarbeit mit Adolf Fink (Stuttgart: Reclam 1983), S. 249
3 Vgl. Joachim Fest, *Bücher, Bücher, aber nichts zu lesen*, *Deutsche Literatur 1981. Ein Jahresüberblick*, Hg. Volker Hage in Zusammenarbeit mit Adolf Fink (Stuttgart: 1982), S. 223–225

den, ein Stück der Welt widerspiegelnden epischen Entwürfen, anschaulich, poetisch und kunstvoll, eine beteiligende Geschichte zu erzählen«. Auch diese Attacke, die damals ein leises Raunen im Literaturbetrieb auslöste, hatte indessen schon ihre wortgewaltigen Vorläufer. Enttäuscht, konsterniert war Reinhard Baumgart vom Bachmann-Wettbewerb 1980 zurückgekommen; sein Bericht, *Klagenfurt, 1980*[4], entdeckte einen »Realismus der Hinnahme«, eine Prosa mittlerer Lautstärke, leidend, vorwurfsvoll, pedantisch, sanft aggressiv, eine Prosa der schwülen Ohnmacht, kaum zu übersehende Verhaltensbilder von Melancholie und Depression. Baumgart vermißte an diesen Texten den vitalen, den »starken« Zugriff, heftige Gesten, Gesten von Selbstgefühl und Autonomie.

Schirrmachers harte Anklagen von 1989 haben also viele Vorläufer. Bevor ich mich dem angestrengten Gerichtsverfahren einordne, möchte ich zunächst die Angeklagten zu verstehen versuchen. Ich möchte das Profil der jungen Literatur gegenüber den Profilen früherer Generationen abgrenzen, ich möchte, ohne dadurch um mildernde Umstände zu bitten, erst einmal den Blick auf die Voraussetzungen und die Problematik heutigen Schreibens lenken, ja, ich möchte dieses Schreiben auf seine geschichtlichen Wurzeln befragen.

Als sich das »junge Deutschland« der Nachkriegsliteratur in der Gruppe 47 und anderen Kreisen formierte, standen die Autoren vor großen, lohnenden Aufgaben. Viele dieser Autoren hatten wie Hans Werner Richter, Alfred Andersch oder Heinrich Böll das begründete Empfinden, ganz von vorne beginnen zu müssen. Traditionen, an die man hätte anknüpfen können, waren durch den Faschismus zerstört oder zumindest fragwürdig geworden. Die jungen Autoren sahen sich daher vor besondere Herausforderungen gestellt: sie wollten in ihrer

---

4 Reinhard Baumgart, *Klagenfurt, Juni 1980, Glücksgeist und Jammerseele. Über Leben und Schreiben, Vernunft und Literatur* (München: Hanser 1986), S. 183–197

vor allem zeitkritischen Literatur so etwas wie ein Panorama der Gegenwart entwerfen, eine Bestandsaufnahme, womit noch zu rechnen, wie zu leben sei. Die radikale Abgrenzung gegenüber der Vergangenheit sollte zu einem neuen Schreiben, einem neuen Selbstbewußtsein von Literatur führen. Diese Literatur sollte verstanden werden als ein nicht unbedeutender Beitrag zur Gestaltung eines demokratischen Deutschland, sie hatte daher von vornherein nicht nur eine innerliterarische, sondern auch eine kulturpolitische Aufgabe. Als umfassendes Projekt sollte sie zur Formierung einer kritischen Öffentlichkeit beitragen und dem zerstörten Land neue geistige Zukunftsperspektiven geben.

Die literarische Aufarbeitung des Faschismus, die Dekuvrierung des Versagens der Deutschen in den Zeiten der Diktatur, die nüchterne Darstellung psychischer Katastrophen und des Endes der tröstenden Welt- und Heilsbilder öffnete sich dabei bald weiträumigeren Ansätzen. Es ging nicht nur darum, eine neue Literatur der Skepsis, der Anklage und des Vertrauensschwundes zu entwickeln, es ging auch darum, die deutsche Literatur an die weiter entwickelten Literaturen des Auslands heranzuführen. So wurden die Arbeiten amerikanischer und französischer Autoren diskutiert, so bemühte man sich, an experimentelle Schreibweisen anzuknüpfen. Die Aneignung von Themen und Methoden der sogenannten »klassischen Moderne« sollte auch der jungen deutschen Literatur neue Wege zeigen. Was die Erneuerung der literarischen Formen betrifft, so stößt man in dieser Zeit auf einen merkwürdigen Widerspruch: bis auf die minoritäre Ausnahme der durch Max Bense inaugurierten sogenannten »Stuttgarter Schule«, deren Autoren unter der strengen Anleitung ihres Lehrers den Boden für die »Konkrete Poesie« der sechziger Jahre bereiteten, kam es kaum zu nennenswerten Formerweiterungen. Sieht man einmal von den Ausnahmen Arno Schmidt und Uwe Johnson ab, die sich sehr bewußt an Joyce und Faulkner anlehnten, so wurden die großen Vorbilder der »klassischen Moderne« zwar rezipiert, bestaunt und ausgiebig gewürdigt; anstatt sich auf diese Vorbilder zu beziehen, setzte sich jedoch das eher traditionelle Konzept des neorealistischen, mit geringen Hemingway-Adaptionen auskommende Erzählen durch. Der Grund für die Bevorzugung dieser neorealistischen Schreibweisen war ohne Zweifel, daß es den Autoren mehr um die Inhalte, mehr um die möglichst prägnante Gegenwartsskizze als um das formale Wagnis ging. Daß sich indessen beides nicht auszuschließen brauchte, hatte Uwe Johnson 1959 mit den *Mutmaßungen über Jakob* bewiesen. Vor allem aus diesem Grund war die Reaktion auf Johnsons Roman eine besonders heftige: ein bisher weitgehend ausgespartes Thema wurde in einer völlig ungewohnten literarischen Form präsentiert.

Die fünfziger Jahre sind in der deutschen Nachkriegsliteratur jedoch nicht nur eine Epoche des Aufbruchs, sie bedeuteten auch den folgenreichen Abschied von der Literatur der großen epischen Weltentwürfe, den Abschied also von der Literatur Thomas Manns, Musils, Brochs, Kafkas, Brechts, Benns. Vergegenwärtigt man sich einmal genauer, womit diese Autoren sich auseinanderzusetzen hatten und worauf ihre literarischen Arbeiten sich bezogen, so wird schnell deutlich, daß all diese Autoren bemüht waren, in ihren Werken so etwas wie breit entwickelte Weltbilder zu konturieren, Weltbilder des Nach-Nietzscheanischen Zeitalters, Weltbilder also in der Gewißheit, daß die Zeitalter geschlossener Erklärungssysteme, verbindlicher Normen, großer Einheitsvorstellungen endgültig vorbei waren. Dennoch knüpften die genannten Autoren an die Theorie der philosophischen und kulturkritischen Strömungen ihrer Zeit direkt an; ohne die Theorien Schopenhauers, Nietzsches, Freuds, ohne Diskussion des modernen Nihilismus, des Zerfalls der Werte, ohne einen kulturkritischen Begriff von der Massengesellschaft, ja ohne eine entwickelte politische Begrifflichkeit waren auch die Arbeiten der Literaten nicht denkbar. Im Gegenteil, den Hauptanteil ihrer essayistischen Argumentationen hatten sie in der Auseinandersetzung mit Philosophie, Psychologie, Soziologie und Politik gewonnen. Dadurch war eine Literatur entstanden, die sich auch begrifflich auf der Höhe der Zeit wußte. Die angestrengte Begrifflichkeit suchte ihren Raum vor allem in der Form des weitausholenden Romans; gerade diese Gattung wurde als die Gattung des Disputs, der auch philosophierenden Argumentation verstanden. In diesem Sinn hatte sie in der deutschen Literatur eine große Tradition: die bedeutenden Romane der Goethezeit waren insgesamt als philosophische zu verstehen, während die Formen des Gesellschafts- und des Zeitromans – anders als etwa in England und Frankreich – sich hierzulande nie so recht hatten durchsetzen können.

Konstruktionen von Weltbildern, Weltentwürfen also hatten der Literatur bis in die fünfziger Jahre hinein eine besondere Force verliehen. Die junge Generation dieser Jahre aber knüpfte an ein derartiges Literaturkonzept nicht mehr an. Ihr Blick war nicht in die Vergangenheit, sondern aufs Gegenwärtige und in die Zukunft gerichtet. Schließlich war an neuen Themen kein Mangel, galt es doch, den Deutschen so etwas wie eine neue nationale Identität zu erschreiben, eine durch die Kriegserfahrungen geprägte Identität des Zweifels, der Vorsicht, der Zurückhaltung, eine Identität kritischer Selbstbesinnung. So entstand eine Literatur, die sich als Regulativ der Öffentlichkeit verstand, die sich von der beginnenden Restauration im Adenauer-Staat scharf abgrenzte und die ihre wesentlichen Impulse aus einer moralisierenden Gesellschaftskritik bezog.

Gerade diese wegweisenden Impulse jedoch verdeckten lange Zeit einen Mangel, den Mangel an Weltdeutung, an größeren Perspektiven, an philosophischer Schulung. Diese Schulung war in den fünfziger Jahren auch kaum zu erwarten; die philosophischen Dispute der Seins- und Existenzthematik, wie sie etwa zwischen Heidegger und Jaspers gepflegt wurden, wurden für die Literaten höchstens ein Thema des Spotts. Wenn überhaupt Anleihen aus Philosophie oder Soziologie bezogen wurden, dann waren es solche aus der Frankfurter Schule. Gerade die Arbeiten Horkheimers und Adornos jedoch waren vor allem kulturkritische; statt literarisch fruchtbar zu werden, statt neue Wege aufzuzeigen, bestärkten sie die Literaten vor allem in ihrer Abwehr des Wirtschaftswunderlandes, gaben sie ihnen Argumente für eine Verweigerungshaltung an die Hand, die sich vom Banausentum einer sich in falschem Pathos und verbrauchtem Humanismus einrichtenden Gesellschaft scharf distanzierte.

Daher hatten es die jungen Autoren der fünfziger Jahre vor allem mit brüchig gewordenen Weltanschauungen, mit Ideologien, mit einer bornierten Moral zu tun. Ihr Aufklärungsfeldzug sollte eine erstarrte Gesellschaft von ihren Heucheleien befreien. Die Auseinandersetzung mit den Normen dieser Gesellschaft wurde auf beiden Seiten mit großer Vehemenz geführt; je lauter die Kritik der Literaten wurde, um so empörter antworteten Teile der Öffentlichkeit. Es war jene Zeit, als Bölls *Brief an einen jungen Katholiken* noch den Einspruch eines Rundfunkintendanten herausforderte, als Arno Schmidts Erzählungen unter Pornographieverdacht standen, als Grass' *Blechtrommel* zum jugendgefährdenden Schrifttum gerechnet wurde.

Betrachtet man diese Zeit jedoch aus weiterem Blickwinkel, so wird deutlich, daß die gesellschaftskritischen Attacken der jungen Autoren über ein Defizit an Weltbildern nur hinwegtäuschten. Böll griff die Spießermoral, die neuen Aufsteiger, Verfallsformen des Katholizismus an – weiter als bis zu den Tabuzonen der Gesellschaft jedoch reichte auch seine Literatur nicht. Sie konnte nicht weiter reichen, so wird heute deutlich, die Zeit der durch Weltbilder, Weltentwürfe geprägten und durch sie herausgeforderten Literatur war endgültig vorbei.

Einige der jüngeren Autoren witterten jedoch dieses Manko genau. So versuchte etwa Alfred Andersch in seiner 1955 neu gegründeten Zeitschrift *Texte und Zeichen* an die französischen Literaturdebatten anzuknüpfen. In Frankreich hatte sich in der Diskussion zwischen Sartre, Camus und Merleau-Ponty eine Diskussion über Existentialismus, Humanismus, Marxismus entwickelt. Gerade die Themen dieser Diskussion wurden unter den deutschen Literaten nie so recht heimisch. Mochten sie auch in der literarischen Öffentlichkeit breites Interesse finden (schon dieses Interesse deutet an, daß auch die Leser den Mangel an philosophischer Sinnsetzung schmerzlich empfanden), so hatten sie doch nur eine sehr geringe Wirkung auf die Arbeiten der deutschen Nachkriegsautoren. Nur im Werk Wolfgang Hildesheimers läßt sich eine intensive Beschäftigung mit der Thematik des Absurden, die in Frankreich Camus, Ionesco und später Beckett pointierten, feststellen.

Die hier nur angedeuteten Defizite der deutschen Nachkriegsliteratur wurden zu einem Zeitpunkt deutlich, als sich die Öffentlichkeit Mitte der sechziger Jahre neu formierte. Die literarische Gesellschaftskritik ging in diesen Jahren gleichsam in einem größeren Konzept politischer Umgestaltung auf; nicht zufällig waren es die Jahre des Endes der Gruppe 47, die Jahre eines weiteren Abschieds. Die Demonstrationen der Studentenbewegung setzten den Führungsanspruch der deutschen Nachkriegsliteratur in Sachen »richtiges Menschentum« außer Kraft. Plötzlich schien das Arsenal der gesellschaftskritischen Motive neu gefüllt: es wurde aus der Aufbereitung lange unterdrückter Traditionen, Traditionen von Soziologie, Politik und Psychoanalyse bezogen. Literatur – so die damals gängige Vorstellung – sollte sich den Ansprüchen politischer Systemveränderung fügen. Sie sollte entweder zu einer parteiischen Literatur des Engagements werden oder sie sollte nicht mehr sein.

Diese rigiden Rezepte aber, die der Literatur mit Gewalt eine klare Ausrichtung und ein stabiles Weltbild empfahlen, hatten aus verständlichen Gründen keinen Erfolg. Dennoch gruppierte sich Ende der sechziger Jahre eine neue, »junge« Literatur, die den gesellschaftlichen Protest durchaus in literarische Formen des Protests umzuformen und diese mit einigem analytischen Scharfsinn zu begründen wußte. Vor allem im Werk Handkes, der neben Rolf-Dieter Brinkmann so etwas wie die zentrale Protestfigur dieser Jahre darstellt, wurden neue Orientierungen, Orientierungen am französischen »Nouveau roman«, vor allem aber an sprachphilosophischen und linguistischen Theorien deutlich. Handke verstand es dabei sehr geschickt, diese Theorien so fruchtbar zu machen, daß sie die als rituell empfundenen »Sprachspiele« der Gesellschaft inhaltlich, aber auch strukturell demaskierten. Seine frühen Arbeiten hatten – unter steter Bezugnahme auf die philosophisch und sprachtheoretisch fundierten Werke strukturalistischer Forscher – einen eindeutig ›dekonstruierenden‹ Charakter.[5] Diese

5 Vgl. Rolf Günter Renner, »Wiederholung und Wiederfindung: Peter Handke«, *Die postmoderne Konstellation. Theorie, Text und Kunst im Ausgang der Moderne* (Freiburg: Rombach 1988), S. 369 ff.

von Handke auch theoretisch umfassend erläuterte Anwendung strukturalistischer Motive in einem dekonstruktivistischen Konzept sah sich jedoch in dem Moment vor eine neue Problematik gestellt, in dem der provokatorische Entlarvungseffekt der dekonstruierenden Mittel verbraucht war. Beinahe notwendigerweise wandte sich Handke seit Anfang der siebziger Jahre daher eher traditionellen, rekonstruierenden Schreibverfahren zu. Die Prosatexte *Die Angst des Tormanns beim Elfmeter* und *Der kurze Brief zum langen Abschied* versuchten eine Art subtiles Gleichgewicht zwischen epischem Erzählen und einem Denotieren sprachlicher und gestischer Zeichen herzustellen. Um dieses Gleichgewicht auszubalancieren, um es gleichsam auf eine vermittelnde Instanz zu beziehen, bedurfte Handke der Einführung des Subjekts, des erzählenden Ich, das er mit einer Fülle autobiographischer Markierungen ausstattete. Dieses Ich aber war gleichsam die letzte rettende Instanz, die vor dem völligen Verlust größerer Darstellungskonzepte bewahrte. Durch die Anklammerung an Subjektivität war der Absturz in die Leere vermieden; wo es noch den Anker von Wahrnehmung, Erlebnis, emphatisch erlebtem Augenblick gab, tat sich – zumindest in Momenten – eine schützende Zelle auf.

Der Weg anderer junger Autoren der späten sechziger Jahre ähnelt auf verblüffende Weise dieser Handkeschen Wende von der Dekonstruktion zur Rekonstruktion. Auch bei Hubert Fichte und Rolf-Dieter Brinkmann kann man nach einer Phase der Erprobung und Einübung neuer stilistischer Dekonstruktionsverfahren eine Hinwendung zu eng an das Subjekt geknüpften Erzählmethoden mit deutlich rekonstruierenden ›Beigaben‹ feststellen. Fichte formulierte das singuläre Programm ethnopoetischen Schreibens, Brinkmann arbeitete bis zu seinem frühen Tod an einem simultaneistischen Konzept, das die Flut der großstädtischen Wahrnehmungsprosa an die radikale Verwerfungsgeste eines Subjekts binden sollte.

Folgenreicher als die komplexen Entwürfe Fichtes und Brinkmanns, die bezeichnenderweise keinerlei Fortsetzung fanden, war jedoch die Handkesche Wende zur autobiographisch gefärbten Ich-Suche. Blieb diese für Handke ein ambitioniertes Projekt, das er in mehreren poetologischen Bänden mit am Typus des fragenden, suchenden, sich vergewissernden Fragments orientierten Notizen auch vor sich selbst zur Diskussion stellte, so verdünnte sie sich in den bald inflationär aufblühenden Texten der »Neuen Subjektivität« zu oft banaler Erlebnis- und Erfahrungsprosa. »Schreiben« statt »Literatur« – diese fatale Gegenüberstellung führte zu einem rapiden Abbau der künstlerischen Disziplin. Die Folge waren Texte der Lebensbeichte, mühsame, meist melancholisch gestimmte Bewußtseinsprotokolle, die zu Recht die scharfe Kritik derer herausforderten, die von der Literatur mehr verlangten als ein den Weltprozessen zitternd vorgeschobenes Ich.

Indessen brachte auch diese »Neue Subjektivität« Werke hervor, die wichtige Themen propagierten. Die viel beschimpfte und belächelte Väter- und Mütterliteratur war für die jungen Autoren eine auf privaten Wegen ausgetragene Auseinandersetzung mit den Lebenserfahrungen ihrer Eltern. Sie sollte beweisen, daß Autoritätshörigkeit und das Weiterleben repressiver Verhaltensformen gerade auch die jüngere Generation deformiert hatten, ja sie stellte in ihren avancierten Versuchen so etwas wie eine Nachschrift zum Weiterleben des Faschismus in Deutschland dar. In den Biographien der Kinder sollte gleichsam Sprache werden, was in denen der Eltern verschwiegen worden war.

Daneben aber gab das Stichwort »Authentizität«, das sich aus dem Rückblick, den ich hier betreibe, gleichsam als letzter Rettungsring erweist, einen literarischen Stoff ohne Anbindung an umfassendere ästhetische Verfahren zu behandeln, das große Terrain der Psychologisierung von Freundschaften, Liebe – neudeutsch ›Beziehungen‹ – frei, auf dem jede Autorin und jeder Autor hemmungslos wildern konnte, dem der Nachweis schwerer Enttäuschungen und desillusionierter Partnersuche gelang. Grundsätzlicher und literarhistorisch folgenreich wurde die Authentizitätssuche nur da, wo sie sich einem breiteren kulturellen Selbstfindungsprogramm, dem der Frauenbewegung, einschreiben ließ. Hier, wo sich die literarischen Arbeiten eng mit einem weiter ausholenden Engagement und mit dem Willen zu konkreten gesellschaftlichen Veränderungen verbanden, wurden die Texte von Schriftstellerinnen zur existentiellen Stimulans. Was die Literatur Mitte der siebziger Jahre sonst insgesamt entbehrte – der Nachweis einer gesellschaftsbezogenen Aufgabe, der Nachweis des Willens zu Machtkorrekturen –, das konnte eine von den Themen der Frauenbewegung inspirierte Literatur, deren Geschichte ich hier nicht weiter verfolgen kann, mit guten und einleuchtenden Gründen für sich reklamieren.

Sonst aber war es um eine grundsätzlichere Fundierung von Literatur schlecht bestellt. Überblickt man noch einmal ihre bisher skizzierte Geschichte, so fällt auf den ersten Blick der immer weiter vorangetriebene Abbau einer tragenden Begrifflichkeit und der sich immens beschleunigende Zerfall strukturierender Weltdeutungen auf. Die Geschichte der Nachkriegsliteratur läßt sich aus diesem Blickwinkel als fortlaufende Geschichte des Traditionsverlusts, andererseits aber auch als immer radikaler werdende Suche nach den letzten noch möglichen Positionen in einer Ära absoluten Sinndefizits lesen. Das Terrain, auf dem diese Positionen errichtet wurden, wurde mit den Jahrzehnten immer schmaler. Von diesem Befund ist auszugehen, will man die Arbeiten der neuen und jüngsten Literatur verstehen. Die kritischen Vorwürfe, die sich gegen die Verengung ihrer Perspektiven richten, gehen dann an ihr vorbei, wenn sie nicht auch in Rechnung stellen, was die geschichtsphilosophische Stunde geschlagen hat. Erst die Einbeziehung des Entwicklungswegs der deutschen Nachkriegsliteratur in die Kritik läßt ein gerechtes Auf- und Abrechnen zu.

Von einer weiteren Phase »neuer« Literatur, der bisher letzten und also noch dauernden, läßt sich etwa seit Mitte der siebziger Jahre sprechen. Etwa seit diesem Zeitpunkt nämlich beginnen die lange beherrschenden und mit den Mitteln des rationalen Disputs diskutierten Felder des Sozialen, Politischen, Ideologischen sich zu zersetzen. Begriffe wie »Gesellschaft«, »Subjektivität«, »Vernunft«, »Geschichte«, »Entwicklung«, »Fortschritt« geraten allmählich in das Zwielicht einer grundsätzlicher ausholenden Rationalitätskritik, die die großen Einheitstopoi ebenso auflöst wie die Mittel ihrer verallgemeinernden Beschreibungen. Stufenweise beginnt der ganze Code der binären Entgegensetzungen von Ich und Welt, Subjekt und Objekt, Besonderem und Allgemeinem zu zerfallen. Statt dessen bildet sich eine Vielzahl neuer Sprachen heraus, die die Verästelungen der Diskurse nicht durch Bezug auf Leitbegriffe einzugrenzen, sondern deren selbststeuernden Impulsen – auch wenn sie ins Abseits, ins Heterogene, ins andere führen - zu folgen versucht. Diese Sprachen gruppieren sich, vereinfacht gesagt, um drei Großerfahrungen der postindustriellen Gesellschaft: um das Post-Histoire, die Postmoderne und den Poststrukturalismus. All diese neuen Terrains abzustecken, kann ich mir hier nicht vornehmen, zumal ihre Diskussion, was ihren Bezug zur deutschen Literatur betrifft, noch nicht weit fortgeschritten ist. Ich muß mich mit der Andeutung einiger Motive begnügen.

Die erste Erfahrung, die des Post-Histoire, ist die Erfahrung vom Ende der bisher gültigen Überzeugungen von »Entwicklung« und »Fortschritt« in der Geschichte.[6] Das Ende eines progressiven oder linearen Geschichtsverständnisses bedeutet zugleich auch den Eintritt in eine Geschichte des großen Zugleich verschiedener Geschichten. »Geschichte« ist gleichsam nicht mehr ein einziger Binnenstrom, der die von den Nebenflüssen herbeigewälzten Massen einer einzigen großen Mündung zuwälzt, sondern eine Art unkontrollierbares, mäandrierendes Flußband mit Stillstand, Verzweigungen, unzählbaren Mischverhältnissen. Demgegenüber verblaßt die Vorstellung von »Geschichte« als wirksames Ineinander handelnder, bewußter, sich aufeinander beziehender Subjekte und Gesellschaften. Der Zustand des Post-Histoire ist dabei der Zustand einer einzigen Gegenwart, der Gegenwart des Endes der Macht- und Impulsgeschichte. Alle Stile, alle Denkverfahren, alle Begrifflichkeiten sind – so wirkungsvoll vorgestellt in den Theorien Baudrillards – bereits durchgespielt und verhandelt;

---

6 Zur Entstehung dieses Argumentationsspektrums vgl. Lutz Niethammer, *Posthistoire*, (Reinbek: Rowohlt 1989)

wir befinden uns in einer Endphase der Diskutierbarkeit der abendländischen Topoi, wir müssen – so Lyotard, der vehementeste Vertreter postmodernen Denkens – deren Funktionen neu bestimmen, als Funktionen von Sprachspielen, deren Begrenzungen aus den ihnen zugrundeliegenden Regeln abgeleitet werden können.

Die Simulation der Topoi, ihr Ausspielen bis zum Ende, das Abbrechen vor dem endgültigen Schweigen – diese Motive des Post-Histoire haben in die neue deutsche Literatur seit Mitte der siebziger Jahre Einzug gehalten. Sie finden sich in den melancholisch gefärbten Reflexionen von Botho Strauß ebenso wie in den Texten Gert Jonkes, etwa in der Erzählung *Erwachen zum großen Schlafkrieg*, wo, wie es heißt, die ganze sogenannte Welt eine Erfindung ist, in der unser Leben gar nicht stattfindet, sondern nur eine derart innig vorgenommene Beschreibung darstellt, daß wir von ihr glauben, sie zu leben. In diesem Sinne ist eben alles Zeichen, Fiktion, totaler, nicht mehr auflösbarer Text, die Kindheit eine »Erfindungskindheit«, die Zukunft eine »Erfindungszukunft«. Als ein letzter Kundschafter des Post-Histoire macht sich Cotta, die zentrale Figur von Ransmayrs Roman *Die letzte Welt*, von Rom aus auf den Weg nach Tomi, ein Todesweg, ein nach-geschichtlicher, denn die Geschichte ist längst geschrieben, und die Wahrheit höchstens auffindbar in der Fiktion eines verborgenen Palimpsests, des Manuskripts der Ovidschen *Metamorphosen*. Ähnlich wie bei Ransmayr versiegen die gestischen Mitteilungen der Protagonisten in Thomas Hürlimanns Erzählung *Das Gartenhaus*. Nicht die Erfahrung des Todes ihres Sohnes bindet das alte Elternpaar am Ende ihrer Tage aneinander, sondern das Verebben aller gestischen Impulse, das schrittweise Abnehmen der aufeinander bezogenen Handlungen, das Versanden des Krieges, der die Vergangenheit zu einem einzigen Gegeneinander werden ließ. Nach der letzten Anstrengung der Gefechtsmittel, nach der Aufbietung von Geheimwaffen, von Strategien, dem anderen Terrain zu rauben, findet sich das alte Paar in einem zeitlosen Gehäuse ein, zu Lebzeiten erstorben, wie in einem magischen Idyllenhaus zu einer Selbstinszenierung des Stillstands angekommen. Alles ist getan, alles verbraucht, Vergangenheit, Gegenwart, Zukunft sind eins.

Wo die Erfahrungen sich zu fiktiven Metaphern verdichten, erhält sich das Leben nur, indem es sich laufend als Text versteht. Wenn, wie Jonke es sagt, die ganze sogenannte Welt eine Erfindung ist, dann existiert Bewegung nur in einer Bewegung der Beschreibungen, der Zeichen, in einer gleichsam unendlichen Kette des Verweisens, Verstreuens und Nachforschens. Die zweite Großerfahrung, die philosophisch durch Derrida ausgeführte Erfahrung der Ursprünglichkeit der Schrift, ist eines der zentralen Motive der sogenannten Postmoderne. Wolfgang Hildesheimer hat in seinem *Marbot* dafür eine der überzeugendsten Konstruktionen gefunden. Die Figur Marbot nämlich ist nichts als eine Leerstelle in der Geschichte, sie erschließt sich nur durch die Reihe der Textverbindungen, die von einem Signal zum anderen verweisen. Der Gang des Lesers entlang dieser Signale ist der Gang durch ein geschlossenes Kabinett der – auch bei Hildesheimer – zu Ende gedachten Geschichte. Marbot ist daher so etwas wie das ferne, absolut fiktive, aber gerade durch zahllose Anspielungen auf geschichtliche Ereignisse und historische Personen erhärtete Ziel des Endes der Fiktionen. Die real inszenierte, in den Stationen der Biographie noch einmal konventionell vorbeiziehende Geschichte läuft sich so in ihren Rede- und Darstellungsweisen tot; sie produziert nichts anderes als einen Homunculus, eine künstlich fiktive Gestalt mit keinem anderen Auftrag als dem, das Rumoren der Zeichen, ihr Überlappen, ihr Klappern bewußt zu machen.

Werke in diesem postmodernen Sinn haben neben Wolfgang Hildesheimer etwa auch Klaus Hoffer und Gerold Späth vorgelegt. Die zentrale Gestalt in Hoffers *Bieresch* ist nichts anderes als ein Zeichenschlepper, einer, der die unendlichen, nie an ein Ende kommenden Erzählungen in Gang hält; die Bieresch sind Leser und Erzähler in einem, ja gerade daß beide Akte, der des Entzifferns und der des Konstruierens in ihren Redeweisen zusammenfallen, macht ihre Funktion als Filter des einen Großtextes, des einen Textteppichs, an dem alle Gestalten weben, deutlich. Ähnlich ist es in Späths *Commedia*; die

Figuren, die sich da auf den Museumsrundgang begeben, auf die prinzipiell unbeendbare Folge der Textstationen also, von denen jede einzelne ein ganzes Spektrum von Nachbarstationen entstehen läßt, sind nichts als Relais des *einen* Textes, der sich laufend neu verzweigt, so daß ein Einstieg an jeder beliebigen Stelle möglich ist, denn an jeder Stelle ist der Zugang zur gesamten Textbewegung wie ein Zugang in eine Höhle vorhanden, deren tiefe Schächte und Gänge, deren labyrinthische Formationen keinem einheitlichen Ordnungsprinzip mehr gehorchen. Von Labyrinthen lassen sich keine Pläne herstellen, Labyrinthe können – ähnlich den »Rhizomen« in Gilles Deleuzes philosophischen Erörterungen, die eine Art Metaphorik dieser intertextuellen Verschränkungen entworfen haben – nur nachgegangen werden. Das Erlebnis, das der Suchende, der sie durchstreift, in ihnen findet, ist auch nicht das des Ausgangs, sondern das immer neuer Wege, das Erlebnis der Verweise, der Irrwege, der Sackgassen.

So gesehen, zieht jede Wendung in der Geschichte neue Vermutungen, neue Erzählungen, neue Textschichten an. Ausarbeitungen dieser Textkopplungen finden sich sehr deutlich in den Erzählungen und Romanen Hermann Burgers. All seine Figuren sind durch Texte konturiert, jeder Name eine Art Textsignal, zusammengesetzt aus Überlieferungen, aus eigenwilligen Neukonstruktionen, aus waghalsigen Traditionsverknüpfungen. Die Bewegung der Figuren transportiert nicht die traditionelle Bewegung der Psychen, sie transportiert eine wahre Sintflut von Texten, eine absolute Inszenierungskünstlichkeit, die – übrigens wieder sehr deutlich durch Motive des Post-Histoire gefärbt (fast alle Gestalten Burgers sind Deklamateure der Endzeit, Gestalten der Nach-Geschichte also, die es sich zu einem grausamen Vergnügen machen, die ausgelebten Rituale noch einmal als Todesrituale am eigenen Körper zu inszenieren) – über die Ansprüche des ins Phantastische überführten Realen mit grimmigem Gelächter zu triumphieren sucht.

Indem aber all diese Textgestalten sich miteinander verknüpfen, indem sie wie bei Hildesheimer, Hoffer, Späth, Burger und vielen anderen eine Art Reigen der Schriftlichkeit tanzen und immer undeutlicher wird, wer hier der Schreibende und wer der Entzifferer ist, treten die Körper der literarischen Figuren wie die verrenkter Gliederpuppen, an denen die Texte ihre Spuren hinterlassen, in den Vordergrund, werden sie – wie etwa in den Arbeiten Elfriede Jelineks – zu Apparaturen, an derem unaufhörlichen Zappeln sich die Schriftzeichen endlich verbrauchen. *Auslöschung*, so der Titel eines der großen Prosawerke Thomas Bernhards, liefert für diesen Vorgang das Stichwort. Auslöschung meint: die unendliche Textbewegung zu konfrontieren mit der Verstümmelung der Körper, mit ihrer Entsinnlichung, mit der Bewegung auf den Tod zu. So nimmt die zentrale Figur in Bernhards *Beton* nur einen unendlichen Anlauf zu dem einen, großen Textgebilde, das zu schreiben wäre, der Schrift über Mendelssohn; nicht diese Schrift aber steht im Mittelpunkt der Erzählungen, sondern die Selbstinszenierungen, die sie verhindern. Die Schrift ist das Ferne, die Erlösung, der einzige noch lebendige Gedanke; nicht dieser Gedanke aber wird weitergewälzt, sondern die Masse des Körpers, der sich der Schrift immer aufs neue entzieht. Seine Anstalten, seine Kümmernisse, seine ans Idiotische grenzenden Praktiken gestalten schließlich einen Erzähltext, der den eigentlichen Text, den über Mendelssohn, nur laufend umkreist.

Die poststrukturalistischen Theorien Lacans, Foucaults, Batailles haben versucht, einige dieser Bewegungen nachzuzeichnen, Bewegungen auf eine Ferne zu, die immer neue Spiegelungen des Ich, immer neue Praktiken seines Selbstverrats nach sich ziehen. Die Gebärden, in die die Figuren sich dabei verrennen, ähneln immer mehr denen des Wahnsinns, des Außersich-Seins, des, wie Bataille es formuliert hat, »Heterogenen«.[7] Es sind Bewegungen, die keine Bewußtseinsprozesse, kein Nacheinander, keine Entwicklungen mehr begründen, sondern

---

7 Vgl. Jürgen Habermas, »Zwischen Erotismus und Allgemeiner Ökonomie: Bataille«, *Der philosophische Diskurs der Moderne* (Frankfurt/M.: Suhrkamp 1985), S. 248–278

die sich leer laufenden Körper nur noch als künstliche Träger von Markierungen ausstellen (der Erfolg von Süskinds *Parfum* verdankt sich nicht zuletzt dem geschickten Arrangement poststrukturalistischer Topoi in einem ganz konventionellen Erzähltext; die zentrale Figur, Grenouille, ist ein Homunculus, »wie er im Buche steht«, die Gestalten, denen er auf der Spur ist, haben keine Individualität, es sind charakteristischerweise Körper, nur an ihren Duftmarken zu erkennen, die Inszenierung, die Süskind betreibt, kann folglich nur noch darin bestehen, den Wahnsinn seine Opfer finden zu lassen – dies alles im traditionellen Gewand des Schauerromans).

Die Literatur der achtziger Jahre ist ohne die sie begleitenden, sich mit den Jahren immer mehr ausformenden Großerfahrungen von Posthistoire, Postmoderne und Poststrukturalismus nicht zu denken. Erst das genaue Verständnis ihrer Motive wird die Voraussetzungen schaffen, die Arbeiten der neuen und jüngsten Literatur zu verstehen. Daß diese Motive auf noch so vermittelte Weise in die literarischen Arbeiten eingegangen sind, daß sie ihre Textur bis in die letzten Adern bestimmen, ist unübersehbar. Der literarisch gestaltete Rückgriff auf diese Motive war zugleich der Bezug auf eine neue philosophische Begrifflichkeit, die half, die Mitte der siebziger Jahre ganz offenkundig gewordene »Krise der Literatur« zu überwinden. Die achtziger Jahre waren in diesem Sinne auch ein Jahrzehnt der immensen Nachholarbeit theoretischer Anstrengungen, die sich um so mehr zuspitzten, je mehr sich die dominierenden kulturellen Erfahrungen einer Endzeit, die sich zur zeitlosen Lethargie einer Medienära verdichtete, beschleunigten. Der Beschleunigung dieser freigesetzten Medienzeichen stellte eine sich von der traditionellen philosophischen Sprache der Weltbilder entfernende, nicht mehr auf die Durchbrechung gesellschaftlicher Tabuzonen angewiesene und keineswegs mehr um eine unreflektierte Idee von Subjektivität kreisende neue Literatur Konzepte einer gleichsam subversiven Regelunterlaufung, Konzepte der Denaturierung, der Grenzüberschreitungen, der Metamorphosen entgegen. Dabei ist gewiß nicht zu übersehen, daß vor allem viele der jüngeren Literaten auf Motive der neuen philosophischen Theoreme fixiert waren. Die Folge waren spannungslose Papierkonstruktionen, ein ermüdendes Kreisen um die gängigen Vokabeln, die Vokabeln von Schrift, Blick, Zeit oder Bild (diese nennt Schirrmachers Aufsatz unter anderem mit Recht als bloße Markenzeichen). Manchen dieser Autoren ist die Kunstarbeit, die darin besteht, eine entwickelte Begrifflichkeit für die Aufbietung einer phantasievollen literarischen Formensprache zu nutzen, noch nicht gelungen, manchen ist noch nicht deutlich geworden, daß es nicht genügt, das Spiel der Begriffe anzustrengen, sondern diese ganz im Spiel der literarischen Bezüge verschwinden zu lassen. Auch eine noch so entwickelte philosophische Begrifflichkeit, die für eine Weiterentwicklung der Literatur von hohem Nutzen ist, kann ja der literarischen Arbeit höchstens dienlich sein, sie darf sie aber in keinem Moment beherrschen. Ich denke, dies ist mit dem Vorwurf der Erfahrungsleere gemeint, den man gerade jungen Autoren gemacht hat.

Andererseits darf nicht übersehen werden: Seit Mitte der siebziger Jahre hat sich durchaus eine »neue« Literatur formiert, der nicht damit gedient ist, daß man sie an Maßstäben aus der Vergangenheit mißt. Bevor sie mit der Literatur früherer Jahrzehnte verglichen wird, sollte sie erst in ihrer Eigenständigkeit begriffen und beschrieben werden. Diesem Versuch diente diese knappe Skizze, die Anregungen geben wollte, die zentralen Perioden der deutschen Nachkriegsliteratur unterscheidend zu verstehen.

8. Götzendienst (1990)

Ein Rückblick auf die Literatur der achtziger Jahre

Viermal ist in letzter Zeit dem darbenden Korpus der neuen deutschen Literatur eine Diganose gestellt worden: Frank Schirrmacher sah einen siechenden Patienten kurz vor dem Exitus (*FAZ* vom 10.10.89), Volker Hage klopfte noch einmal alle Organe einzeln ab, um hier und da wieder Leben einzuhauchen (*Die Zeit* vom 10.11.89), Hubert Winkels baute der Mumie ein Mausoleum für Eingeweihte, in dem eine kleine Sekte Literaturkundiger nekrophile Leidenschaften befriedigen soll (*Die Zeit* vom 2.3.89), und Reinhard Baumgart schließlich resümierte, der Korpus sei geschrumpft und lebe lediglich noch von Attitüden der Weltläufigkeit (*Die Zeit* vom 6.4.90).

Das seit mehr als zwanzig Jahren beliebte Krisendiagramm macht die Runde durch die Feuilletons; darüber wird gern übersehen, daß der Patient in diesen zwanzig Jahren erstaunlich oft wiedergeboren wurde, und das meist anders, als man es sich vorgestellt hatte. Galt die Literatur Ende der sechziger Jahre als lächerlicher Bildungsrucksack, so betrat in den Siebzigern die Figur des hypersensiblen, melancholischen Einzelgängers die literarische Szene. Der Literatur der »Neuen Subjektivität« sagte man Narzißmus, Innerlichkeit, ja Weinerlichkeit nach; davon ist wenig übriggeblieben, der bedächtige, zeitlupenhaft wahrnehmende Flaneur der oft alltäglichen, banalen Welten ist verabschiedet worden, die Literatur der achtziger Jahre vollzog den Sprung vom »Erfahrungshunger« (Michael Rutschky) zum Textfetischismus.

Fetische – das sind bekanntlich Götzen, denen geheimnisvolle, magische Kräfte nachgesagt werden. Der Umgang mit ihnen ist ein ritueller, er besteht vor allem aus Beschwörungen, Litaneien, Deklamationen, die eine tiefer liegende erotische Schicht freisetzen sollen. Genau in diesem Sinn hat die Literatur der achtziger Jahre die Sprache wiederentdeckt: als Potential ritueller Gestaltung, als Verschwörercode, den der Leser sich in seine eigenen Vorstellungen erst übersetzen muß. Es gibt weder ideologische Anleitungen noch autobiographische Seitenwege; die Literatur betreibt eine Art Exorzismus des Gewöhnlichen, und dem Leser bleibt nichts anderes übrig, als sich der Austreibung von gängiger Verständigung, brav Dialogischem, der Liquidierung jeder vorschnellen Orientierung zu stellen.

Mit der Wendung zum »Fetischcharakter« der Texte hat die Literatur auf jene verschärften Erfahrungen der Nachmoderne reagiert, die sich verkürzt als Erfahrungen des totalen Medienzeitalters und einer sich apokalyptisch darstellenden Spätzeit begreifen lassen. Wo die neuen Medien mit ihren immer willkürlicher sich gebärdenden Zeichenspielen die gewohnten Formen von Wahrnehmung verändern, wo eine mit ihren traditionell leitenden Vernunftideen in Konflikt geratene Kultur an ihren konservativen, bewahrenden Aufgaben zu scheitern droht, sucht die Literatur vor allem das Extreme: jenen Ort des Abseitigen, Skurrilen, Phantastischen, Exotischen, der noch durch keine Sprache besetzt ist und an dem das Katastrophale unserer Zeit besonders schmerzhaft in Erscheinung tritt.

Entschieden, scharf, wortgewaltig und oft höhnisch hat sie sich von den scheinheiligen Verständigungsritualen der siebziger Jahre befreit; die neue und jüngste Literatur versucht den Terror des Alltäglichen nicht zu bändigen, sie versucht, ihn in sprachlichen Exerzitien zu dramatisieren.

Einen Fetisch zu beschwören – das kann bedeuten: sein Bild bis ins Unendliche zu vervielfältigen, es immer neuen Brechungen auszusetzen, es mit den verschiedensten Sprachschichten zu belagern. Eine solch mehrbödige, überreizte, mit einer kaum übersehbaren Zahl von Verweisen arbeitende Literatur hat Hermann Burger in seinen Frankfurter Poetik-Vorlesungen eine Literatur der »Pararealität« genannt. In Burgers Erzählungen und Romanen hat sie Gestalt angenommen. Es ist eine Literatur, die vom steten, unerwarteten Wechsel zwischen Imaginärem und Realem lebt und die diesen Wechsel auf kunstvolle Weise durch eine Flut sprachlicher Masken zu kaschieren sucht. Burgers Gestalten sind Maskenträger, Rollenspieler, die am eigenen Leib einen Belagerungszustand von Sprache vorexerzieren.

»Mich verbergen, erscheinen, aus dem Nichts auftauchen und wieder dahin verschwinden: existentielle Knalleffekte...« – so beschreibt Burgers Zauberer Diabelli die Spiele seiner Kindheit, die zugleich Sprachspiele sind. Denn wie die Figuren Burgers immer wieder hineinschlüpfen in neue Larven, um diese als Trugbilder zu bestätigen, so schlüpfen sie gleichzeitig in immer neue textuelle Schichten. Sie bedienen sich der Magier-, der Leser-, der Kranken-, der Psychologensprachen, sie wechseln unaufhörlich zwischen diesen Idiomen, so daß ein geradezu enzyklopädisches Vexierspiel entsteht, das jene Entdeckung einzuholen sucht, die Diabelli als Urszene seiner Kindheit beschreibt: »Als ich entdeckte, daß man, vor einem Spiegel stehend, mit einem zweiten, hinter das Ohr gehaltenen Frisierspiegel das Ich vervielfachen kann bis ins Unendliche, blockierte ich das Badezimmer.«

Die Literatur der »Pararealität«, die das Reale wie das »Natürliche« abstößt, fasziniert das »Künstliche, Gemimte, Supponierte, Imitierte, Spiegelbildliche, Vexatorische, Halluzinatorische, Phantasmagorische« (Burger). Eine solche Literatur, deren postmoderne Züge unübersehbar sind, schrieben in den achtziger Jahren so unterschiedliche Autoren wie Gert Hofmann, Urs Widmer, Gerhard Köpf, Wolfgang Hilbig, Gert Jonke und Gerold Späth. In ihr wird die Einheit der Figuren in dauernden Täuschungsmanövern unterlaufen: ›Das Ich – das sind mehrere‹ – so könnte eine Losung dieser Literatur lauten, die diese Einsicht der Romantiker nicht nur darzustellen, sondern auch in einem labyrinthischen Sprachgestus einzufangen sucht..., etwa so, daß einer schließlich »nicht mehr wüßte, wessen er sich zurückdenkend entsinnen sollte, seiner eigenen bisherigen Vergangenheit... oder seiner bald neu auf ihn zukommenden Zukunftserfindungserinnerung, die ihm nun erst erfahrbar würde in der vor ihm ausgebreiteten Zeit einer Erinnerungszukunft, Erfindungszukunftserinnerung...« (Gert Jonke in *Erwachen zum großen Schlafkrieg*).

Alle hier zur Fraktion der »Pararealisten« vereinten Autoren schreiben eine hoch rhythmisierte, musikalische Prosa, deren Gefahr das bloß Rhetorische, deren Kunst aber eine der Metamorphosen ist, die Bilder, Imaginationen und Geschichten in ein auch lautlich-sinnliches Universum verwandeln.

Fetische zu beschwören – das kann zweitens aber auch bedeuten: ihre Macht so einkreisen, daß die Gesetze ihrer Wirkung deutlich werden. Eine solche Literatur ist eine Literatur experimentierender Erkundung, eine Literatur der sprachlichen »Metarealität«, die das Gefängnis der Sprache von immer verschiedenen Blickwinkeln zerlegt und es dadurch zugleich auskundschaftet. In dieser Literatur geht es nicht um die Verwandlung des Realen in Phantasie- oder Vexierbilder, sondern um die Auslöschung des Realen im Blick auf die einzige Wirklichkeit, die der sprachlichen Textur. »Wortgestrüpp, das ist eine Einkreisungstechnik, ... eine wuchernde Einkreisungstechnik, die Blitzrichtung ungenau, ...erst zerstreue ich alles, dann sammle ich alles wieder zusammen, ...vieles läßt sich nur in Analogien begreifen«, heißt es symptomatisch in Friederike Mayröckers *mein herz mein zimmer mein name*.

Umrisse einer Gegenwartspoetik dieser Literatur der »Metarealität«, der man auch in den Werken von Paul Wühr, Friederike Roth, Gerhard Rühm oder Oskar Pastior begegnet, hat Jürg Laederach in seinen sehr lesenswerten Grazer Poetik-Vorlesungen (*Der zweite Sinn*) skizziert: »Was ich hier will, ist, einen Eindruck von dem unausweichlichen Flirren zu erzeugen, das bei jedem sprachlichen Ausdruck sogleich einsetzt; den Sinn zu schärfen für die Gesamtheit aller Unschärfen, für die Überlagerung und Unterfütterung der ›offensichtlichen‹ Auskünfte durch andere; eindringlich anzumahnen, daß ein Text, der diese Bezeichnung verdient, immer zwei, drei Texte ist.«

Textbewegungen voller Unschärferelationen, Sprachspiele, Sprachuniversen, in denen sich Redeschichten überlagern – so ließe sich eine Literatur der »Metarealität« notdürftig kenn-zeichnen. Entstanden ist in den achtziger Jahren eine Art sprachexperimenteller Literatur zweiter Potenz, die die Vor-läuferschaft von Konkreter Poesie oder Wiener Gruppe auf-greift und in durchlässigere, unprogrammatischere und weit-läufigere Konzepte verwandelt. Der Leser ist eingeladen, einer den Texten innewohnenden »Definitions-Dynamik« zu folgen, sofern er Laederachs Warnung folgt: »Kann ich mich darauf verlassen, daß Sie den nächsten Text, den Sie auf der Weide treffen, nicht gleich melken wollen wie die Kuh?«

Die dritte Fraktion, die ich bei meinem Entwurf eines Porträts der Gegenwartsliteratur ausmache, ist die Fraktion derer, die dem Fetisch mit dem bösen Gegen-Blick begegnen, einem star-ren Blick, der erratische Textformen entwirft, einem Blick, der am Häßlichen, Abseitigen, Verworfenen interessiert ist. Eine solche Literatur des bösen Blicks haben etwa Elfriede Jelinek, Ludwig Fels, Rainald Goetz, Josef Winkler oder Einar Schleef vorgelegt. Es ist eine Literatur, die mit sich radikal gebenden Verwerfungsgesten arbeitet, eine Literatur, die besessen ist von der Destruktion des Leiblichen und diese Destruktion (im Sinne Michel Foucaults) als hartnäckig betriebenes Aufsuchen, Überschreiten und Verlieren von Grenzen erlebt: »Die Spiel-regeln der Grenzen und der Überschreitung sind von einer ein-fachen Hartnäckigkeit: die Überschreitung durchkreuzt immer wieder eine Linie, die sich alsbald in einer gedächtnislosen Woge wieder schließt, um von neuem an den Horizont des Un-überschreitbaren zurückzuweichen.« (Foucault)

Daher ist die Literatur des bösen Blicks eine exzentrische, die mit Verwünschungen, Schmähungen, Drohungen, mit der Aggressivität von Verletzten gleichsam auf der Stelle dekla-miert. In den uferlosen Kaskaden von Schleefs *Gertrud*-Mono-log hat diese Verletztheit ihren mächtigsten Sprachpart gefun-den: als Auflehnung, Selbstgericht, als Explosion des Ich.

Viertens schließlich ließe sich eine Literatur denken, die gleich-sam in den Fetisch hineinhorcht, eine Literatur der archaischen Gesten, auf die Wiedergewinnung von mythischen Elementarformeln aus, eine bald kryptische, bald erhabene Literatur des Geheimen. Peter Handke oder Botho Strauß haben, von sehr unterschiedlichen Positionen aus, an einer solchen Literatur mitgewirkt. Handke war der formende, auf ›ideale‹ Gestalten, auf Urbilder des Sehens und der ortenden Bewegung zielende Schriftsteller, Strauß dagegen eher der, der die mythische Erfahrung im Schwinden, Undeutlichwerden der Zeichen, im Stillstand auszumessen versuchte: »Poeta otiosus. Der zurückgetretene, der nutzlos gewordene, der in Vergessenheit geratene Ursprüngliche. Seine Muße ist die ganz entbundene, ruhend-ruhlose Wache. Seine Ataraxie: die Wörter sich finden zu lassen und nicht einzugreifen.« (Strauß in *Sigé*)

Die Literatur des Geheimen, wie ich sie hier nenne, provoziert durch sprachschöpferische Akte, sie ›rühmt‹ oder ›ruft‹ so, wie es Maurice Blanchot verstanden hat, für den Rühmen und Rufen Schreibweisen waren, um »die Macht der Namengebung, die Kraft der Benennung« – also Gesten »herrscherlicher Art« – zurückzugewinnen.

Der fünften und hier zuletzt genannten Fraktion würden jene Autoren angehören, die den Fetisch zerma(h)len, die ihn also konfrontieren mit Geschichten, Erzählungen, Gemälden, die ihn überschütten mit Erfahrungsdetails, historischen Figuren, in der Absicht, die Sprache ins Unendliche wuchern zu lassen. Solche Autoren sind »Geschichtsesser« (Barthes), die der Fülle des Erzählbaren, dem Überwältigtsein durch Bilder durch den Einstieg in einen vitalistischen Erzählstrom zu begegnen suchen. Die Literatur, die dabei entsteht, nenne ich die Literatur des Scheherezade-Effekts: ein Fließen von Begebenheiten, Episoden, ein zyklischer Sprachreigen, der immer nach einem unerreichbaren Ganzen greift: dem Kosmos einer Region, der Fiktion einer Epoche.

Eine solche Literatur bedient sich der Geschichte (als monströs vielfältigem Leib) und der Geschichten (den Schnittmustern, den Leib aufzuzehren) wie »ritueller Nahrungsmittel«; sie stopft sich voll, mästet sich, will »prall, dicht und fest wie ein Gewebe« (Barthes) werden und trennt mit jedem Erzählschritt doch wieder den Teppich dieses Gewebes auf. »Ich schreibe das

211

um!« ereifert sich der Erzähler in Sten Nadolnys *Selim* vergeblich und verwickelt sich in ein paradoxes Korrigieren: »Ich werde auch diesen Tag anders erzählen als er war. Und so wird es weitergehen. Lüge? Nur die Konsequenz des Erzählers! Leben umdichten und Leben erhalten sind ein und dasselbe!«

Neben Nadolnys *Selim* zähle ich auch Romane wie Gerhard Roths *Landläufiger Tod* oder meinen eigenen *Schwerenöter* zur Literatur des Scheherezade-Effekts. Es ist eine Literatur der kreisenden Erzählbewegungen, ausschweifend, getrieben von der Lust, sich zu verlieren. Noch einmal Barthes: »Dem Fetischisten würde der zerschnittene Text, die Zerstückelung der Zitate, der Formeln, der Prägungen, die Lust am Wort zusagen.« (*Die Lust am Text*)

Ich könnte noch weitere Fraktionen auszumachen versuchen. Wichtiger als ihre Zahl erschien mir aber der Nachweis, daß die Literatur der achtziger Jahre, eine Literatur des fetischistischen Götzendienstes an der Sprache, Terrains erschlossen und Schreibweisen entwickelt hat, die sich nur sehr vorsichtig mit denen früherer Jahrzehnte vergleichen oder an sie ankoppeln lassen. Mag sein, daß die Literatur an »gesellschaftlicher Funktion« verloren hat (Winkels), mag sein, daß die alljährlichen Debütantenbücher sich ähneln wie ein Ei dem andern (Schirrmacher) – all diese Diagnosen sollten nicht daran hindern, den neuen Qualitäten und den Veränderungen von Literatur neugierig und sehr aufmerksam nachzuspüren. Gelänge auch das nicht mehr, müßte man am Ende vielleicht weniger eine »schwache Literatur« betrauern als eine Schwäche derer, die sie zu deuten hätten: der Interpreten.

IV. Zur Kultur der 80er Jahre

Die beiden den Band abschließenden umfangreicheren Essays reflektieren in historischen Längsschnitten einen Wandel kultureller Erfahrungen. Sie beschreiben den Einbruch medialer Vermittlungen in die großstädtischen Wahrnehmungen und in die Selbstinszenierungspraktiken der Politik.

1. Der lange Abschied vom Flaneur (1986)

1

Wilhelm hat sich auf einem Zeitungsfoto erkannt; es zeigt die Einkaufsstraße von Heide in Schleswig-Holstein an einem langen Samstag. Dort ist er nicht ganz deutlich, aber bei längerem Hinschauen doch mit einiger Bestimmtheit zu sehen; er steht gerade neben einem Automatenpferd, auf dem ein Kind reitet, ein beliebiger Passant unter anderen, der sich in dieses Bild, das dem Betrachter nur den Erfolg des regen Geschäftstages beweisen soll, verirrt zu haben scheint. Die Aufnahme galt ja nicht seiner Person, seiner Gestalt; er kam auf ihr nur wie ein Zitat vor, das den Lesern etwas beweisen sollte.

Wilhelm selbst jedoch faßt diese Beliebigkeit seines Auftritts ganz anders auf. Er kann sich an ihr nicht freuen; die Momentaufnahme ist ihm ein Zeichen dafür, daß er »bis jetzt all die Jahre nichts anderes war als dieser beliebige Passant auf dem Foto«. Das Bild zeigt ihn wie einen »Posten in der Statistik«, und wahrhaftig kommt es ihm so vor, als gebe es über ihn nicht mehr zu sagen. In der lächerlich provinziellen Umgebung, die so freundlich gestellt und arrangiert erscheint, fällt er nicht aus dem Rahmen. Gegenüber diesem Ambiente ist seine eigene Figur gar nicht mehr abzugrenzen. Der »beliebige Passant«, der unweigerlich zu einer Art Medium des gesamten Straßenausdrucks wird, ist in diese Umgebung so eingepaßt, daß er wie immun wirkt gegenüber heftigeren oder überraschenden Zusammenstößen. Der Passant – das ist nicht nur einer, der vorübergeht; es ist auch der, dem nichts mehr zustößt, auffällt, einer, dem nichts mehr begegnet oder geschieht. Die nachgetünchte Altstadtstraßenfassade mit ihren aus dem Fachwerk herausquellenden Schaschlik-Buden ist sein Gegenüber eben-so wie die von Kugellampen drapierte Straßenflucht der Fuß-gängerzonen. Die Umgebung hat ihren Charakter, ihr Profil, ihre Widerständigkeit in diesen Arrangements zurückgenom-men; der einzelne, der sich noch in ihr zeigt, ist eine Figur der Geschäftsszenerie, auf dem Weg zum Einkauf, kleinen Besor-gungen nachgehend. Dieser nach allen Seiten hin durchlässige Passant, der sich der Einrichtungen bedient und von ihrer Ge-staltung verschluckt wird, ist an die Stelle des Flaneurs getreten. Im Passanten lebt die Idee des Flanierens nur noch unbeholfen weiter. Wesentlich für den Passanten ist, daß er vorankommen will; er will weiter, fort, an einen anderen Ort, irgendwohin. Schattengleich zieht es ihn an den Fassaden entlang, aber ebensowenig wie sich selbst bekommt er etwas anderes zu fas-sen. Im strengen Sinn steht ihm danach auch gar nicht der Sinn. Er will sich verteilen, sich ausstreuen, zum Teil einer Szenerie werden; daher duckt er sich in die Bilder, die das Arrangement abwirft. Gerade zu diesen Arrangements zieht es ihn hin. In ihnen kommt sein eingepaßtes Bild für einen Bruchteil zum Stillstand; in diesem Augenblick nimmt es die ihm gemäße Farbe an, fügt sich oder steht von seiner Umgebung ab. Der Passant will also verschwinden, indem er sich den Dingen an-schmiegt; er steht *ihnen* zur Verfügung.

Anders der Flaneur, der die Dinge durch seinen Blick zum Stillstand bringt. Der Flaneur reiht die durch Betrachtung ge-dehnten Augenblicke aneinander; er will die Gegenwart bele-ben, durch den fest eingenommenen Platz und die Stellung, die er den Dingen zu geben weiß. Er muß sich ihrer bemächtigen, aber nicht, um sie zu beherrschen, sondern um sie auszufüllen. Ohne seinen widerständigen Halt würden die Dinge gewisser-maßen in sich zusammenfallen; niemand wüßte dann ihre Be-deutung zu transportieren. Eine wichtige Aufgabe des Flaneurs ist aber der Transport; anders als die Geschäftigen, die Käufer, die Händler, die alle Dinge durch ihre Hände gleiten lassen, sie betasten, fortbewegen, tragen, transportiert der Flaneur sie, indem er nur ihre visuelle, ästhetische Anziehungskraft auf sich wirken läßt. Das eben macht den Druck aus, der auf ihm lastet. Bricht die Anstrengung, die dieser Druck verursacht, zusammen, erlischt das Dasein des Flaneurs im Strom der Massenbewegungen.

Ist die Figur des Passanten ebenso in Kleinstädten wie in Großstädten vorstellbar, so ist der Flaneur an die Metropole gebunden. Die Wege, die er durchmißt, fügen in seiner Erinnerung das gewaltig ausufernde Bild dieser einzigartigen, gewachsenen Größe zusammen. Dem Flaneur prägt sich damit ein, wie die Stadt sich ausgedehnt hat; in ihren Straßen liest er den Film ihrer Geschichte. Für den Passanten dagegen ist diese Geschichte nicht erfahrbar; die Bilder, in die er sich verliert, ruhen auf keinem Sockel. Er entzerrt sie nicht, er begleitet sie lediglich atmosphärisch – mit seinen unaufdringlichen Geräuschen. Beide Gestalten scheinen sich einander anzunähern und abzustoßen; bei genauerem Blick jedoch gehören sie ganz verschiedenen Epochen und Geographien an.

2

Etwa Mitte des 18. Jahrhunderts begannen die Versuche deutscher Schriftsteller, die kleinstädtische Provinzialität ihrer Herkunft mit den Bildern der rasch wachsenden europäischen Metropolen zu kontrastieren. Diese waren die Felder einer Anschauung, die dringend der Erweiterung und Öffnung bedurfte, um nicht in ihren kleinen Bezügen zu ersticken. Die geschichtliche Entwicklung hatte in Deutschland die Herausbildung eines Zentrums verhindert; die Hof- und Residenzstädte deutscher Prägung eröffneten Handel und Verkehr nur einen geringen Spielraum. Um so stärker zog es die Gebildeten nach London, Paris oder Rom. In seinem Brief an Ernst Gottfried Baldinger vom 10. Januar 1775 beschrieb Lichtenberg das großstädtische Treiben in London bereits im Vergleich mit dem kleinstädtischen Göttingen: »In Göttingen geht man hin und sieht wenigstens von 40 Schritten her an, was es gibt; hier ist man (hauptsächlich des Nachts und in diesem Teil der Stadt, the City) froh, wenn man mit heiler Haut in einem Nebengäßchen den Sturm auswarten kann. Wo es breiter wird, da läuft alles, niemand sieht aus, als wenn er spazieren ginge oder observierte, sondern alles scheint zu einem Sterbenden gerufen. Das ist Cheapside und Fleetstreet an einem Dezemberabend.«

Die Metropole London ist die Bühne für ein Studium, das den Erscheinungen wach, mit Aufmerksamkeit und Kontrolle entgegentreten muß. »Dem ungewöhnten Auge scheint dieses alles ein Zauber; desto mehr Vorsicht ist nötig, alles gehörig zu betrachten; denn kaum stehen Sie still, Bums! läuft ein Packträger wider Sie an und ruft by Your leave wenn Sie schon auf der Erde liegen.« So gesehen, bereitet das Leben in der Metropole einen einzigartigen Genuß, den der Fremde und des Abenteuers. Das allein genügt aber nicht.

Die Metropolen lassen den Beobachtenden an einem Studium teilhaben, das ihm die »verspäteten« deutschen Zustände nicht bieten können. In den Metropolen nämlich treten geschichtliche Abläufe, sozialer und ökonomischer Wandel erst deutlich in Erscheinung. Dadurch sind sie Konzentrationspunkte von »Bewegungen«. Die Geschichte wird plötzlich in Dimensionen anschaulich, die auf die Zukunft verweisen. Gilt London dabei vor allem als Stadt politischer Aufklärung und republikanischen Fortschritts, als Metropole der Waren und des Handels, deren Spuren Lichtenberg in den Auslagen der Boutiquen und Läden als Illuminationen der Straßen verfolgt, so offenbart Paris seine Bedeutung als Metropole der »Revolutionen«. Hier ist man der geschichtlichen Entwicklung gleichsam schon voraus: Mode, Ästhetik, Malerei und Künste entwerfen laufend Bilder des »Fortschritts«, die das ungeübte Auge des deutschen Kleinstädters erst zueinander in Beziehung setzen muß. Dabei bilden sich von Anfang an zwei sehr verschiedene Reaktionen heraus.

Ludwig Börne skizziert in seinen Paris-Berichten deren eine Seite. Für ihn bedeutet die Kenntnis von Paris die eines Kaleidoskops, das den Betrachter ganz zum Objektiven, der Kenntnis der Dinge und dessen, was »angezeigt« ist, hinzieht: »Wer lange leben will, der bleibe in Deutschland, besuche im Sommer die Bäder und lese im Winter die Protokolle der Ständeversammlungen. Wer aber Herz genug hat, die Breite des Lebens seiner Länge vorzuziehen, der komme nach Paris. Jeder Gedanke blühet hier schnell zur Empfindung hinauf, jede

Empfindung reift schnell zum Genusse hinaus; Geist, Herz und Sinn suchen und finden sich – keine Mauer einer traurigen Psychologie hält sie getrennt.« So beschert die Metropole den Genuß einer seltenen Intensität; sie nimmt vorweg – und sie führt die sonst getrennten Fähigkeiten und Antriebe des Beobachters zusammen. Wer ihr gewachsen sein will, bedarf aller Sinne in gleicher Weise. In den Metropolen nimmt die Teilhabe an der geschichtlichen Vielfalt den Rang eines »Registers« der Weltgeschichte ein. »Wenn man in Deutschland das Leben destilliren muß, um zu etwas Feurigem, Erquicklichem zu kommen, muß man es hier mit Wasser verdünnen, es für den täglichen Gebrauch trinkbar zu machen.«[1] In diesem Sinne wird die Metropole zum »Mythos« eines neuen Ganzen, das mit dem Gesamtbegriff der Weltgeschichte den der Religion allmählich ablöst. »Geschichte« – das ist die fortlaufende Explosion der drei Zeiten, deren Mitgestaltung das Individuum von der Sphäre seiner innerlichen Andacht abziehen.

Eben diesen Einfluß der Metropolen kritisieren jene Autoren, die um den Verlust des Individuellen fürchten. Bereits Kleist notiert in einem Brief vom 18. Juli 1801 diesen Verlust an Paris: »Man geht kalt aneinander vorüber; man windet sich in den Straßen durch einen Haufen von Menschen, denen nichts gleichgültiger ist, als ihres Gleichen; ehe man eine Erscheinung erfaßt hat, ist sie schon von zehn anderen verdrängt; dabei knüpft man sich an keinen, keiner knüpft sich an uns; man grüßt einander höflich, aber das Herz ist hier so unbrauchbar, wie eine Lunge unter der luftleeren Campane, und wenn ihm einmal ein Gefühl entschlüpft, so verhallt es, wie ein Flötenton im Orkane.«

Die Großstadtkritik solcher Prägung, die auf die »Kälte«, die »Anonymität«, die »Leere« des Stadtlebens verwies, hielt seit diesen ersten Notaten beinahe unvermindert bis in die Gegenwart an; auch ihre Argumente wiederholten sich. In Wilhelm Heinrich von Riehls *Naturgeschichte des deutschen Volkes* tra-

---

1 Vgl. Karl Riha (Hrsg.), *Stadtleben*. Neuwied: Luchterhand 1983.

ten sie massiv gesammelt auf. Für Riehl waren die Großstädte Sammelplätze der Heimatlosen und Vereinzelten; ihre »fluktuierende Bevölkerung«, abgekoppelt von den Bindungen an Familie und Stand, organisierte sich nach seinen Eindrücken zu keiner geregelten Gestalt. Sie machte vielmehr das monströse Element der Städte mit aus, indem sie die Vereinzelten niemals zusammenzog, sondern sie in der uniformen, verwirrenden, teils rauschhaften, teils Mißbehagen bereitenden Gestalt eines haltlosen Allgemeinen aushalten ließ. Diese Vorwürfe wurden von der konservativen Großstadtkritik aufgegriffen; Spengler variierte sie im *Untergang des Abendlandes*, Rilke übertrug sie im *Stunden-Buch* in die lyrische Klage (»Denn, Herr, die großen Städte sind / verlorene und aufgelöste...«).

Wenig später als 1850 entstanden, konnte sich Riehls Kritik freilich kaum auf Anschauungen beziehen, die in Deutschland zu machen gewesen wären. Erst in den letzten Jahrzehnten des 19. Jahrhunderts entwickelte sich Berlin hin zur Millionengrenze. Die naturalistische Großstadtpoesie beschwor den endlich erreichten Rang einer Weltstadt (so Julius Hart in einem »Berlin«-Gedicht: »Weltstadt, zu Füßen mir, dich grüßt mein Geist / zehntausendmal...«), Georg Heyms Großstadtgedichte entwarfen das mythisch-dämonische Bild des unersättlichen Stadtgottes, dem die »Musik« der Millionen galt, bis endlich Döblins Berlin-Roman das ganze Material der Stadt – Namen, Straßen, Klänge, Parolen – zu einem einzigen Panorama der Bewegungen zusammenfaßte. Noch Fontane hatte am Weltstadtniveau Berlins gezweifelt: »Ist es Weltstadt? Ja und nein. Nun das große Leben und das daneben fortexistierende Klein- und Spießbürgerleben.«

3

Rückt die Poesie der Großstadt im deutschen Bereich erst in der Spätzeit des 19. Jahrhunderts in den Vordergrund, so gestalten englische und französische Schriftsteller das Bild der Metropolen London und Paris weitaus früher. Dabei bilden die großen Städte nicht nur den Hintergrund der oft breit angelegten Romane; ihre Atmosphären geben diesen Werken vielmehr erst den Korpus, von dem Gestalten und Handlungen abgeleitet werden. Vor allem in den Metropolen spiegeln sich die geschichtlichen Entwicklungen, die Romanautoren wie Dikkens, Balzac und Zola in Sittenporträts universellen Ausmaßes einzufangen versuchen. Der Roman ist besonders geeignet, die spezifische Aufgabe dieser Poesie zu erfüllen; er nimmt auf und sammelt, was die Historiker vernachlässigten. Die Größe der Metropolen, der Reichtum, den sie anhäufen, die sozialen Konflikte, die sich hier besonders deutlich ausprägen, geben den Stoff für eine Darstellung, die an der flexiblen und doch vagen Materie der Stadt einen Halt sucht. Balzac verstand seine Arbeit als Konkurrenzunternehmen zur Historie; Zola wollte dem Roman den Rang einer wissenschaftlichen Analyse verleihen. Das Ergebnis dieser Anstrengungen war die Mythisierung des großstädtischen Lebens, die in Baudelaires Gedichten ihre erste und reinste Ausprägung fand.

Die Großstadt war der Konzentrationspunkt eines beweglichen Reichtums. Dieser löste den natürlichen Reichtum der alten Großgrundbesitzer ab. Die neuen Eigentümer von Geld, Kapital, Aktien hatten das magische Prestige derer verloren, die seit Jahrhunderten auf das Erbe ihres Reichtums hatten vertrauen können. Das Stadtleben war das »Medium der Veränderung«, die Metropole das bevorzugte Terrain der Geschäfte, die sich jeder begrifflichen Ordnung noch entzogen; die Ungeordnetheit ließ der Imagination den breitesten Raum. Fortlaufend mit der Produktion des Neuen beschäftigt, entzogen die Metropolen sich jedoch gleichzeitig der fixen Bestimmung, waren sie die Laboratorien der Sitten und des Geschmacks; von ihnen ging eine Anziehung aus, die bis weit in die Provinz reichte.[2]

Den durchaus erotischen Reichtum dieser Anziehung bloßzulegen, ihn mit den städtischen Mythen zu verbinden – das

---

2 Vgl. Henri Lefèbvre. *Die Stadt im marxistischen Denken.* Ravensburg: Maier 1975.

erkannte dann Baudelaire als seine besondere Aufgabe. Paris wurde zur Sphäre eines »Rauschzustandes«, der freilich nur dem zuteil wurde, der den handfesten Machenschaften der Bewohner durch Distanz und Beobachtung entzogen war. Baudelaire gab der Gestalt des Flaneurs die Züge eines frei gestellten Voyeurs; entbehrte die Metropole eines geistigen, spirituellen Mittelpunkts, streute sie ihre Eindrücke in unkontrollierbarer Vielfalt in alle Richtungen, so gab der Blick des Flaneurs ihnen ein geheimes Zentrum. Nun wurden die großstädtischen Erscheinungen dem Prüfstand der Intensität überantwortet; Kriterien für ihre Behandlung waren der Reiz und die Erregung, die sie auslösten. Als Walter Benjamin diese Konzeptionen Baudelaires sehr viel später beschrieb, waren sie bereits zu Urbildern einer Geschichte der Moderne erstarrt. Benjamins Baudelaire-Buch wollte eine Frühzeit der mythischen, großstädtischen Entwürfe neu beleben; schon dadurch reagierte es auf den allmählichen Verfall dieser Bilder. So konnte Benjamin in der Gestalt des Flaneurs mehr entdecken, als Baudelaire mit ihr noch beabsichtigt hatte: der Flaneur gab ein Grundmuster für das Sehen, Wahrnehmen und Entdecken des modernen Intellektuellen, der sich der akademischen Forschung entzogen hatte. Sein Bild wurde der geheime Leitstern einer Intelligenz, die die vernachlässigten Terrains der Großstadttopographien (Randzonen, Straßen, Abseitiges) aufsuchte und darstellte.

In Benjamins Baudelaire-Skizze ist der Flaneur die Gegenfigur zum gelangweilten Großstädter; kapituliert dieser vor der Fülle der Eindrücke, indem er sie zu dem immer gleichen Bild summiert, so gewinnt der Flaneur den einzelnen Bereichen der Großstadt, ihren Milieus, die jeweils besondere Farbe ab. Die Passage, jene Verbindung zwischen zwei belebten Straßen, in der das Entlegene in die Auslagen rückte, wurde daher ganz konsequent zum bevorzugten Gebiet seiner Erkundungen. Denn die Passagen galten als »Mittelding zwischen Straße und Interieur«. Sie kanalisierten gleichsam die Neugierde auf ein abgestecktes, symptomatisches Terrain; hier wurde der erregte Blick ebenso gehalten wie zum Schweifen getrieben. Passagen fanden sich ausschließlich in den Zentren der großen Städte. Sie bedurften einer »permanenten Fluktuation«, Tag und

Nacht mußten sie dem Strom der Käufer und Betrachter offen-stehen. Nur so war ihre Rentabilität gewährleistet. Unabhän-gig vom Einfluß der Witterung, boten sie einen Innenraum an, der von dem der Geschäfte verschieden war: man brauchte die Läden, die sie füllten, keineswegs zu betreten. Die Annähe-rung an die Gegenstände, die in ihnen ausgestellt waren, war vielmehr eine vorübergehende: der Betrachter konnte die lu-xuriösen und modischen Auslagen erst genau studieren, bevor er sich entschloß, sie eingehender zu mustern, um sie endlich zu erwerben. Im geschlossenen Raum der Passagen konnte sich der Blick des Flaneurs angenehm verlieren. Die Passage trennte ihn von der nur flüchtig und eilend benutzten Straße; sie ermöglichte einen gedehnten und doch kontrollierten Wechsel von Gleichgültigkeit und Interesse.[3]

Suchte Baudelaire im Flaneur die inspirierende Gestalt der Moderne, die die Anstöße der Zeit noch einzufangen vorgab, so hielt sich Benjamin, obwohl er meinte, sie um einer Ge-schichte der Modernität willen zu rekonstruieren, an ihrem fas-zinierenden Glanz auf, weil sie Aspekte der eigenen Arbeit neu zu erleuchten verstand. Auch Benjamin verstand sich als Fla-neur, jedoch als einer, der die abgelegenen Terrains der Kultur-geschichte aufsuchte wie Baudelaires Flaneur die verlocken-den, dunklen Viertel von Paris. Freilich war zu Benjamins Zeit die Welt der Passagen längst abgestorben. Siegfried Kracauer hatte das Ende der Berliner Passagen bereits 1930 in seinem kleinen Text *Abschied von der Lindenpassage* festgehalten. Die umgestaltete Passage erinnerte ihn damals nur noch an das »Vestibül eines Kaufhauses«. Charakteristisch jedoch, worin Kracauer diese Veränderungen begründet sah. Das Fremde, das Absonderliche, das die Passage in den Auslagen der An-sichtskarten und Weltpanoramen noch beschworen hatte, wa-ren abgelöst vom Tourismus, der die Entfernungen zu anderen Erdteilen aufhob, und vom Film, der den aufs Kuriose gerich-

---

3 Johann Friedrich Geist, *Passagen, ein Bautyp des 19. Jahrhunderts*. Mün-chen: Prestel 1969.

teten und die Details verbindenden Blick des Flaneurs in der Perspektive der Kamera einfing.

Um so verständlicher, daß Benjamin jene Werke mit höchstem Lob kommentierte, die eine »Wiederkehr des Flaneurs« verhießen. Zu ihnen rechnete er vor allem die Berliner Feuilletons Franz Hessels. In der Tat erinnerten diese an die Konzeptionen Baudelaires, und Benjamin widmete ihnen Deutungen, die beinahe Wort für Wort mit denen übereinstimmten, die Baudelaires Gedichten galten. Gerade der Zwang, den der Gedanke einer Rekonstruktion auf Benjamin ausübte, ließ ihn jedoch übersehen, daß Hessels Beobachter mit dem Typus des Baudelaireschen Flaneurs nichts mehr gemein hatten. Sie schlenderten, sie gingen »langsam durch belebte Straßen«; ihre Anstrengung galt dem nur noch herbeizitierten Versuch, »zwischen den Geschäftigen zu flanieren«.[4] Die Themen dieses Flaneurs waren jedoch eher die des müßigen Spaziergängers, der die Stadt mit jener Liebe musterte, mit der der Städter eine Landschaft zu betrachten pflegte. Gerade diese gemütvolle Hingabe trennte ihn jedoch vom Flaneur baudelairescher Prägung; für diesen war die Stadt nicht Element der Hingabe, sondern des Rauschs, der Gefahr, der Ekstase.

4

Lange Zeit verdeckte der literarische Großstadtmythos, der in Baudelaires Gedichten zu einem exklusiven Ausdruck gekommen war, den nüchternen Blick auf das Phänomen der Stadt. Benjamin überpointierte die einzelnen Aspekte dieser mythischen Stadtsicht bereits zu einer Zeit, als die soziologische Großstadtforschung längst begonnen hatte. Seit dem Ende des 19. Jahrhunderts verdrängte diese in nur allmählichen Schrit-

---

4 Vgl. Franz Hessel, *Ein Flaneur in Berlin* (Berlin: Arsenal 1984) und *Heimliches Berlin* (Frankfurt/M.: Suhrkamp 1982).

ten den beschränkten Blick, der die Stadt mit der Metropole und diese mit den einzelgängerischen Flanerien ihrer bedeutendsten Illusionisten identifizierte. Verglichen mit den neuen Forschungen, als deren erste breitere begriffliche Bestandsaufnahme Max Webers Abhandlung *Die Stadt* aus dem Jahr 1921 gelten kann, beschworen Benjamins Passagenstudien einen vergangenen Zustand, den der ersten, sinnlich-aufblühenden Reaktion auf die Entstehung des Metropolencharakters, dessen Aufhebung durch den Faschismus Kracauer bereits 1930 befürchtet hatte.

Die Welt der Passagen hatte ihren Höhepunkt in der Mitte des 19. Jahrhunderts; sie bilden eine Art Vorhut jener modernen Welt, die spätestens seit 1900 in Deutschland ganz andere Antworten verlangte. Gegenüber der Metropole Berlin rückten nun auch die rasch anwachsenden Städte der Regionen in den Blick. Die begriffliche Anstrengung galt der Frage, wie die urbane Welt dieser Städte zu charakterisieren sei, was ihre Anziehungskraft ausmache. Städtebau und Stadtplanung gliederten sich der soziologischen Forschung an. Diese faßte ihre Fragen und Ergebnisse zum ersten Mal in dem Sammelwerk *Die Großstadt* zusammen, das 1903 erschien. Darin bemühte sich Georg Simmel bereits, die »Attitude des Richters« gegenüber der Stadt um einer nüchternen Beschreibung ihrer Phänomene willen fallenzulassen.

Der großstädtische Menschentyp, dessen Erforschung an die Stelle der exklusiven Herausarbeitung des Flanierwesen trat, wurde nun als eine Gestalt erkannt, die einem besonders raschen Wechsel von äußeren und inneren Eindrücken ausgesetzt sei. Unter dem dominanten Einfluß der Geldwirtschaft verfeinere und nivelliere das Großstadtleben die sich neu formierende Individualität. Die ambivalente Bestimmung des Großstadtcharakters löste eine pauschale Verurteilung ab. »Kälte«, »Anonymität«, »Leere«, Schlagworte einer pessimistischen Großstadtkritik, wurden nun von anderer Seite gesehen. Simmel erkannte die Gleichgültigkeit des Großstädters als »Schutzmaske« gegen die Überforderung durch Eindrücke. Deren Abwehr werde dem großstädtischen Typus gleichsam von außen her aufgenötigt.

Gleichzeitig ging man den Motiven der Landflucht nach. Als Bismarck seine Landarbeiter fragte, was sie nach Berlin ziehe, führten diese an, daß man in der Großstadt feiertags im Freien sitzen und bei Musik ein Glas Bier trinken könne.[5] Durch solche Antworten wurde verständlicher, was die Faszination der Stadt in einem primären, allgemeinen Sinn ausmachte. Die großstädtische Geselligkeit, die Möglichkeit, Kontakte aufzunehmen und diese je nach Laune und Lust auch wieder zu vernachlässigen, erlaubte einen raschen Wechsel zwischen Öffentlichkeit und Privatheit. Das urbane Leben gab dem einzelnen eine Fülle von Impulsen, die er darstellend, negierend oder verändernd zu beantworten hatte. An die Stelle des zyklischen Jahreszeitenkreislaufs, dem er auf dem Land ausgesetzt war, mußte er sich in der Stadt den Gesetzen der urbanen Situation unterwerfen. Diese zentralisierten Dinge unterschiedlichster Art, sie versammelten, führten zueinander; andererseits wurden die Veränderungen gerade durch diese Zentralisation lesbar. So reizte die Stadt mit primären Angeboten (sozialer Kontakt, sozialer Aufstieg), so bot sie andererseits jene Atmosphäre dauernder Abwechslung, durch die die Selbstbehauptung des einzelnen umspielt und abgemildert wurde. Der Großstädter war distanziert und beteiligt, die zahllosen Sphären der Kommunikation erlaubten ihm ein rasches Eindringen in sonst verschlossene Welten; die Stadt war der Bereich einer äußeren und inneren Dramatik, die das gleichförmige Leben auf dem Land vergessen machte.

Freilich war die Faszination, die das Leben in den Städten ausmachte, an diese notwendigen Bedingungen von Urbanität gebunden. Offenheit und Geschlossenheit des Stadtlebens erforderten ein sensibles Gleichgewicht. Erst der Zusammenbruch dieses Gleichgewichts löste nach dem Zweiten Weltkrieg die erneut massiv einsetzende Stadtkritik aus.

5 Vgl. Elisabeth Pfeil, *Großstadtforschung*. Hannover: Jänecke 1972.

Als Heinrich Böll 1966 in seinen *Frankfurter Vorlesungen* die Bedeutung der Stadt und des Wohnens in der deutschen Nachkriegsliteratur untersuchte, hielt er fest, daß es in ihr kaum Schilderungen von Seßhaftigkeit, kaum ein Buch gebe, in dem Nachbarschaft und Heimat »als vorausgesetzt« gelten konnten. Die Zerstörungen des Weltkriegs hatten die urbane Substanz der Städte ausgehöhlt: »Es entsteht der Eindruck eines Volkes auf der Flucht, Flucht aus dem Osten, Flucht in den Westen.« Nachbarschaft – diagnostizierte Böll – werde nicht mehr als etwas Dauerhaftes, Vertrauenerweckendes geschildert. Das »Nicht-wohnen-Können« der Deutschen war ein Resultat ihrer Geschichte. »Immer auf dem Sprung irgendwohin« wurde der Heimatlose, ziellos und passiv Herumstreifende zu einer zentralen Figur der Nachkriegsliteratur. Sicher, in der unmittelbaren Nachkriegszeit hatten Zerstörungen und Verwüstungen ein urbanes Leben zunächst unmöglich gemacht. Aber gerade der rasche Wiederaufbau der Städte hatte jenen Typus des vagabundierenden einzelnen, der keine Heimat mehr findet, eher noch stärker ausgeprägt. Die Städte gaben der Literatur keine Anzeichen von Vertrautheit; selbst die frühere Metropole Berlin fand keine Schilderung, die den Rang von Döblins *Alexanderplatz*-Roman hätte einnehmen können: »Berlin ist offenbar nicht beizukommen, es ist nicht in vertrautes Gelände zu verwandeln.«

So beschrieb Böll die »ungeheure, oft mühselige Anstrengung der Nachkriegsliteratur« dadurch, daß diese beschäftigt sei, »Orte und Nachbarschaft« wiederzufinden. Auch die Schilderungen Raabes und Fontanes, Döblins und Benjamins hätten Berlin nicht zu einer literarischen Realität machen können, die mit der von London oder Paris vergleichbar sei. So fand sich die literarische Stadtdarstellung nach dem Faschismus wieder auf die Provinz zurückgeworfen. Aber auch deren Charakter hatte sich entscheidend durch den Wiederaufbau verändert. Die Prozesse der Verstädterung hatten sie längst eingeholt. Die Kleinstädte wurden immer mehr zu Attrappen der Großstädte, gliederten sich den breitgefächerten Stadtregionen ein und wurden mit der Zeit von der Monotonie der zerstreuten Gebilde ganz überwältigt. Die ausufernden Stadtlandschaften wurden nach den Funktionen gegliedert, die sie für ihre Bewohner einnahmen. In den Zentren siedelten sich Banken, Verwaltungen, Geschäftsunternehmen an; die verstädterten Zonen griffen immer weiter aus und drängten die Wohngebiete an die Ränder der Städte. Man sprach längst nicht mehr von Städten, sondern von »Agglomerationen«. Der künstliche Begriff, der die prinzipiell unendliche Ausweitung der Verstädterung einfangen sollte, diente der Ablösung der alteuropäischen Stadtidee, die sich an der übersichtlichen, organisch gewachsenen Konzeption der aus den Hof- und Residenzstädten des Absolutismus entstandenen Stadtstruktur orientierte. Die neuen Stadtlandschaften waren mit diesen überschaubaren Gebilden gar nicht mehr zu vergleichen. Ihre Zentren dienten den Anforderungen der Wirtschaft und des Handels; der Verkehr, der in sie mit übergroßer Intensität einfloß, zerstörte alle urbanen Ansprüche an Geselligkeit und Offenheit.

Ende der sechziger Jahre kumulierten die Einwände gegen diese rabiaten Veränderungen in dreierlei Bereichen. Zum einen verbanden sie sich eng mit einer soziologischen Kritik und analysierten den kapitalistischen Städtebau als Erkrankung des städtebaulichen Systems;[6] zum zweiten gingen sie, wie bei Alexander Mitscherlich, in eine phänomenologische Beschreibung der »Unwirtlichkeit« der Städte ein, die sich der Form eines Pamphlets als einer »Anstiftung zum Unfrieden« bediente. Im literarischen Bereich fand diese Kritik, die die Preisgabe des sozialen Charakters der Städte vor allem auf ein Spekulantentum mit städtischem Wohnraum zurückführte, ihre Entsprechung in Schilderungen, die das Nachkriegsbild des ruhelosen Heimatlosen, der in den Städten weder Kontakt noch Ruhe, weder Öffentlichkeit noch Privatheit finden konnte, erneuerten. Ihren ambitioniertesten Ausdruck fand

---

6 Vgl. Hans G. Helms/Jörn Janssen (Hrsg.), *Kapitalistischer Städtebau*. Neuwied: Luchterhand 1970.

diese neue Stadtsicht in Rolf-Dieter Brinkmanns 1968 erschienenem Roman *Keiner weiß mehr*.

Dessen Hauptfigur weiß den Städten keinerlei Charakter mehr abzugewinnen. In ihren Zentren fordert das Geschäftstreiben lediglich noch die Vermutungen früherer Bedeutungen heraus. Die einzelnen Partien der Stadt lassen jedoch keinen einheitlichen Wahrnehmungszusammenhang mehr zu. Sie zerfallen zu isolierten Gebilden, die stehengelassen, fallengelassen wurden: »An der Seite standen einige Taxis. Lächerlich dürftig war ein verstaubtes Rasenstück vorhanden. Er sagte sich, daß das alles gar nichts bedeute, nichts, nicht diese starre Reiterstatue, das Rasenstück, dann die wenigen Taxis und dahinter das alte, viel zu wuchtige Bahnhofsgebäude, er konnte daraus nichts für sich ableiten. Es war bloß da und langweilig, hatte mit ihm nichts zu tun, und es war unsinnig, wenn er versuchte, dagegen anzudenken wie jetzt, was sollte das, er war zu empfindlich geworden durch die Bahnfahrt und dann die Kälte, schlimm genug. Das öde Bild da vor ihm war da, auch ohne ihn, immer öde. Es hatte nichts mit der Qualität seiner Empfindungen zu tun... Mensch, was ist das für eine Stadt. Das ist keine Stadt. Das ist nichts.«

Gegenstände und Flächen, immer wieder betrachtet, aber nur noch gemustert, stillgelegt, verknüpfen sich nicht zu einem Stadtbild. So wird die Bewegung in der Stadt zu einer fortlaufenden Vernichtung von Eindrücken, nach denen der wieder einzelgängerische Betrachter begehrt. Er ist weder ein Flaneur noch ein Spaziergänger; er ist ein Passant, aber einer, der selbst dessen Ansprüche, sich der Stadt zu bedienen, in ihr zu verschwinden, aufgegeben hat. Was lockt, ist allenfalls eine »Bewegung an sich«, der gegenüber die kümmerlichen Unterschiede zwischen Städten, Stadtregionen und Landschaften längst unwesentlich geworden sind. Einsteigen, sich bewegen lassen, ankommen, umherstreifen, weiterfahren – die Kriechspuren dieser Ruhelosigkeit heben den Film nicht von der zerfaserten Oberfläche des Landes. In Brinkmanns Roman setzt sich die Raum- und Ortlosigkeit fort, von der Bölls Diagnose handelte. Das ganze Land ist zu einer einzigen Notstandsprovinz verkommen; der Blick auf die Metropolen ist ganz erloschen, das urbane Leben hat sich im Verkehrsaustausch der An- und Abreisenden, der Ein- und Ausfahrenden verloren.

6

Die Kulisse, von der sich Handkes Wilhelm in der Filmerzählung *Falsche Bewegung* verabschiedet, die arrangierte Fußgängerzonenlandschaft von Heide in Schleswig-Holstein, ist bereits eine Reaktion auf die Kritik, die die These von der »Unwirtlichkeit der Städte« nach sich zog. Anfang der siebziger Jahre bildeten sich in der Bundesrepublik Aktionsgruppen, die für eine Regeneration der Innenstädte eintraten. Sie knüpften an Beobachtungen an, die Expertenteams bei Studienreisen in den USA gemacht hatten; dort hatten die großen Einkaufscenter in den Randzonen der Städte ein erhebliches Kaufkraftpotential aus den Innenstädten abgezogen. Dadurch wurden vor allem die Interessen der Einzelhändler bedroht. Etwa seit 1973 begann daher die breit angelegte Umgestaltung der Stadtzentren zu Fußgängerzonen und einkaufsfreundlichen Gehbereichen. Planungsgruppen von städtebaulichen Kommissionen gaben den neuen Begriff des »Einkaufserlebnisses« aus. Nach diesem Konzept zielten die Ansprüche der Käufer nicht mehr nur darauf, Waren zu erwerben; das »Einkaufserlebnis« sollte vielmehr Rudimente vergangener, urbaner Verhaltensformen erneuern. Dem dienten die in den Zentren geschaffenen Abwechslungen zwischen Einkauf und Verweilen, eine Mischung von Mode-, Restaurant-, Imbiß- und Warenhauskultur. Dabei bediente man sich der traditionellen Orientierung an den städtischen Mittelpunkten von Kirche, Rathaus, Platz und Kreuzung, die nun, den neuen Erfordernissen angepaßt, wieder als markante visuelle Objekte hervorgehoben und städtebaulich betont wurden. Die lebhaft einsetzende Neuplanung setzte auf eine neue Urbanität, Altstadtgebiete wurden entdeckt und in ein neoromantisches Kolorit getaucht, große Parkhäuser entstanden, um dem Strom der Einkäufer Platz zu bieten.
Gerade diese Veränderungen dienten dem Ziel, in den Städ-

ten wieder einen komponierten Wahrnehmungszusammenhang herzustellen, auf den die Einkäufer mit Laune reagierten. Hausflächen wurden neu getüncht, Altstadtfassaden erhielten wieder einen Nachschimmer der Fachwerkzeit, alte und neue Bauelemente wurden aufeinander abgestimmt. Das vordergründige Ziel dieser Gestaltungsversuche war der »Stimmungszusammenhang«: »Durch die Auflösung der Schaufenster und die Ausstellung von Waren in Körben, Ständern und Boutiquen im Straßenraum werden gleitende Übergänge zwischen privaten und öffentlichen Räumen geschaffen, die zudem durch Straßenmöbel, -pflaster und Kugellampen basarartig zusammengezogen werden. Die Einheit von historischen Einzelbauten, altstädtischen Straßenführungen mit begrenzenden Nachkriegsbauten, wechselnden Verkaufsattraktionen und Werbeträgern wird so geschlossen.«[7]

So erhält die städtische Einkaufszone eine Art Make-up, das Arrangement löst die urbanen und metropolitanischen Träume ab. Der Passant wird zum Käufer, zu einem liebenswerten Bild im Refugium der Shopping-Zentren. Gerade in dieses Bild aber will Handkes Wilhelm sich nicht fügen. Die landesweite Verstädterung hat seine kleinstädtische Existenz längst aufgehoben und orientierungslos gemacht. Am Gegensatz von Stadt und Land, Umwelt und Stadt, Kleinstadt und Großstadt kann er sich nicht mehr orientieren. Sinnlos auch, nach irgendwohin zu fliehen; es gibt kein Irgendwohin mehr, alle äußeren Wege sind versperrt und behandelt. Das Straßennetz ist dem Sog der Verstädterung angepaßt, die kleinen Fluchtwinkel wirken längst wie künstliche Idyllen; so führt sein Weg, dieses unbefriedigende Schweifen, Schauen und Enttäuschtwerden, in die Schlafstädte der Regionen. Die Notwehr, die ihm übrigbleibt, ist eine rein innerliche; es ist der manische Versuch, die Arrangements durch den intensiven Blick zu beleben. Dieser Blick nimmt aber am Äußeren lediglich die Spuren der Bewegung

7 Vgl. Werner Durth, *Die Inszenierung der Alltagswelt*. Braunschweig: Vieweg 1977.

wahr; »sanft« auf und ab schwingende Drähte vor dem Fenster des Eisenbahnabteils, eine sich öffnende Abteiltür, die langsam fahrenden Züge – all diese Bewegungen summieren sich im Inneren zu einem Gleiten, das in den Phasen der Not durch ein heftiges, stockendes Erschrecken unterbrochen wird.

Handkes Sehanstrengung der frühen siebziger Jahre erschien lange als die einzig mögliche Antwort auf die Umgestaltung der Stadtregionen. Mit der Zeit hat die Verstädterung jedoch zu ganz neuen, qualitativ von den Veränderungswünschen der Einkaufs- und Städteplaner unterschiedenen Arrangements geführt. Die Städte wurden allmählich zum Sammelplatz der »Szenen«; auch deren Terrain wurde schnell neu erfaßt und beschrieben. Seit dem Ende der siebziger Jahre entstanden Stadtzeitschriften, die in ihrem Angebot die alten urbanen Verschränkungen von Öffentlichkeit und Privatheit neu entdeckten. Zeitschriften wie *Pflasterstrand, Zitty, Tip* boten den Lesern exakt jenen Genußextrakt, der den traditionellen Vorstellungen vom rauschhaften Leben in den Metropolen entnommen war. Musik, Film, Kultur, Mode, Design – das waren gleichsam die übergeordneten Orientierungsbereiche für die Unterhaltungswünsche der Leser.

Daneben entfaltete der immer mehr ausufernde Bereich der Kleinanzeigen die Schilderungen der privaten Atmosphären: Freizeit, Hausrat, Kleingewerbe, Kontakte, Lonely Hearts, Reisen, Wohnungsmarkt. Beide Momente ließen sich leicht aufeinander beziehen; entdeckte der Leser sich mit seiner privaten Verlassenheit, den mikroskopisch wirkenden Sorgen und Ängsten im Gewirr dieser Kleinanzeigen wieder, so bot ihm der aufwendig geschilderte öffentliche Markt der Trends den nicht zu unterschätzenden Reiz, die privaten Schubladen vor den übergreifenden Themen zu schließen. So versuchten die Stadtzeitschriften, den Stadtregionen gleichsam wieder metropolitanische Energie zuzuführen. Es kam nicht mehr darauf an, wo man lebte; die Städte hatten sich längst zu einem Einerlei entwickelt. Das Konzept der Neuorientierung setzte darauf, dieses Einerlei von unten her zu zersetzen. Man mußte nur die »grauen«, die »toten« Stadtzonen von jenen verborgenen Bereichen zu unterscheiden wissen, in denen sich »dies und das«

noch erleben ließ. Daher wurden die Stadtzeitungen allmählich immer wichtiger für den Orientierungswillen vor allem der jungen Bewohner. Sie boten das adäquate Konglomerat für Strategien, die sich über den jeweiligen Charakter der Städte zugunsten eines metropolitanischen Unterhaltungs-, Zerstreuungs- und Kommunikationsplans hinwegsetzten. Kino-, Theater-, Veranstaltungskalender gaben gerafft wieder, was von den »Szenen« zu erwarten war. Die sich erneut artikulierende »Lust auf Städte« (*Freibeuter*, Heft 3, 1980) verdrängte die Ende der sechziger Jahre aufgeflammte vehemente Großstadtkritik.

Das geheime Manifest der neuen Unruhe und Beweglichkeit, das *Kleine Handbuch der Alltagsüberlebenskunst*[8], so der Untertitel, hatte die Tendenzen Anfang der achtziger Jahre bereits zusammengefaßt, indem es die Vokabeln vom metropolitanischen Verlockungsangebot wieder emporspülte: »Das Erlernen der Stadt ist Leiden, noch dazu nutzloses Leiden, da es uns nicht die Beherrschung des urbanen Territoriums garantiert. Und doch sind diese winzige Qual, dieser kalte und feindliche Anruf der Straßen, diese einsame Vereisung in der Menschenansammlung vonnöten, um einer Stadt ihren ganzen Wert zu verleihen.« Gerade dieses wiederaufgefrischte Konzept von Ruhelosigkeit und Bewegung, von Intensität und Neugierde kam in einer Zeit neu zur Geltung, die die versunkene Verschlossenheit der alten Metropolen wieder erobern wollte.

Provinz-Stadt-Metropole: nicht mehr die räumlichen, absteckbaren Gebilde waren der Anlaß zur Bestimmung der urbanen Existenzen; deren Energie bemächtigte sich des gesamten regional gewordenen Raums, um ihn mit immer neuen Attraktionen und Entdeckungen zu überschwemmen: »Es gibt in jeder ein wenig ausgedehnteren Ortschaft ein Pathos von Streuung und Schwund, das uns erlaubt, Vergnügungen, Existenzen, Identitäten zu akkumulieren. Indem die Stadt tausend

---

8 Pascal Bruckner/Alain Finkielkraut, *Das Abenteuer gleich um die Ecke.* München: Hanser 1981.

Dramen und in sich geschlossene Räume übereinander lagert, ersetzt sie die monotone Sanduhr durch Tag und Nacht belebte Zeit und bietet die Möglichkeit von parallelen Leben. Stadtteilleben über dem Brausen der großen Metropole, dörfliches, verstohlenes, privates Leben – ihre besondere Kunst besteht darin, alle Lebensformen zu vereinigen, einen größtmöglichen Fächer von Abwechslungen zu bieten; ein magischer Ort mit mehreren Böden wie der Koffer eines Zauberkünstlers oder Schmugglers.« (Bruckner/Finkielkraut)

7

Wilhelms Unruhe ist übergesprungen, hat sich verstärkt, ist schließlich umgeschlagen. Man sucht nicht mehr herauszufinden, wer man ist. Man wechselt die Schauplätze, die Maskeraden, den Stil, den Dialog. Die »falschen Bewegungen« wurden im neuen Traum von der metropolitanisch-gestylten Unruhe aufgelöst. Alles ist Provinz, alles ist Metropole, na und? Und in Paris plant man weiter, die neuen Projekte sind schon im Bau, 1989, zum zweihundertsten Jahrestag der Revolution, sollen sie fertig sein.

2. Die Staatsschauspieler (1986)

Das Problem des Schauspielers hat
mich am längsten beunruhigt...
Friedrich Nietzsche

1

Die Markierungen werden gesetzt, die Staatsschauspieler nehmen ihre Positionen ein. Wenige Monate vor dem Bundestagswahlkampf hat Peter Radunski, CDU-Bundesgeschäftsführer
und Wahlkampfstratege, in der *Frankfurter Rundschau*
(8. April 1986) alle, die es noch nicht wußten, über die »neuen
Techniken« in den Wahlkämpfen der westlichen Demokratien
informiert: der Spitzenpolitiker stehe vor einer doppelten Aufgabe, er sei zugleich *Hauptdarsteller* und *Regisseur* seiner Kampagne. Als Hauptdarsteller führe er den Wahlkampf, sei Inhalt
der Kampagne und das wichtigste »Angebot« der Partei an die
Wähler; neben seinem Agieren als Wahlkämpfer auf der
Bühne müsse er jedoch vor allem die Strategie der Wahlkampf-
führung *in eigener Regie* beherrschen.

Diese dramentheoretische Konzeption des Wahlkampfs
zeigt deutlich, worauf es in den nächsten Monaten ankommt.
Das Ensemble der Staatsschauspieler muß sich von nun an den
Direktiven des Regisseurs unterordnen. Regisseur, Ensemble
und Bühnengeschehen sollen zu einer einzigen »politischen
Gesamtbotschaft« (Radunski) verschmelzen. Am Ende darf
man die einzelnen Teile dieser Botschaft gar nicht mehr als un-
terschiedene wahrnehmen: Die politischen Inhalte müssen sich
eng an die psychologische Darstellungskraft des Hauptdarstel-
lers anschmiegen, dieser muß exakt jene Themen für ein breites Publikum gestalten, die ihn als den bevorzugten Vermittler

und als die geeignetste Figur hinstellen, gerade diese Themen zu bewältigen.

Die Aufbereitung der Politik als Inszenierung reicht, anders als Radunski annimmt, weit in die Geschichte der Bundesrepublik zurück. Genau betrachtet beginnt sie mit der Kandidatur Willy Brandts zum Regierenden Bürgermeister von Berlin im Jahre 1957. Kaum zwei Wochen nach der großen Wahlniederlage der SPD bei den Bundestagswahlen hatte sich damit in Berlin ein Kandidat durchgesetzt, der – gegen den Widerstand eines Teils des dortigen Parteivorstands – einen ersten Eindruck von der Neuorientierung der Partei vermitteln sollte, die sich zwei Jahre später im *Godesberger Programm* artikulierte. Die Titelgeschichte des *Spiegel* (Nr. 41, 1957) präsentierte bereits den »weltgewandten Außenseiter« Brandt in eleganter Abendgarderobe, der sich gegen die biedere Funktionärstüchtigkeit des SPD-Landesvorsitzenden Neumann behauptet hatte. Mit Brandts Amtsantritt wurde deutlich, daß die Partei ihre streng politische Orientierung an einem klassenkämpferischen Programm zugunsten einer Taktik fallenlassen wollte, die sie für breitere Wählerschichten akzeptabel machte. Brandts Wahl war der erste Auftritt eines Politikers, der sich gleichsam vor die Traditionsgeschichte der Partei geschoben hatte.

Anders als die üblichen Funktionäre hatte sich der neue Mann nicht im Parteiapparat hochgedient. Gewählt und bevorzugt wurde er, weil Auftreten, Sprache und persönliche Geschichte sich zu einer Art Stil verbanden. Die »Figur« Brandt wurde plötzlich als Erscheinung gewandelter Ansprüche sichtbar: sie verkörperte etwas von den Wünschen jener Wähler, die sich nach Veränderung im restaurativen Klima der Adenauer-Republik sehnten, diese Veränderung aber nicht allein von der Durchsetzungskraft einer überholten Programmatik erwarteten. In einer Reaktion auf die *Spiegel*-Titelgeschichte hob der Leser Karl Tuch (Stuttgart) hervor, daß nicht rationale Elemente der SPD dazu verhelfen, stärkste Partei zu werden, »sondern ein neuer Geruch«. Diesen glaubte er im Dunstkreis der neuen Führungsgestalt wahrzunehmen, es war nicht mehr derjenige »kleiner Leute«, sondern der von Weltoffenheit und Weltgewandtheit.

Bereits vier Jahre später – beim Bundestagswahlkampf 1961, dem ersten in der Geschichte des Landes, der von breiten Wählerschichten am Fernseher verfolgt wurde – hatte der nun zum Kanzlerkandidaten avancierte Brandt Gelegenheit, diese Tugenden unter Beweis zu stellen. Entsprechend den neuen Vorgaben der Parteistrategen sollte er sich den Wählern völlig anders präsentieren als alle seine Vorgänger. Der Wahlkampf 1961 wurde zum ersten Spektakel, in dem weniger politische Ideen als Rivalitäten zwischen den beiden Leitfiguren eine Rolle spielten.

Als Regierender Bürgermeister hatte sich Brandt inzwischen einiges Ansehen erworben. Er galt als »jung«, »dynamisch«, als einer, der sich an einem weltgeschichtlich problematischen Ort mit den Gesten eines neuzeitlichen Frontkämpfers behauptete. Die oft trotzige Selbstbehauptung zeigte sich gerade darin, wie er sich in den vergangenen Jahren den Berlinern dargestellt hatte: als einer, der schnell in neue Rollen schlüpfte, kaum noch von der Geschichte der Stadt zu trennen war, als einer der Vorkämpfer eines eher selbstbewußten Stils gegenüber den Großmächten, deren Besatzungsvertreter er nicht einmal in ihren Quartieren aufzusuchen pflegte. Dies alles konnte jedoch nicht genügen, ihn im ganzen Land gegen einen Kanzler durchzusetzen, der – teilweise sogar schon gegen die Vorbehalte seiner eigenen Partei – ein immerwährendes Patriarchat über das Land angetreten zu haben schien, das mit unverminderter Strenge den Stimmungshaushalt christlich-konservativer Bewahrung beschwor, sich ansonsten aber wenig um die Methoden einer neuen Präsentation von Politik scherte.

Im Gegensatz zu Adenauer war Brandt in der Republik keineswegs heimisch; als mutiger Vorkämpfer wirkte er eher wie ein freundlicher Vertreter eines fernen Inselvolkes, das ihn nun als Botschafter in die Weite des Landes schickte. Brandts mangelnde Präsenz rührte vor allem daher, daß sich die Wähler von ihm kein rechtes Bild machen konnten. Im Schaukampf zwischen großen Parteien entschied jedoch gerade diese Bildhaftigkeit der Politiker darüber, was den einzelnen Gruppierungen zugetraut wurde. Der beginnende Fernsehkonsum hatte die Bürger zu Zuschauern vor einer Bühne gemacht, die nun im ganzen Land aufgeschlagen wurde. Erst als Augenzeugen mochten die Wähler also mit der Vorstellung eines Kandidaten vertraut werden, der sich darum bemühen mußte, alle Wählerschichten gleichermaßen anzusprechen.

Das Berliner Wahlkampf-Büro Brandts hatte daher den Plan einer »Deutschland-Reise« entworfen; der Kandidat sollte sich in allen Regionen zeigen, vor allem in den ländlichen. Ausgestattet mit einem cremefarbenen Mercedes-220-S-Kabriolett mit roten Lederpolstern, zog er durch die Provinzen, Lautsprecherwagen kündigten vorher sein Erscheinen an. Der Anfang wurde am Rhein gemacht. Der Rhein und die Gegend um Bonn – das war gleichsam die Domäne Adenauers, der seit Jahrzehnten in einem hochgelegenen Haus in Rhöndorf über der Rheinebene thronte. Jeden Morgen ließ er sich gegen neun Uhr von seinem Fahrer zur Anlegestelle Königswinter bringen, wo der Mercedes 300 von der Fähre über den Fluß gesetzt wurde. Das Terrain war durch diese Auftritte seit langem besetzt, Brandt begann also keineswegs zufällig gerade dort, wo das öffentliche Bild des alten Kanzlers bereits die ganze Umgebung in seine Selbstdarstellung eingespannt hatte. Der junge Wahlkampf-Manager Klaus Schütz hatte eine Route von fast 22 000 Kilometern entworfen, auf der sich die Wirkung des Kandidaten entfalten sollte. Schütz hatte in Amerika studiert, bereits 1960 hatte ihn die Partei als Beobachter zu den amerikanischen Wahlen geschickt, wo er die Strategien der Kennedy-Mannschaft im Kampf gegen Richard Nixon verfolgt hatte. Anhand dieser Strategien hatte er auch den Wahlkampf Brandts auf jene Analysen zugeschnitten, in denen die demoskopischen Institute Wählermotive und die Struktur der Wählerschichten untersucht hatten. Brandts Bild wurde – ähnlich der Aura Kennedys – als das des noch jugendlichen, unverbrauchten Helden komponiert, der gegen die überlebensgroße Figur des Patriarchen antrat. Daß Brandt sich bisher in Berlin in zahlreichen Krisen bewährt hatte (»Krisen-Willy«), schadete ihm nach der Einschätzung der Manager eher. Die Deutschen verlangten zwar mit einiger Vorsicht nach Erneuerung, sie hielten den alten Kanzler längst nicht mehr für souverän, eher für starrsinnig und unbelehrbar; andererseits erweckte Brandts Position an vorderer Stelle der weltpolitischen Auseinandersetzungen leicht den Eindruck, mit diesem Kandidaten könne eine nicht mehr zu bremsende Unruhe in das Gemeinwesen einziehen. Daher unterlegte man der jugendlichen Komponente eine staatsmännische; Brandt trat weniger als Kanzler-Kandidat denn als Regierender Bürgermeister auf. Den am Tag mehrfach ausgewechselten Homburg in der Rechten zeigte er sich eher als Bewahrer denn Betreiber neuer Ansprüche.

Die ausgeklügelte Strategie erhielt jedoch einen veränderten Akzent, als mitten im Wahlkampf in Berlin die Mauer errichtet wurde. Waren für den Kandidaten Brandt bisher nur sechzig Werbeminuten im Fernsehen vorgesehen, so wurde er plötzlich zu einem Hauptdarsteller, der mit seinen Auftritten die ganze Republik erreichte. Der Mauerbau war das erste politische Ereignis in der Geschichte der Bundesrepublik, das als Fernsehereignis von den Darstellern völlig neue Verhaltensformen verlangte. »Geschichte« spielte sich nun nicht mehr in einem erst zu konstruierenden Phantasieraum ab, zu dem nur die Eingeweihten Zutritt hatten. Da die Bürger die Ereignisse unmittelbar am Bildschirm verfolgen konnten, wurde die Haltung der Politiker, die Präsentation der neuen Rollen, zu einem entscheidenden Test darauf, wie sie den Veränderungen gewachsen waren. Das Fernsehen machte daher den Mauerbau zu einem »Szenarium«, das neue Einblicke ermöglichte: der Zuschauer konnte genau erleben, wie sich die einzelnen Darsteller bewährten. Zahlreiche Bundespolitiker flogen nach Berlin, um dort Aufstellung zu nehmen. Verblüfft notierte ein Kommentator des *Spiegel*, welch starken Einfluß jetzt das Fernsehen auf das Urteil des Betrachters hatte: »Ein jeglicher konnte sie (die Politiker) wichtelwinzig vor dem großen Brandenburger Tor stehen und staunen sehen... Heinzelmännchens Machtparade.« Nach »drei verträumten Legislaturperioden« werde nun denen, »die erstmals die Augen aufschlugen«, endlich deutlich, »was für Hoch- und Großmeistern der Staatskunst sie das Mandat verliehen hatten, vor ihrem Schlafzimmer Schildwache zu stehen«. (Nr. 35, 1961)

Der eilends anberaumte Fernsehdialog Adenauers mit seinem Außenminister Heinrich von Brentano wurde, schlecht vorbereitet und nicht auf die Darstellungskraft des Fernsehens zugeschnitten, zu einem Desaster. Die *Frankfurter Allgemeine Zeitung* entdeckte sofort Parallelen zum zeitgenössischen Theater, dessen neue Dramaturgien sich in der Wirklichkeit durchzusetzen schienen: »Jemand, der diesem Zwiegespräch mit an der Bühne geschultem Auge zusah, hat gemeint, dergleichen käme dem absurden Theater nach der Art Ionescos nahe.« Insgesamt wurde daher plötzlich bewußt, daß die Demokratie von nun an ein wegweisendes Darstellungsmittel erhalten hatte. Mit dem Pathos der Überwältigung konstatierte damals die *Welt* (zitiert nach *Spiegel*, Nr. 37, 1961): »Millionen von Zuschauern... haben nicht nur in das harte Gesicht der Wirklichkeit, sondern auch in die Augen jener blicken können, die dieser Wirklichkeit verantwortlich begegnen müssen. Dieser Blick hat einige größer werden lassen als bisher und einige kleiner. Der Bildschirm hat sich... als Mittel der politischen Auslese erwiesen.«

2

Der Rückblick auf die Ereignisse Anfang der sechziger Jahre entpuppt sich als Rückblick auf die Anfänge gesellschaftlicher Modernisierung in der Bundesrepublik. Die Mittel traditioneller Politik im kleinen, privaten Kreis, geführt von der Übersicht eines sich meist entziehenden einzelnen, der für die anderen als unbedingte Autorität kaum angreifbar ist, verblassen. An ihre Stelle treten, angeregt und später enorm beschleunigt durch die Darstellungsmethoden des Fernsehens, Strategien einer neuen Publizität, die aus Politikern Schauspieler in einer gesamtgesellschaftlichen »Gesamtshow« machen. »Modern« an dieser veränderten Konzeption ist die Erfahrung, daß die alte Weisheit, das Leben sei ein Schauspiel, die Welt eine Bühne, jener jahrhundertealte *theatrum-mundi*-Gedanke der europäischen Geistesgeschichte, plötzlich radikalisiert wird.

Ursprünglich nämlich war mit ihm eine Hierarchie gesellschaftlicher Rollen vom Bettler bis zum König verbunden, die, heilsgeschichtlich erweitert und religiös fundamentiert, gegen die Erwartung eines zweiten, christlichen Reiches im Jenseits gesetzt wurde. Die Welt war eine Bühne, auf der jeder einzelne die ihm gemäße Rolle einnahm, die sich von Natur und Herkunft gewissermaßen von selbst ergab und dadurch als Ausübung des göttlichen Willensplanes verstanden werden konnte. Die Hingabe der einzelnen an diese Rolle war zugleich eine Hingabe an die Vergeblichkeit irdischer Bemühungen überhaupt; demzufolge war die *vanitas*-Idee eng mit dem Bild vom Welttheater verbunden. Der besondere Charakter der einzelnen Rollen auf dieser Bühne war einer der Repräsentanz: der König repräsentierte die Macht (und damit ein Amt), wie der Bürger in den Attributen seiner kaufmännischen Macht den Erwerbsstolz seines Standes repräsentiert sah. Zusammen bildeten dieser Glieder des Staatskorpus jedoch noch immer eine strenggegliederte Gemeinschaft, die ihr Rollendasein lediglich auf ihre öffentliche Darstellung (die Tribüne ihrer Hinfälligkeit) bezog. Nur in metaphorischem Sinne konnte daher von einem solchen Rollendasein gesprochen werden; da der Spielleiter des irdischen Spektakels in eine göttliche Ferne verlegt wurde, erwiderten die Darsteller mit ihren Rollen eher nur ihre Bereitschaft, sich zu den gesetzten Ordnungen zu bekennen. Sie vollzogen gleichsam die ihnen vorgegebenen Rollen nach und bildeten besondere Methoden aus, sich in ihnen zu bewähren.

So enthielten etwa die zahlreichen, seit der Antike konzipierten *Fürstenspiegel* Anweisungen für die rechte Ausbildung und Erziehung der Herrscher, so waren in den Regeln der traditionellen Rhetorik die auf Gelegenheit, Anlaß und Ort zugeschnittenen sprachlichen Umgangsformen exakt festgelegt. Das »Welttheater«, meist vom zentralen Hof aus gestaltet, in besonderen höfischen Festen einem mit Absicht aus dem theatralischen Kreis gerückten Publikum vorgestellt, ließ sich bis weit ins 18. Jahrhundert hinein als Selbstdarstellung einer nach innen, in einem arkanen Bereich konzentrierten Macht gestalten. Es büßte seine Wirksamkeit genau in dem historischen Moment ein, da die Bühnengewalt absolutistischer Auftritte den Gesetzen einer »Volksbühne«, einer von unten gestalteten (und von besonderen Rhetorikern) ausgerufenen Schaubühne neuen Inhalts, weichen mußte: Deren bedeutendstes Panorama war die Revolution, die freilich eng an die vorbildenden, den neuen Bühnentypus erst generierenden Dramaturgien des ästhetischen Schauspiels anknüpfte.

Louis-Sébastien Mercier, einer der bahnbrechenden Theoretiker dieses neuen Typus, hatte bereits in seinem 1773 erstmals, 1776 dann auch auf deutsch erschienenen *Neuen Versuch über die Schauspielkunst* die »moderne« Umwertung des *theatrum-mundi*-Gedankens angedeutet. Für ihn stellt sich die gesamte Theaterkonzeption des Ancien régime als überholt dar. So, wie die Herrscher des absolutistischen Staates das Volk ausgrenzten und es lediglich als fernen, stummen Zeugen der Machtrepräsentanz gewähren ließen, so ließ auch das barock-idealisierende Theater die Erfahrungen des bürgerlichen Standes beiseite, diese auf Wahrnehmung, Beobachtung und Anschauung angewiesenen Orientierungen, die sich ökonomisch längst bewährt hatten. Mercier band den Dramatiker und das Schauspiel an die soziale Erfahrung. Schon sein Geständnis, daß er Paris vor allem deshalb liebe, »weil hier alle Leidenschaften ihr Spiel treiben und weil ihre vervielfältigten Verhältnisse mehr Originalscenen erzeugen«, verknüpft die dramatische Erfahrung im Alltag mit einer ersten Ahnung von »Authentizität«. Die »Originalscene« ist eben jene, die sich fern von vorgegebenen Inszenierungen, die durch Autoritäten geplant werden, »frei«, von selbst entwickelt; sie ist jene gesellschaftliche Szene, die das Leben in all seiner Unübersichtlichkeit planlos und doch wahrnehmbar entwirft. Daher läßt sich der Wirkungsplan des ästhetischen Kalküls, das Mercier in seinen vielen Schattierungen durchmustert, als ein Versuch verstehen, die Bürger im Theater zu Zuschauern zu machen, die dort erst die Rollen der Gesellschaft studieren und vom Leib des Schauspielers ablesen. Was diesen Bürgern im Lebensprozeß sonst verschlossen bleibt – im strengen Sinne ist es die Wahrnehmung jener Tugenden, die sie ökonomisch so erfolgreich werden ließen –, sollen sie im Theater derart wie auf einer zweiten Lebensbühne entdecken, daß sie in der Folge auch das Leben selbst einer veränderten Beobachtung unterziehen: »Nichts ist seltener als ein aufmerksamer Beobachter, der seinen Blick auf seine Verwandten, auf seine Nachbarn zurückwirft. Man hat Leute viele Jahre lang beysammen leben gesehn, die sich nie kannten, und auf die karakteristischen Züge, die jedem Fremden ins Aug fielen, nie merkten.«[1]

Merciers Theaterkonzeption führt nun freilich, vermittelt über die wirkungsästhetische Komponente der »Beobachtung«, Theater- und Lebensbühne so eng zueinander, daß der Begriff des Schauspielers darüber selbst problematisch wird. Was hat es – fragt Mercier an bedeutsamer Stelle seines *Versuchs* – mit jenen Formen der »Verstellung« auf sich, die man nicht nur auf der Bühne, sondern gerade im gemeinen Leben, vornehmlich dem der großstädtischen Menge, bemerken kann? Wie unterscheiden sich Theater- und Lebenslüge, oder haben beide am Ende einen ähnlichen Charakter, bedingen sie sich? Verschärft treiben derartige Erwägungen auf das Bild des Politischen zu, zunächst auf all jene Personen, die sich im Raum der Öffentlichkeit vor einem ausgewählten Publikum zu bewähren haben.

Schon im allgemeinen Sprachgebrauch des späten 17. Jahrhunderts vereinigt der Begriff des Politischen das, was der Staatskunst und Staatsklugheit gemäß ist, mit einem vergröberten, bald sich aber durchsetzenden Begriff von Schlauheit, Verschlagenheit und List. Die Lehre vom *homo politicus* kann sich dabei durchaus auf einleuchtende Argumente berufen, in deren Folge Politik als menschliches Handeln streng von anderen Formen der Lebensgestaltung unterschieden wurde. Auf gesellschaftliche Prozesse, auf Bewegungen, Institutionen bezogen, verlangt politisches Handeln von denen, die es, den Endzweck der Macht im Auge, ausüben, keineswegs eine Selbstdarstellung des »inneren Menschen«. Sie kann im Gegenteil den Handelnden gerade zu jenen Anpassungen und Typentwürfen anhalten, die ihm eine rasche Durchsetzung seiner Ziele erleichtern. Die Produktivität des Politikers scheint viel-

---

1 Louis-Sébastien Mercier, *Neuer Versuch über die Schauspielkunst.* Heidelberg: Lambert Schneider 1967.

mehr gerade darin zu bestehen, daß er die Sphäre seiner privaten Konstitution im Rahmen seiner Handlungen gut zu integrieren weiß. Eben diese Anpassungsfähigkeit, sein Geschick,
Tendenzen und Strömungen innerhalb der Gesellschaft mit der
Darbietungskraft seiner Person zu beantworten, rückt nun das
politische Geschäft in den Bereich jener Debatten um »Wahrheit und Lüge«, die es zum einzigartigen Vergleichsobjekt des
Schauspiels machen. Dies hat aber zunächst einmal etwas mit
der Eigenart des politischen Geschäftes selbst zu tun.

Der Politiker handelt nämlich primär in einer Sphäre, die –
anders als etwa Wissenschaft, Technik oder Wirtschaft – Kapa-
zitäten erfordert, deren Produktivität sich weder aus einem be-
rechenbaren, strengen, übersichtlichen Wissen noch aus einer
stetig gewachsenen, unumstößlichen Erfahrung herleitet.
Nietzsches höhnischer Satz, man möge das politische Geschäft
jenen »mäßig intelligenten« Existenzen überlassen, für die es
gerade gut genug sei, war darauf eine pointierte Antwort; posi-
tiv gewendet, ließe sich jedoch zeigen, daß die Unabwägbar-
keit, die Willkür und die mangelnde Überschaubarkeit dieses
Geschäftes von seinen Protagonisten Fertigkeiten verlangen,
die im »freien Spiel« der künstlerischen Fähigkeiten, jenen
kaum auslotbaren Momenten produktiver Subjektivität, eine
Art Widerpart haben.

In diesem Sinne hat Hannah Arendt den politischen Charakter aus den Anforderungen seines Geschäftes heraus zu verstehen versucht.[2] Ihre Analyse macht geltend, daß politisches
Denken nur dann repräsentativ sein kann, wenn das Denken
anderer in ihm gleichsam immer mit präsent ist. Der Politiker
handelt und denkt also nie »aus sich heraus«; gerade seine Fähigkeit, das eigene Fühlen und Urteilen zugunsten eines Stand-
ortes aufzugeben, der als Antwort auf die Fragen der anderen
aufgefaßt werden kann, macht ihn besonders geeignet, Verantwortung auf sich zu nehmen. Demzufolge ist es eine der wichtigsten Aufgaben moderner Politik, Stimmungen und Meinun-

---

2 Hannah Arendt, *Wahrheit und Lüge in der Politik*. München: Piper 1972.

gen der Gesellschaft so wortgerecht zu kanalisieren, daß sie mit den gegeneinander streitenden Meinungen der gesellschaftlichen Gruppen in Deckung zu bringen sind. Daher müssen Politiker fähig sein, Stichworte zu geben, Antworten von Gruppen abzuhören, diese zueinander in Beziehung zu setzen und insgesamt jenen Umlauf der Dialoge zu gestalten, der eine Demokratie lebendig erhält. In der modernen Massengesellschaft fallen daher gleichsam mehrere Pflichten in ihren Gestaltungsaufgaben zusammen. Einerseits repräsentieren sie traditionell etwa den Anspruch des Staates, sich vor dem Publikum der Bürger Gehör zu verschaffen und seine Gesetze durchzusetzen; zweitens deklamieren sie etwa als Vertreter der Parteien jenen Horizont der früher elementar verstandenen politischen Tendenzen, der freilich im Zeitalter der Massenkommunikation leicht zu verschwimmen droht; drittens entwerfen sie Angebote für die Bürger, die zunächst privat diskutierten »politischen Leidenschaften« – die, wie Julien Benda in *Verrat der Intellektuellen* gezeigt hat, universal, kohärent, homogen, kontinuierlich und dominierend geworden sind – in jenem öffentlichen Raum der politischen Diskussion wiederzufinden, der früher dem zudringlichen Einblick gerade entzogen war.

All diese Pflichten, von denen jede einzelne ausreicht, schauspielerische Fähigkeiten besonders stark anzuziehen, summieren sich dabei zu einer starken Verführungstendenz: die im politischen Geschäft als notwendig erkannte Gestaltung eines Typus und eines Bildes kann sich im Bewußtsein des Politikers selbst zu einer Art stehengebliebenem Image verhärten, zu einer Art Fiktion, die, wie Hannah Arendt betont, »eine große Gefahr für die gesamte Erfahrungswirklichkeit eines Volkes« darstellen kann. In diesem Falle schließen sich die Bildentwürfe der Politiker (und die des hilfreichen Ensembles auf der Hinterbühne) zu einem Kreis, der mit allen Mitteln der Selbsttäuschung aufrechterhalten wird: »Die Täuscher wie die Getäuschten müssen, schon um ihr ›Weltbild‹ intakt zu halten, sich vor allem darum kümmern, daß ihr Propagandaimage von keiner Realität gefährdet wird.«

Läßt das Image den Darstellungswillen des Politikers schnell als erstarrt erscheinen (Beispiele mag man in den letzten Kanzlerschaften leicht selbst bezeichnen), verleitet es sogar eher dazu, die Realität immer manischer den Techniken der Selbstdarstellung unterzuordnen, so ist der Vorwurf der Täuschung doch einer, der das politische Geschäft wiederum ebenso betrifft wie die Wirkungen des theatralischen Schauspiels. Die dramentheoretischen Debatten des 18. Jahrhunderts arbeiteten ihn, für die Folge überaus weitreichend, bereits in Rousseaus Kritik am Theater heraus. Seine Ablehnung des Theaters gipfelte in der Bemerkung, daß die theatralische Kunst das Selbst des Darstellenden zu einer falschen Empfindsamkeit hinreiße, daß sie dieses Selbst entstelle und in ihrer Wirkung auf die Gesellschaft als gefährlich zu erkennen sei. Im Theater gerät der Zuschauer nach Rousseaus Einsicht unter den Einfluß jener ihn umschmeichelnden Fiktionen, die ihn »wahr«, »richtig«, »gerecht« kaum noch vom Gegenteil unterscheiden lassen. Schon daß der Zuschauer sich auf die »falschen« Welten der Bühne innerlich einstellen, schon daß er seine eigene moralische Empfindungsfähigkeit einem ungewissen Reigen von Ereignissen aussetzen muß, macht ihn nach Rousseaus Ansicht für innere Verwirrungen empfänglich.

Auf diese, schon in den platonischen Dialogen auftretende, aber in Rousseaus Schriften ungleich vehementer vorgetragene Kritik hat eine Theorie des Schauspielertums geantwortet, die seit Diderots *Paradox über den Schauspieler* die schauspielerische Darstellung auf der Bühne wie im Leben nicht als Darstellung eines erregten Inneren, sondern als bewußte und kontrollierte Gestaltung eines gleichsam nach außen verlagerten Inneren zusammenfaßte: »Die Schauspieler wirken auf das Publikum nicht, wenn sie wütend sind, sondern wenn sie die Wut gut spielen. Vor Gericht, in den Parlamenten, überall dort, wo man die Meinungen beherrschen will, täuscht man bald Zorn, bald Furcht, bald Erbarmen vor, um die andern zu diesen verschiedenen Gefühlen zu bringen. Was die Leidenschaft selbst nicht kann, schafft die gut nachgeahmte Leidenschaft.«

So gesehen, wird der schöpferische Akt des Darstellers erst recht sichtbar; er darf sich den Gefühlen nicht hingeben, sondern muß in jedem Augenblick seiner Darstellung darauf bedacht sein, diese zu lenken und von den in bloßer Subjektivität verbleibenden Emphasen seines Ich abzuziehen. Ist der Schauspieler auf der Bühne dabei an die Worte der Dichtung gebunden, so stellt sich dem Lebens-Schauspieler noch die weitere Aufgabe, jenen Text zu erfinden, der – von Augenblick zu Augenblick – mit seinem Darstellungszweck zur Deckung kommt: »Sagt man nicht im Alltag von einem Menschen, er sei ein großer Schauspieler? Man versteht darunter nicht, daß er fühlt, sondern im Gegenteil, daß er ausgezeichnet heuchelt, obwohl er nichts fühlt: eine Rolle, die bedeutend schwieriger ist als die des Schauspielers, denn er muß darüber hinaus auch noch den Text finden, er hat also zwei Funktionen auszuüben, jene des Dichters und des Schauspielers.«[3]

Diderots wesentliche Unterscheidungen, die die Schauspielkunst von der sklavischen Nachahmung eines festen Gesten- und Deklamationskanons trennen, machen das Schauspielertum dadurch zur Kunst, daß sie es unmittelbar an den unabwägbaren Veränderungen und Herausforderungen des Lebens selbst orientieren. Das Verhalten des Schauspielers muß dadurch ganz auf den Augenblick konzentriert sein, es darf über dessen Gestaltungsglück hinaus keine Einsicht kennen, die nicht diesen Veränderungen kritisch, prüfend unterworfen würde. Jahrhunderte später resümiert, direkt daran anknüpfend, Jean-Louis Barrault, daß der Schauspieler ganz in der Gegenwart lebe, daß er ununterbrochen von einer Gegenwart in die andere springe: »Somit darf der Schauspieler die Erregungen seiner Figur, die er darstellt, nie als Zustand betrachten..., sondern er muß ihr Benehmen, ihre Handlungen als Ausdruck der Erregungen untersuchen.«[4]

Im Blick auf diese Analysen, die Ich und Rolle in der Gestaltung zu verschmelzen trachten, hat Helmuth Plessners anthropologische Theorie des Schauspielertums jene wechselseitige Beeinflussung beider Momente als den *einen* Akt erkannt,

---

3 Denis Diderot, *Paradox über den Schauspieler*. Zürich: Stutz 1981.
4 Jean-Louis Barrault, *Betrachtungen über das Theater*. Zürich: Arche 1962.

einen Typ zu konstituieren: »Der Darsteller bleibt hinter seinem eigenen Aussehen ganz verborgen wie der kultische Tänzer. Nur mischt er in das Bild der Rolle seine eigene Individualität oder durchtränkt die eigene Individualität mit dem Bild einer Rolle.« Die dialektische Volte dieses Blicks vertieft Diderots Interpretation des schauspielerischen Kunstakts, indem sie die Selbstentäußerung des Schauspielers zwar als ersten Schritt des gekonnten Spiels, dieses selbst aber als bedingende und rückwirkende bildliche Färbung des schauspielerischen Ausdrucks erfaßt. Das gestaltete Schauspielen ist wiederum dem Bild unterworfen, das dem Hingebungswillen des Ich einen gewissen Teil von Freiheiten raubt und diesen zu einem bald fest werdenden Part des Ausdrucks drängt. Auf die Dauer hinterläßt das Schauspielen all denen, die sich ihm aussetzen, Wirkungen seiner eigenen, sich der Kontrolle entziehenden Macht: »Die Nachahmung, nicht jedem in gleicher Weise verfügbar, weist auf eine *Bildbedingtheit* der Äußerungsmöglichkeiten, welche den Nachahmenden innerlich mit umformen. Er wird durch seine veränderte Haltung ein Anderer.«[5]

Von diesen Erkenntnissen aus wird die Ambivalenz des schauspielerischen Ausdrucks, direkt verknüpft mit seiner stärksten Herausforderung, der Lebenswirklichkeit, gerade im politischen Bereich besonders sichtbar. Als Schauspieler ist der Politiker gezwungen zu »gestalten«; in der Selbstgestaltung beantwortet er Fragen, Sehnsüchte und drängende Orientierungsblicke des Publikums. Die moderne Konzeption dieses Kunstakts verlangt von ihm, das private Ich zugunsten eines »repräsentativen« Allgemeinen zu vergessen. Wird dieses Allgemeine zu einem Image, gibt es keinerlei verändernde Kraft mehr her; verbleibt es jedoch in jener andauernden Balance zwischen bewußtem Ichentwurf und »anderem«, den die anthropologische Analyse als unumgänglich, ja als eigent-

5 Helmuth Plessner, *Zur Anthropologie des Schauspielers*. In: *Gesammelte Schriften VII*. Frankfurt: Suhrkamp 1982.

liche Substanz des Spiels einfordert, vermag sie durchaus dem unberechenbaren politischen Leben ein Gegenbild des Ausdrucks abzutrotzen.

3

Eine puritanische, konservative, in Amerika vorgebildete Spielart der Kulturkritik (Neil Postman, Richard Sennett) hat den Politikern vorgeworfen, daß ihr politisches Handeln im Schauspielertum zu ersticken drohe. Vorzuwerfen ist Politikern in Wahrheit aber nicht, *daß* sie schauspielern, sondern eher, daß sie die Kunst dieses Schauspiels nur unzulänglich beherrschen. In trivialisierten Versionen ziehen sie sich, wie gerade gegenwärtig gut erkennbar, auf ein Laienspiel zurück, in dem das Unvermögen, Rollen überzeugend zu gestalten und diese Gestaltung politisch fruchtbar zu machen, unbeabsichtigte Komik hinterläßt. Längst hat das sensibilisierte Publikum erfaßt, daß politische Auftritte eines bestimmten Stils bedürfen; wer sich, gleichsam mit der biederen Absicht, das Haus- und Familientheater seines provinziellen Ich in trotziger Geschichtslosigkeit gegen die hochgradig angeregte und mit Bildern reichhaltig ausgestattete Erwartung des Publikums zu setzen, den modernen Anforderungen nicht gewachsen zeigt, sorgt selbst dafür, daß die im idealen Falle sorgfältig beherrschten und auskalkulierten Regieanweisungen auf der politischen Bühne plötzlich wie peinliche Torheiten eines schlecht vorbereiteten Ensembles in den Vordergrund treten; gerade dadurch schmälert er die Wirkungsfülle des politischen Geschäftes.

Allgemein kann gesagt werden, daß das Spiel so funktionieren muß, daß seine einzelnen Gestalter nicht getrennt hervortreten; Affären wie die der Parteienfinanzierung lassen schnell die differenzierte Balance kippen, sie sorgen – wider den Willen der Protagonisten – dafür, daß Regisseur, Darsteller, Hinterbühne und Ensemble in ihrer demaskierten Nacktheit deutlich hervortreten. Auch das anfangs entworfene Szenarium des allmählichen Aufstiegs des Politikers Brandt in eine gesellschaftlich tragende Rolle, die, wie nun einsichtiger verständlich, eine Welle der ersten Modernisierung in der Geschichte der Republik einleitete, verfiel nach seiner stringenten Entfaltung in den sechziger Jahren und der überaus erfolgreichen Wahl des Jahres 1972 (die so etwas wie einen Höhepunkt schauspielerischen Gestaltungswillens erkennen ließ) bald der Standardisierung einer Privatrolle. Sichtbar wird das Umkippen der Regie in Hilflosigkeit immer daran, daß plötzlich die Privatsphäre eines Politikers zum allesbeherrschenden Thema wird. Private Neigungen, Zuflüchte zu subjektiven Obsessionen reichen nicht lange aus, das notwendig »öffentlich« komponierte Bild zu erhalten.

Brandt selbst mag die Geschichte dieses Zerfalls im Rückblick durchaus verstanden haben; jedenfalls beginnt er seinen Bericht über die entscheidenden Jahre seines »Aufbaus« (1960–1975) mit der Darstellung des Mauerbaus und der Wahlen 1961. Man könnte diesen weitausholenden »Versuch, Denken und Handeln nachzuzeichnen, soweit sie sich auf Fragen richteten, die von einem Staat allein nicht zu lösen sind«,[6] geradezu als den Versuch interpretieren, das »allgemeine Selbst« (das sich in dieser vielsagenden Formulierung des Vorworts geradezu gegenüber dem Staat zu emanzipieren versucht) vor die bloß private Geschichte der Indiskretionen zu rücken. Denn gerade in labilen, krisenanfälligen und durch die Mittel der Massenkommunikation mitgesteuerten Regierungsformen wie der demokratischen kommt der politische Darsteller nicht ohne eine Sprache aus, die er selbst als »Sprache für andere« konzipiert.

Vielmehr beweisen frühe Beobachtungen in der Fortsetzungsgeschichte der Moderne, daß man sich der Unterschiede zwischen ständisch-hierarchisierter und demokratischer Sprache zeitig bewußt war. Sie spielen eine außerordentliche Rolle in dem Bild, das sich Europäer vom Urland der Demokratie, den Vereinigten Staaten, und das sich Amerikaner umgekehrt etwa von England machten. Schon Tocqueville notierte die

---

6 Willy Brandt, *Begegnungen und Einsichten. Die Jahre 1960–1975.* Hamburg: Hoffmann und Campe 1976.

Umständlichkeit und Abstraktheit der amerikanischen Rede, die er weniger als Unaufrichtigkeit verstanden wissen wollte denn als notwendige Form der demokratischen Sprache, die sich an ein durchlässiges, wenig dichtes Gemeinwesen wende. Die demokratische Ordnung forderte von Politikern einen Gestus, der nicht auf bestimmte Gruppen, Zirkel und Klassen zugeschnitten war, sondern sich an den Stimmungen und Meinungen des Publikums orientierte. Umgekehrt entdeckten amerikanische Beobachter wie Cooper, Hawthorne und Henry James, daß die amerikanische Gesellschaft »von geringer Dichte war, daß es ihr an massiver, derber Wirklichkeit mangelte... Was die amerikanischen Besucher Englands wie eine Offenbarung erlebten, war eben jene Undurchdringlichkeit der englischen Gesellschaft, die Dichte ihrer Zusammensetzung«, die ein Restbestand ihrer alteuropäischen, hierarchischen Struktur war.[7]

Betrachtet man von hier aus das Anfangsszenarium der frühen sechziger Jahre in der Bundesrepublik noch ein letztes Mal, so fällt auf, daß an ihm solche frühen Beobachtungen von Modernisierung nachzuvollziehen sind. Die private Intimität des Adenauerschen Regierungsstils, die in ihren Anfängen dem Druck von Radio und Fernsehen noch kaum ausgesetzt war und sich in den arkanen Zirkeln von »Teegesprächen« entfalten konnte, kann ja durchaus verglichen werden mit jenem Stil höfischer Repräsentanz, der im 18. Jahrhundert durch einen ersten Modernisierungsschub von einer neu sich artikulierenden Theorie des »öffentlichen Lebensschauspiels« zerstört wurde. Nicht zufällig begann die Wirkung dieses Stils exakt zu einem Zeitpunkt zu verblassen, als Fernsehen und Rundfunk massiv in das politische Schauspiel eingriffen und – vor den eher noch verdutzten Augenzeugen des demokratischen Publikums – die Präsentation politischer Rollen als notwendiges Gestaltungsmittel von Politik erscheinen ließen.

Das Arkanum zersprang, und der jugendliche Darsteller

---

7 Lionel Trilling. *Das Ende der Aufrichtigkeit*. München: Hanser 1980.

Brandt machte sich am Anfang eines Jahrzehnts, in dem die Republik insgesamt den zupackenden, lange aber künstlich zurückgedrängten Momenten der kulturellen Moderne ihren Tribut zollte, auf den Weg. Zu dem Zeitpunkt, als Brandts Bild die angestrebte Aura des Staatsmännischen erlangt hatte, ließ es das bisher verlockendste Angebot eines Nachkriegspolitikers erkennen, Politik vor den Augen eines von »politischen Leidenschaften« entzündeten Publikums wirksam in Szene zu setzen.

Dabei konnte diese Inszenierung freilich von jener verschärften Radikalisierung profitieren, die die fortschreitende Moderne inzwischen dem traditionellen *theatrum-mundi*-Gedanken gegeben hatte. Wollten Mercier und Diderot das großstädtische Publikum von Paris im Theater zu einer Beobachtung aufgeklärten Rollenstudiums anhalten, so begrenzten sie dieses Studium doch derart auf den bürgerlichen Wirkungskreis, daß der Zuschauer sich im Leben zwar als selbstbewußt Handelnder wahrnehmen konnte, diese Handlung aber lediglich als »öffentlicher« Protagonist gegenüber den Zumutungen des Alltags auszufüllen wußte. Der aufgeklärte Bürger sollte sich – durchaus in Konkurrenz zum bisher tonangebenden Adel – als Sprecher seiner Interessen und Selbstwahrnehmung bewähren.

Erst die weiterentwickelte Moderne des späten 19. Jahrhunderts entzog diesem aufklärerischen Ideal den Halt eines Rollenbewußtseins, das sich nur in der öffentlichen Sphäre zur Geltung zu bringen wußte. Dramatisch zerschlug sie auch diesen Restposten der Rollenrepräsentanz, indem sie das Handeln und Fühlen des einzelnen in all seinen Bereichen zerlegte. Lieferte die naturalistische Dramenkonzeption den Zuschauer zunächst einer Darstellung aus, die ihn die »gesellschaftliche Lüge« als umfassende Rollenkritik erleben ließ, bot sie ihm dadurch die Möglichkeit, das Schauspiel als schmerzhafte Offenbarung eines Authentischen zu begreifen, das in seinen anonymen Kräften jede gesellschaftliche Rollenschranke durchbrach, so erweiterten neu aufkommende Wissenschaften wie Soziologie und Psychoanalyse diesen »authentischen Raum«, indem sie das einzelne, konkrete, der Rolle immer mehr entkleidete Individuum mit den Kriterien des Spiels durchleuchteten.

Entlarvte die Soziologie dessen gesamtes Verhalten als »Rollenspiel«, so entdeckte die Psychoanalyse in der bisher als dicht angesehenen Einheit des Ich jenes »Seelendrama«, durch das in jenem früher kompakt vermuteten Ich unvermutet mehrere Gestalten zu einem fortwährenden Rollentausch antraten. So gelang es gerade der Psychoanalyse, das Leben des Ich als Schauspiel neu zu lesen; verschärft wandte sie dramentheoretische Begriffe auf das Seelenleben an. Das früher in seinem Widerstreit von Öffentlichkeit und Privatheit deutlich begrenzte Schauspiel erstreckte sich nun auf alle Regungen des Ich, die – als »Familienroman«, als »Entwicklungsgeschichte« usw. – gleichsam mit jenen ästhetisch-literarischen Begriffen neu gelesen werden konnten, die nun direkt auf die Lebenswelt bezogen wurden. Der zweite Angriff der Moderne auf das traditionelle Rollenbewußtsein sammelte sich daher immer mehr zu jenem Prozeß neuzeitlicher Erfahrung, der ästhetische Debatten in solche der Lebenswelt auflöste.

Was die dabei voraneilenden Avantgarden zunächst im künstlerischen Bereich formulierten und im Binnenkreis ihrer das neue Wissen noch allein stützenden Zirkel beschworen, entpuppte sich bald, der ästhetischen Schranke entkleidet, als Erfahrung, die in die gesamtgesellschaftlichen Reaktionen tief eindrang. Jahrzehnte nach Hofmannsthals Jugenddrama *Der Tor und der Tod* verwandelte sich die dort noch mit einigem Prunk ausgestellte Ichlosigkeit und Empfindungsschwäche, die Klage darüber, daß »das Leben« nicht mehr wahrnehmbar sei, in die millionenfache Klage psychoanalytischer Séancen. Die Rückwirkung dieses Entlarvungsprozesses der Moderne zeigte sich eben darin, daß die einzelnen Individuen, aufs empfindlichste gegen ihre verstreuten Regungen und Handlungen präpariert, ihren gesamten Handlungsbereich gegen unkontrollierte Aktionen abzuschirmen versuchten. Der Alltag selbst wurde zu einem großen Szenarium, zu einem Spiel, das man mehr oder weniger gekonnt mit den alten dramaturgischen Regeln und Techniken bewältigen konnte.

Bereits 1959 lieferte der Soziologe Erving Goffman dafür das neue Vokabular: *The Presentation of Self in Everyday Life*[8] bildete so etwas wie den Versuch, das soziale Leben, wie es in bestimmten markanten, bisher aber durchaus unauffällig gebliebenen räumlichen Gegebenheiten scheinbar zufällig auftrat – Goffman nennt als Beispiele etwa ein Gebäude, eine Fabrik, aber auch eine Party –, als »Bühnengeschehen« zu begreifen. Ließ sich dieses Leben für seine Darsteller auf diese Weise auch entzerren, so konnten seine bevorzugten Exponenten im politischen Geschäft leicht auf diese bisher wenig beachteten, geheimen Darstellungspraktiken zurückgreifen. Nicht zufällig erschien daher Goffmans Werk ein Jahr vor der amerikanischen Präsidentschaftswahl, in der Kennedy wie Nixon gleichsam die Goffmanschen Analysen umgekehrt und gestaltend eingesetzt hatten. *War* das soziale Leben längst zu einer universalen Bühne geworden, ergriff jede politische Äußerung über das Wort hinaus einen auch emotional ansprechbaren Bürger, der seine Neurosen gerade auch im Politischen erwidert sehen wollte[9], so lag nichts näher, als den Wahlkampf bis in die letzte Aktion hinein zu planen und zu organisieren. Erst das Fernsehen verhalf dieser Anwendung der Soziologie auf das Leben zu ihrem breiten und vor allem abschätzbaren Erfolg. Werbe- und Marketingforschung gehörten in der Folge unvermeidbar zur politischen Kampagne, hatten sie doch gerade in einer Gesellschaft von schon früh »geringer Dichte« jene Ansprechbarkeit des Bürgers vorbereitet, auf die die Politik dann zurückgriff.

Im beispielhaften bundesdeutschen (immer ein wenig verspäteten) Szenarium der frühen sechziger Jahre läßt sich daher jene bisher etwas unauffällig gebliebene Gestalt des Hinter-

---

8 Vergleiche Erving Goffman, *Wir alle spielen Theater*. München: Piper 1969.
9 Vergleiche die interessanten Untersuchungen von Guy Kirsch und Klaus Mackscheidt (*Staatsmann, Demagoge, Amtsinhaber*. Göttingen: Vandenhoeck & Ruprecht 1985), die als Antwort auf die Individualneurosen im politischen Raum eine »Psychodynamik der parlamentarischen Demokratie« entworfen haben, in der sie die »Politikertypen« des Amtsinhabers, des Staatsmanns und des Demagogen an ihrer Fähigkeit messen, auf Neurosen der Wähler zu reagieren.

bühnengeschehens, die ihre Studienjahre nutzbringend in den Vereinigten Staaten absolviert hatte, leicht als erster moderner Regisseur der politischen Nachkriegsgeschichte verstehen. In seiner Titelgeschichte vom 6. September 1961 zitierte *Der Spiegel* Klaus Schütz: »Ich bin völlig vorurteilsfrei; ich beurteile jeden nur nach der Wirkung, die er heute hat.«

Quellennachweis

Die vorliegenden Essays knüpfen an die des Bandes »Köder, Beute und Schatten – Suchbewegungen« (Frankfurt/M. 1985) an, die sich mit kulturellen Veränderungen der 70er Jahre beschäftigten.

Schauprozesse – unveröffentlicht

Deserteure in bleierner Zeit – In: *FAZ* vom 30. März 1979

Das Kalkutta-Programm – In: Literaturmagazin 19 (1987), S. 88ff.

Schwerenöter – unveröffentlicht. Vortrag vor Studenten der Washington University, St. Louis (1988)

Roman – Werkstatt – In: Akzente Heft 5 (1989), S. 410ff.

Schaulust – In: Literaturmagazin 25 (1990), S. 44ff.

Frische Fische! – in: Rheinischer Merkur, 2. März 1990

Weiterschreiben – In: manuskripte 106 (1989), S. 76ff.

Was ist postmoderne Literatur? – Unter dem Titel *Das Lesen – ein Spiel. Postmoderne Literatur? Die Literatur der Zukunft!* Auszugsweise in: *Die Zeit* vom 17.4.1987, vollständig in: Deutsche Literatur 1986. Jahresüberblick. Hrsg. von Volker Hage in Zusammenarbeit mit Adolf Fink. Reclam 1987, S. 313ff.

Postmoderne in der deutschen Literatur – unveröffentlicht

Die Sprache des Widerstands – In: Merkur 11 (1981), S. 1169ff.

Rede über den Bergbau – In: Litfass 32 (1984), S. 116ff.

Das endlose Murmeln – In: Akzente Heft 1 (1989), S. 28ff.

Wozu schweigt die junge deutsche Literatur? – In: Dieterichs Literaturbörse Nr. 6 (Herbst 1988)

Perioden des Abschieds – unveröffentlicht. Vortrag anläßlich der Tagung *German Literature of the 1980's* an der Washington University, St. Louis (März 1990)

Götzendienst – unveröffentlicht

Der lange Abschied vom Flaneur – In: Merkur 1 (1986), S. 30ff.

Die Staatsschauspieler – In: Merkur 9/10 (1986), S. 779ff.

Hanns-Josef Ortheil

Schwerenöter
Roman. 645 Seiten. Leinen
(Auch in der Serie Piper 1207 lieferbar)

»Der Roman erzählt vom zwiespältigen Wesen der Deutschen und verwirklicht es zugleich in seiner Erzählweise: ›Schwerenöter‹ enthält beides, ›das melancholisch Tiefsinnige wie das leichtsinnig Schürzenjägerhafte‹, verstiegene Theorie und rauschhaften Erfahrungshunger, und zwar jeweils in Hülle und Fülle. Man kann sich kaum satt lesen an diesem entfesselten Erzählen... ›Schwerenöter‹ ist ein großer Wurf.«

Mainzer Allgemeine Zeitung

Ortheil schreibt »in einem südlich heiteren, über den Dingen stehenden Ton... So wird aus einem Roman mit sehr deutschem Stoff zugleich ein Schelmenroman.«   Die Welt

»Der ›Schwerenöter‹-Roman ist eine anhaltende Verführung zur Lektüre: zum langen und wiederholten Lesen.«   Rheinischer Merkur

»Der Zeitroman über die Bundesrepublik ist da.«   Lübecker Nachrichten

»Hanns-Josef Ortheil schreibt den lange erwarteten großen Roman unserer Republik.«   Rheinischer Merkur

Das neue Buch des Autors:

Agenten
Roman. 324 Seiten. Leinen

PIPER